本书为韶关学院人才引进科研项目"重大公共卫生突发事件背景下大学生心理健康素养的实证研究"（417-9900064503）阶段性成果。

思政文库

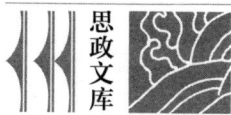

青少年积极心理资本研究

方必基　刘彩霞　著

九州出版社
JIUZHOUPRESS

图书在版编目（CIP）数据

青少年积极心理资本研究／方必基，刘彩霞著．
北京：九州出版社，2024.9. -- ISBN 978-7-5225
-3366-7

Ⅰ. G444

中国国家版本馆 CIP 数据核字第 2024E1V565 号

青少年积极心理资本研究

作　　者　方必基　刘彩霞　著

责任编辑　沧　桑

出版发行　九州出版社

地　　址　北京市西城区阜外大街甲 35 号（100037）

发行电话　（010）68992190/3/5/6

网　　址　www.jiuzhoupress.com

印　　刷　唐山才智印刷有限公司

开　　本　710 毫米×1000 毫米　16 开

印　　张　16

字　　数　287 千字

版　　次　2025 年 1 月第 1 版

印　　次　2025 年 1 月第 1 次印刷

书　　号　ISBN 978-7-5225-3366-7

定　　价　95.00 元

序　深入洞察青少年积极心理资本的重要著作

《青少年积极心理资本研究》是一部引人深思、富有启发性的专著。本书以深入的研究和全面的视角，为我们揭示了青少年积极心理资本的重要性、发展特点及其培养方法。

从内容上看，这本专著具有以下三个突出的特点：

第一，系统性和全面性。对青少年积极心理资本进行了全方位的剖析，涵盖了青少年积极心理资本的结构、特点、影响因素和干预方法等多个关键要素。

第二，理论与实践相结合。不仅提供了丰富的理论知识，还通过调查分析和实验干预为读者展示了如何将理论应用于实践。

第三，针对性和实用性强。本书专门针对青少年这一特定群体，在深入研究的基础上不仅开发了一份具有较高信、效度的《青少年学生心理资本问卷》，还研制出了操作性和实用性强的《青少年心理资本团体干预活动方案》。

本书的价值体现在以下四个方面：

第一，对青少年心理资本研究者具有重要的参考价值，《青少年学生心理资本问卷》的成功开发为相关研究者提供了可靠且有效的研究工具；《青少年心理资本团体干预活动方案》的成功研制为青少年心理健康教育提供了实证参考依据。

第二，对教育工作者具有重要的指导意义，为他们提供了培养青少年积极心理资本的有效方法和策略，有助于促进学生的全面发展。

第三，帮助家长更好地理解和引导孩子，让家长了解如何在家庭环境中培养孩子的积极心理资本，促进亲子关系的良性发展。

第四，对青少年自身的成长具有积极的启示作用，帮助他们提升自我认知和自我管理能力，培养积极向上的心态和应对困难的能力。

在阅读这本书的过程中，我被其丰富的内容和深入的分析所吸引。调查数据的实证分析、干预方案的详细操作与实验验证使读者能够更加全面地了解青少年积极心理资本的结构成分、发展特点、影响因素及培养过程。同时，作者的论述逻辑清晰，语言简洁明了，使得复杂的理论变得易于理解和掌握。

　　然而，本书也存在一些不足之处。例如，在某些章节中，对于一些特定问题的探讨可能不够深入，需要读者进一步思考和研究。此外，由于社会环境和青少年自身情况的不断变化，书中的部分内容可能需要及时更新和完善。

　　总的来说，《青少年积极心理资本研究》是一本值得推荐的好书。它为我们深入了解青少年的心理特点和需求提供了重要的参考，对促进青少年的健康成长具有重要的意义。希望未来有更多的研究者和教育工作者能够关注青少年积极心理资本的培养，为青少年的成长创造更加有利的环境。

方必基

自 序

青少年是社会的未来，肩负着推动时代进步的重要使命。然而，在面对日益复杂的社会环境和各种挑战时，青少年的心理健康问题也日益凸显。如何培养青少年的积极心理资本，帮助他们树立良好的心态，应对生活中的各种困难，成为一个亟待深入研究的课题。

本专著《青少年积极心理资本研究》正是针对这一问题展开的深入探讨。本书通过对青少年积极心理资本的系统研究，旨在为广大青少年的成长与发展提供有益的指导。

本书的研究具有重要的理论意义和实践价值。在理论方面，它进一步丰富了青少年心理研究的领域，为深入理解青少年的心理特点和发展规律提供了新的视角和理论支持。在实践层面，它为教育工作者、家长和社会各界提供了具体的方法和策略，有助于培养青少年的积极心理资本，促进他们的健康成长。

本书的特点之一是系统性。它对青少年积极心理资本的各个方面进行了全面的分析和研究，揭示了它们在青少年成长过程中的重要作用。

另一个特点是实践性。书中不仅提供了理论知识，还结合实验干预，给出了具体的培养方法和应用策略，使读者能够更好地理解和应用书中的理论。

在撰写本书的过程中，我们力求做到以下三点：

一是科学性。以科学的研究方法为基础，对收集到的数据和资料进行严谨的分析和处理，确保研究结果的可靠性和有效性。

二是可读性。用通俗易懂的语言表达复杂的理论，使读者能够轻松理解和掌握书中的内容。

三是实用性。提供的研究工具和干预策略具有较强的实用性和操作性，能够真正帮助青少年培养积极心理资本。

最后，我们要感谢所有参与本书研究的全体人员，他们的努力和付出使得这本专著得以顺利完成。同时，我们也希望本书能够得到广大读者的关注和支持，为青少年的成长与发展贡献一份力量。

希望读者们能够通过本书，更好地了解青少年积极心理资本的重要性，掌握培养青少年积极心理资本的方法和策略。让我们共同努力，为青少年创造一个更加美好的未来！

前　言

当今社会，青少年的成长与发展受到广泛关注。他们正处于人生的关键阶段，面临着各种挑战和机遇。在这个过程中，他们的心理健康和积极心态对于他们的未来至关重要。本专著《青少年积极心理资本研究》旨在深入且全面地探究青少年积极心理资本的各个层面，为青少年的健康成长提供理论支持和实践指导。

本研究的背景源于对青少年心理健康的深切关注。在当今社会高速发展与变革的大环境下，青少年面临着日益增加的压力和挑战，包括沉重的学业负担、复杂的家庭问题、复杂的社交困扰等等。这些因素都可能对他们的心理健康产生负面影响，引发诸如情绪问题、低自尊以及各种心理困扰等问题。然而，以往的研究大多聚焦于问题的解决，对于如何积极培养和发展青少年的心理资本关注不足。

积极心理资本是一个相对较新的概念，它强调个体所拥有的积极心理资源和能力。它涵盖了多个关键要素，如自信、乐观、希望和韧性等。拥有丰富积极心理资本的青少年在面对挑战时更有可能表现出强大的应对能力，顺利克服困难，实现自身的全面成长和发展。

本专著的目标包含以下三个方面：一是深入透彻地理解青少年积极心理资本的内涵和构成要素，为后续的深入研究和实践操作奠定坚实的基础；二是深入探究积极心理资本与青少年心理健康的紧密关系，揭示其对青少年发展的重要作用和影响；三是提供一系列行之有效的方法和策略，助力青少年发展和提升他们的积极心理资本，推动他们的健康成长。

为了实现这些目标，我们采用了系统的文献回顾和实证研究等多种研究方法，对青少年积极心理资本进行了全方位的深入探讨。本书的主要内容涵盖以下四个方面：一是对积极心理资本的理论进行了全面系统的梳理和阐述，包括其确切概念、构成要素以及相关理论等；二是详尽介绍了国内外在青少年积极心理资本研究领域的现状和发展趋势，为本研究提供了重要的参考和借鉴；三是展示了实证研究的成果，通过真实的数据揭示了积极心理资本对青少年的重大影响；四是提出了一系列基于实践的有效培养青少年积极心理资本的方法和途径，具有较高的可操作性和实用性。

本专著的意义和价值在于：第一，为青少年心理健康教育提供了全新的视角和坚实的理论基础，丰富了相关领域的研究内容；第二，为教育工作者和家长提供了具体而实用的指导和建议，帮助他们更好地促进青少年的积极成长；第三，对青少年自身的成长具有重要的启发和引导作用，有助于他们提升自我认知和自我管理能力，培养积极向上的心态和应对困难的能力。

然而，需要指出的是，青少年积极心理资本的研究仍处于不断发展和完善的阶段。本专著只是这一领域研究的一个阶段性成果，还有许多问题有待进一步探讨和研究。我们希望本书能够引发更多的关注和讨论，促进青少年积极心理资本研究的深入发展。

最后，我们要衷心感谢所有为本研究提供支持和帮助的人们。感谢他们在研究过程中的辛勤付出和无私奉献。希望本专著能够为青少年的健康成长和全面发展做出积极的贡献。

2024 年 4 月 10 日

目　录
CONTENTS

第一章

引　言

　　作为探究人类精神世界和精神现象的科学，心理学不单要钻研人类各种心理疾患的产生、演化、预防及诊治，还需探索怎样挖掘并培育各类拥有超凡才能的人，更需探究如何让人们的生活更加充实和幸福①。然而，二十世纪上半叶，受两次世界大战的影响，人们的精神世界遭受到了巨大的刺激和创伤。为助力人们更好地适应战后生活，第二次世界大战结束后，诸多心理学家将研究的重心单一地放置在如何预防和诊治人类的各种心理问题和心理疾病上。心理学研究重心的偏移致使以心理问题为核心的消极心理学（或称病理性心理学）在二战后的几十年间获得了显著的发展，并在心理疾病的诊治研究领域取得了前所未有的卓越成果。曾有人针对心理学研究中的"消极研究"与"积极研究"的比例展开分析，结果表明，在美国 1887 年至 2000 年之间公开发表的心理学研究论文中，消极研究与积极研究的论文数量之比大概是 14：1②。不过，在消极心理学迅速发展的同时，却出现了一种令人费解的奇特现象，那就是：人类心理疾患的数量伴随消极心理研究的快速发展，随着时间的流逝而成倍地增加。这一现象与消极心理学"减少人类心理疾患数量"的实践初衷相背离，违背了心理学研究的本意。因为心理学的研究目的不单只是帮助个体消除心理与行为上的问题，还得助力个体形成一种良好的心理与行为模式，使其生活更具意义③。面对这种令人费解的异象，部分心理学家开始意识到心理学应该改变这种以心理问题为重心的研究取向。于是，他们开始将研究的重点置于培养个体积极潜能上，主张通过培育并扩大个体自身的积极心理力量，让个体真正成

---

① FALLER G. Positive Psychology：A Paradigm Shift ［J］. *Journal of Pastoral Counseling*，2001，36（1）：7-14.

② MYERS D G. The Funds, Friends, and Faith of Happy People ［J］. *American Psychologist*，2000，55（1）：56-67.

③ 任俊，叶浩生. 积极：当代心理学研究的价值核心 ［J］. 陕西师范大学学报（哲学社会科学版），2004，33（4）：106-111.

为一个健康、幸福的人。在这种情形下，积极心理学在二十世纪末期应运而生。

积极心理学是借助心理学当前已然较为成熟且有效的方式和手段，去对人类的心理力量与美德等积极层面展开研究的一种心理学思潮，它以普通人群（average people）作为研究对象，需要心理学研究者运用一种更为开放的、具有欣赏性的视角去看待人类的动机、能力和潜能等①。在积极心理学蓬勃发展的大环境下，愈来愈多心理学研究者开始钻研人类的积极心理力量与美德。积极心理资本（Positive Psychological Capital，PPC），简称心理资本（Psychological Capital，PC），恰是个体在成长及发展过程中表现出的一种积极心理力量，是推动个体成长与行为绩效提高的积极心理资源。

"心理资本"起初是以经济学专业术语的样貌步入人们眼帘的，由美国知名学者戈德史密斯（GoldSmith）在1997年首次提出。伴随积极组织行为学的崛起，部分组织行为学者开始探析心理资本及其对于个体行为与组织绩效的作用，并构建了心理资本的基础理论。就当前的研究而言，心理资本主要包含希望、乐观等若干积极的心理要素。虽然心理资本融合了希望、乐观等积极心理要素，但却又是比这些积极心理要素更高级别的心理概念。它作为一个整体，对于个体心理和行为的影响效力要超出其各个部分作用的总和。

然而，迄今为止，有关心理资本的探究对象主要聚焦于组织情境的组织员工层面，针对学校情境下青少年学生的心理资本研究甚少。但是，心理资本作为个体于成长和发展进程中所呈现出的积极心理力量，不管是组织情境中的工作人员，还是学校情境下的青少年学生，都理应拥有。而且组织情境中的工作人员所面对的环境与学校情境下青少年学生所处的环境大相径庭，这不禁让我们产生疑问，在组织情境中对组织工作人员展开研究所得出的结论是否可以推论至学校情境下的青少年学生身上呢？如若不能，学校情境下青少年学生心理资本的结构是怎样的？其发展特点到底如何？青少年学生心理资本与心理健康之间又具有何种关系？能否借助团体心理干预的途径来提升青少年学生个体的心理资本水准？能否通过增强个体的心理资本来强化其抵御各种心理疾病的能力，进而提升其心理健康水平？清晰地解答这些问题，对于我们充分认知和理解青少年学生的心理发展特征，积极推进学校心理健康教育工作，均具备极为关键的意义。故而，青少年学生的心理资本是一个值得我们深入研究的课题。

---

① SHELDON K M, KING L. Why Positive Psychology is Necessary [J]. *American Psychologist*, 2001, 56（3）: 216-217.

第二章

文献综述

第一节　心理资本的概念溯源

就字面而言，"资"具有"凭借"的意思，"本"具有"基本"的含义。所以，单从字面上解读，"资本"这个词的意思是指生产经营者在进行生产经营时可以倚仗的基础，主要涵盖各种实物、现金、劳动力以及各类无形资产等。

在我国，"资本"这个词最早见于元朝。依据《辞源》的阐释，在元朝曲作家萧德祥所创作的《杀狗劝夫》一文中存在这样一句话："从亡化了双亲，便思营运寻'资本'，怎得分文？"此后，明朝的洪楩在他编著的《错认尸》一文中亦运用了"资本"这个词。文中写道："这在乔俊看来，有三五贯'资本'，专一在长安崇德收丝，往东京卖了。"通过这两段古文的描述，我们可以很明显地发现，"资本"一词于我国古代的最初含义即为"本钱"之意①。

在国外，"资本"的英文"capital"一词源自拉丁语的"caput"，最早于公元十二到十三世纪出现在意大利。那时，意大利人运用"caput"（亦即"资本"）一词来表达"存货""款项"或"生息本金"等含义。而后，"caput"这一词汇就从意大利流传至欧洲各国。从这里就可以看出，"资本"一词在国外的初始内涵与"利息"相对应，带有"依靠营利生息的本金"之意。进入十五世纪，欧洲资本主义开始崭露头角，商人资本和高利贷资本开始产生并活跃开来。然而，此时的"资本"依旧是"本钱"之意。

直至十九世纪中期，近代"资本"的含义才随着《资本论》的诞生而出现。在《资本论》中，马克思主张将资本主义社会中的"资本"与往昔的"资

---

① 何世平. "资本"概念说［J］. 经济问题，1993，15（10）：21-22.

本"概念进行区分。他指出，资本主义社会中的"资本"指的是被资本家所掌控的生产资料以及用于雇佣工人的货币，是可以带来剩余价值的价值，大量普遍存在的自由劳动者是"资本"赖以出现的一个重要前提，"资本"使得资本家和雇用工人之间剥削与被剥削的社会关系得以体现。据此能够看出，虽然近代人们沿用了往昔"资本"的称谓，但是近代"资本"的内涵与往昔"资本"的内涵却差异明显。

步入二十世纪，受全球经济活动持续拓展的影响，"资本"的内涵也在使用中慢慢出现了分化：其中一种延续了马克思的近代资本观，依旧将"资本"一词视作政治经济学中的一个阶级属性概念；另一种则演变成现代资本观，将"资本"视作一个单纯的经济学名词，用以探究商品经济中"货币产生更多的货币"这一客观经济规律。

现代资本概念的内涵意为"可以带来价值增殖的价值"。故而，它的外延涵盖了资金、劳动力、厂房、设备及各种资源等一切价值符号与价值实体。从现代资本概念的内涵和外延能够得知：在经济学意义上，资本的固有属性就是增殖性。增殖性、价值性、运动性、权力性和竞争性就是资本的基本特征①。与此同时，资本是一个广义的概念，它的形态既包含物质的，也包含非物质的，既有有形的，又有无形的，但凡可以带来价值增殖的有用之物，均能够构成资本。除此之外，资本更是一个持续变化发展的概念。随着科技的发展，人们用于创造新价值的有用之物肯定会持续增加，所以资本的范围也必然持续扩大，资本的含义也必然会因此出现相应的改变。随着经济生活的不断推进，现代资本概念也被愈发广泛地加以运用，资本的分类也因而变得愈发细致。如今，在"资本"这个母概念之下已衍生出了诸多不同的子概念，诸如"实物资本（Physical Capital）""生产资本（Productive Capital）""流动资本（Floating Capital）""固定资本（Fixed Capital）"等等。

二十世纪六十年代，美国著名学者舒尔茨（Schultz）为了说明二战后资本积累进程中的"报酬递增"现象，创造性地提出了人力资本（Human Capital）一词。他认为，相较于物质资本而言，人力资本是一种新的资本形态，表现为个体所具备的知识、经验和技能等。换而言之，人力资本重点关注的是"你了解什么"②。此后，在舒尔茨的基础上，众多学者从不同的视角对人力资本展开

① 张有奎. 马克思的"资本"概念及其哲学解读［J］. 西南师范大学学报（人文社会科学版），2005，31（4）：5-9.

② SCHULTZ T W. Capital Formation by Education［J］. *Journal of Political Economy*，1960，69（6）：571-583.

了大量的理论及实证研究，充实并拓展了人力资本的相关理论①。随着研究的推进，人力资本的相关理论逐渐获得了学术界的普遍认可。由此，资本概念进一步得到延伸，人力资本的内涵也得以进一步细化。受此影响，能力资本（Ability Capital）、智力资本（Intellectual Capital）等概念如雨后春笋般纷纷涌现②。为了能更加客观地认识和理解能力资本以及智力资本，研究人员在对能力资本以及智力资本进行概念界定的前提下，从不同方面对它们展开了大量相关研究③。尽管这些研究所获得的结论各有差异，但它们在充实和发展"资本"理论的同时，也进一步拓展了"资本"的概念。

二十世纪八十年代，研究人员意识到，单凭物质资本和人力资本无法对物质资本和自然资源类似的不同国家在经济增长速度上出现的巨大差别给出清晰

① BECKER S. Investment in Human Capital: a Theoretical Analysis [J]. *The Journal of Political Economy*, 1962, 70 (5): 9-49; ROMER P M. Increasing Returns and Long-Run Growth [J]. *Journal of Political Economy*, 1986, 94 (5): 1002; BECKER S, TOMES N. Human Capital and the Rise and Fall of Families [J]. *Journal of Labor Economics*, 1986, 4 (3): 51-90; PHAN P, LEE S. Human Capital or Social Network: What Constrains CEO Dismissal? [A]. Academy of Management Journal, Special Volume/Issue: Best Papers Proceedings, Mississippi State, 1995: 37-41; WANG H C, HE J, MAHONEY J T. Firm-Specific Knowledge Resources and Competitive Advantage: The Roles of Economic- And Relationship-Based Employee Governance Mechanisms [J]. *Strategic Management Journal*, 2009, 30 (12): 1265-1286.

② 曾凡. 人力资本及资本范畴的重新界定 [J]. 江西社会科学, 2010 (12): 233-237.

③ STEWART T A. Your Company's Most Valuable Asset: Intellectual Capital [J]. *Fortune*, 1994, 3 (10): 68-74; SAINT-ONGE H. Tacit Knowledge the Key to the Strategic Alignment of Intellectual Capital [J]. *Strategy and Leadership*, 1996, 24 (2): 10-14; EDVINSSON L, SULLIVAN P. Developing a Model for Managing Intellectual Capital [J]. *European Management Journal*, 1996, 14 (14): 356-364; BOUDREAU J W, RAMSTAD P M. Measuring Intellectual Capital: Learning from Financial History [J]. *Human Resource Management*, 1997, 36 (3): 343-356; ULRICH D. Intellectual Capital = Competence × Commitment [J]. *Sloan Management Review*, 1998, 39 (2): 15-26; LYNN B E. Performance Evaluation in the New Economy: Bringing the Measurement and Evaluation of Intellectual Capital into the Management Planning and Control System [J]. *International Journal of Technology Management*, 1998, 16 (1-3): 162-176; KNIGHT D J. Performance Measures for Increasing Intellectual Capital [J]. *Strategy and Leadership*, 1999, 27 (2): 22-27; BONTIS N. Assessing Knowledge Assets: A Review of the Models Used to Measure Intellectual Capital [J]. *International Journal of Management Reviews*, 2001 (3): 41-60; PABLOS P O. Evidence of Intellectual Capital Measurement from Asia, Europe and the Middle East [J]. *Journal of Intellectual Capital*, 2002, 3 (3): 287-302; ALEXANDER S, BONTIS N. Meta-Review of Knowledge Management and IC Literature: Citation Impact and Research Productivity Rankings [J]. *Knowledge and Process Management*, 2004, 11 (3): 185-198.

的解释。由此，研究者们在认可"人力资本"这一概念的前提下，创造性地提出了"社会资本"（Social Capital）的概念。"社会资本"概念一经提出就受到社会学、经济学、管理学、政治学、历史学以及教育学等学科领域研究人员的普遍接受与采用。各学科领域的研究人员依照自身的理论取向及研究视角，持续对"社会资本"的概念进行说明与阐释①。总体而言，"社会资本"指的是个体所具有的社会结构资源，是经由关系投资而形成的一种人际关系网络②，这种人际关系网络是一种有利于个体在群体中不断发展的关系性资源。换句话说，"社会资本"着重的是"你认识谁"③。研究表明，相对于市场和行政科层机制，社会资本更有助于行为主体调动自身的所有资源④，进而对个体就业、工作酬劳和组织绩效等方面带来积极影响⑤。

"资本"的范畴和内涵随着社会的不断发展、科技的持续进步以及研究的日益深入也在不停地发生着变化，使得原本没有价值却对再生产流程有用的事物亦被资本化了。二战终结后，受心理治疗需求不断增加以及行为主义生物还原论思想的共同影响，心理健康、工作倦怠等心理变量与个人工作绩效乃至组织绩效的关系更加受到人们的关注。研究表明，员工的紧张、焦虑和压力等不良的心理因素会使其工作绩效明显降低，相关生产成本将会显著提高⑥。故而，怎样规避因员工心理功能失调而导致资本的过度消耗就开始成为组织在人员选用以及组织设计时需要着重考虑的关键问题。在潜能最大化观点和人本主义心理学思想的双重作用下，二十世纪九十年代末期，个体的积极心理力量对提升员工生产效率的重要功效开始被一部分经济学家敏锐地觉察到。为此，他们提出

---

① 宋中英. 论社会资本概念的分类及其意义 [J]. 齐鲁学刊, 2011, (1): 95-99.

② LUTHANS F, YOUSSEF C M. Human, Social and Now Positive Psychological Capital Management: Investing in People for Competitive Advantage [J]. *Organizational Dynamics*, 2004, 33 (2): 143-160.

③ PORTES A. Social Capital: Its Origins and Applications in Modern Sociology [J]. *Annual Review of Sociology*, 1998, 24: 1-24.

④ 柯江林. 基于社会资本的企业 R&D 团队效能形成机制研究：以知识分享与整合为中介 [D]. 上海：上海交通大学, 2006.

⑤ ADLER P S, KWON S W. Social Capital: Prospects for a New Concept [J]. *Academy of Management Review*, 2002, 27 (1): 17-40；柯江林, 孙健敏, 石金涛, 等. 人力资本、社会资本与心理资本对工作绩效的影响：总效应、效应差异及调节因素 [J]. 管理工程学报, 2010, 24 (4): 29-35, 47.

⑥ COOPER C L, MARSHALL J. Occupational Sources of Stress: a Review of the Literature Relating to Coronary Heart Disease and Mental Ill Health [J]. *Journal of Occupational Psychology*, 1976, 49 (1): 11-28；MASLACH C, JACKSON S E. The Measurement of Experienced Burnout [J]. *Journal of Occupational Behavior*, 1981, 2 (2): 99-113.

了心理资本的概念①。进入二十一世纪，随着积极心理学和积极组织行为学的兴起，"心理资本"一词被引入心理学研究领域②。此后，愈来愈多的心理学研究者开始积极关注心理资本，心理资本相关的心理学研究也开始逐渐增多。

从物质资本到人力资本、社会资本，再到心理资本，资本概念的演进历经了重大的变迁。"资本"由起初的经济学专有名词，逐步发展演变成哲学、社会学、政治学、管理学乃至心理学等学科的交叉学科名词。在资本概念的不断变迁进程中，资本的边界持续拓宽，资本的内涵持续产生变化。然而，增殖性作为资本概念的典型特征却始终伴随着"资本"概念的发展与变迁。

第二节　心理资本的研究取向

1997 年，美国知名学者、著名经济学家戈德史密斯等人首次正式提出了"心理资本"一词。他们认为，心理资本乃是指那些可以对个体生产效率产生影响的心理特质，这些心理特质是个体在其早年生活中所形成的、相对稳定的一种心理倾向，主要涵盖个体对工作态度的一般看法、生活态度、自我知觉和伦理取向等。它们体现了一个人的自我观念与自尊感，影响并支配着个体对工作的一般态度和行为动机③。2000 年，积极心理学之父、美国著名心理学家塞利格曼（Seligman）先生从另一个视角再次提到"心理资本"一词。他坚称，我

① GOLDSMITH A H, VEUM J R, DARITY W Jr. The Impact of Psychological and Human Capital on Wages [J]. *Economic Inquiry*, 1997, 35（4）：815-829；GOLDSMITH A H, DARITY W Jr, VEUM J R. Race, Cognitive Skills, Psychological Capital and Wages [J]. *Review of Black Political Economy*, 1998, 26（2）：9-21.

② SELIGMAN M E P, CSIKSZENTMIHALYI M. Positive Psychology：An Introduction [J]. *American Psychologist*, 2000, 25（2）：5-14；HOSEN R, SOLOVEY-HOSEN D, STERN L. Education and Capital Development：Capital as Durable Personal, Social, Economic and Political Influences on the Happiness of Individuals [J]. *Education*, 2003, 123（3）：496-513；LUTHANS F, AVOLIO B J, WALUMBWA F O, et al. The Psychological Capital of Chinese Workers：Exploring the Relationship with Performance [J]. *Management and Organization Review*, 2005, 1（2）：249-271；LUTHANS F, YOUSSEF C M, AVOLIO B J. *Psychological Capital：Developing the Human Competitive Edge* [M]. Oxford, U. K：Oxford University Press, 2007：1-22.

③ GOLDSMITH A H, VEUM J R, DARITY W Jr. The Impact of Psychological and Human Capital on Wages [J]. *Economic Inquiry*, 1997, 35（4）：815-829；GOLDSMITH A H, DARITY W Jr, VEUM J R. Race, Cognitive Skills, Psychological Capital and Wages [J]. *Review of Black Political Economy*, 1998, 26（2）：9-21.

们理应把那些可能使个体产生积极行为的积极心理状态也划归到资本的范畴中去①。随着积极心理学和积极组织行为学的诞生与发展，"心理资本"一词被赋予了新的内涵。2002 年，路桑斯（Luthans）等人在积极心理学和积极组织行为学的框架下，提出了以人的积极心理力量为核心的积极心理资本（Positive Psychological Capital，PPC）一词，简称心理资本（Psychological Capital，PC）。路桑斯等人认为，心理资本不同于人力资本和社会资本，它强调的是"你是怎样的人"以及"你想要成为怎样的人"，它的关注重心为个体的心理状态②。路桑斯等人的观点极大地拓展了人们的视野与研究思路，进而引发了众多有关心理资本的探讨。但截至目前，研究者们依然未能就心理资本的理论取得一致的看法。综合分析现有研究可知，当前学者们对心理资本的研究主要有特质论、状态论和类状态论三种不同的取向。

一、心理资本的特质论取向

心理资本的特质论取向沿袭了知名经济学家戈德史密斯等人的观点，认为心理资本是个体内在而稳定的积极心理特质的综合体。美国学者霍森（Hosen）等人于 2003 年指出，心理资本乃是个体经由学习等方式进行投资后获取的具备耐久性和稳定性的积极内在心理架构，此心理架构主要涵盖个体的个性特质、认知能力以及自我监控力等③。霍森等人的见解获得了科尔（Cole）和莱彻尔（Letcher）等人的赞同。科尔认为心理资本实质上就是一类对个体行为与产出产生影响的人格特质④。莱彻尔等人甚至将心理资本与个体的积极人格特质画等号，认为心理资本即为个体的大五人格特质⑤。

① SELIGMAN M E P, CSIKSZENTMIHALYI M. Positive Psychology: An Introduction [J]. *American Psychologist*, 2000, 25 (2): 5–14.

② LUTHANS F, CHURCH A H. Positive Organizational Behavior: Developing and Managing Psychological Strengths [J]. *Academy of Management Executive*, 2002, 16 (1): 57–72.

③ HOSEN R, SOLOVEY-HOSEN D, STERN L. Education and Capital Development: Capital as Durable Personal, Social, Economic and Political Influences on the Happiness Of Individuals [J]. *Education*, 2003, 123 (3): 496–513.

④ COLE K. Well-Being, Psychological Capital, and Unemployment: An Integrated Theory [R]. Paper Presented at the Joint Annual Conference of the International Association for Research in Economic Psychology (IAREP) and the Society for the Advancement of Behavioral Economics (SABE). Paris, France, 2006: 1–9.

⑤ LETCHER, L, NIEHOFF B. Psychological Capital and Wages: A Behavioral Economic Approach [R]. Paper Submitted to be Considered for Presentation at the Midwest Academy of Management. Minneapolis, MN, 2004: 18–22.

二、心理资本的状态论取向

心理资本的状态论取向承袭了塞利格曼等人的看法，认为心理资本乃是特定的积极心理状态。泰特加（Tettegah）于 2002 年指出，心理资本是个体对自我、工作以及人生的认知、态度和信念等的综合①。2004 年，路桑斯等人在解析了人力资本与社会资本的特性和差异的前提下，又一次阐释了心理资本的概念。他们认为心理资本是可以导致个体产生积极组织行为的积极心理状态，这种积极心理状态能通过有针对性地投入和开发从而使个体获取竞争优势②。阿沃里奥（Avolio）等人指出，心理资本是那些可以有效增进一个人工作满意度和工作绩效的各种积极心理状态的复合，一个人的这些积极心理状态能够有效推动其更好地展现出各种各样的积极组织行为，从而获得较高的工作满意度和工作绩效③。2005 年，路桑斯等人在分析中国工人心理资本与工作绩效的关系时，又一次强调，心理资本是一个人在特定的情境中对待任务、绩效和成功的一种积极心理状态，是由多种要素构成的综合体④。

三、心理资本的类状态论取向

一般而言，一个心理变量的类状态属性是依据该心理变量"测量的稳定性"以及"改变的开放性"这两个层面的特征来予以明确的⑤。按照心理变量这两方面的特性，通常可以把心理变量划分成四大类别：第一类为绝对状态类的心理变量，此种心理变量具有瞬间性与极易改变的特征，代表着一种感觉，比如喜、怒、哀、乐等各式情绪；第二类为类状态类的心理变量，此种心理变量具

① TETTEGAH S. Teachers, Identity, Psychological Capital and Electronically Mediated Representations of Cultural Consciousness [R]. In Proceedings of World Conference on Educational Multimedia, Hypermedia and Telecommunications. Chesapeake. VA: AACE, 2002: 1946 - 1947.

② LUTHANS F, LUTHANS K W, LUTHANS B C. Positive Psychological Capital: Beyond Human and Social Capital [J]. *Business Horizons*, 2004, 47 (1): 45-50.

③ AVOLIO B J, GARDNER W L, WALUMBWA F O. Unlocking the Mask: A Look at the Process by Which Authentic Leaders' Impact Follower Attitudes and Behaviors [J]. *Leadership Quarterly*, 2004, 15 (6): 801-823.

④ LUTHANS F, AVOLIO B J, WALUMBWA F O, et al. The Psychological Capital of Chinese Workers: Exploring the Relationship with Performance [J]. *Management and Organization Review*, 2005, 1 (2): 249-271.

⑤ 柯江林，孙健敏，李永瑞. 心理资本：本土量表的开发及中西比较 [J]. 心理学报，2009, 41 (9): 875-888.

有一定的稳定性，同时也相对较易改变，可以进行开发与管理，比如韧性、乐观和主观幸福感等；第三类为类特质类的心理变量，此种心理变量较为稳定，较难改变，诸如大五人格、核心自我评价以及性格等；第四类为绝对特质类的心理变量，此种心理变量极其稳定，很难做出改变，例如智力、天赋以及各类遗传性的特性等①。

阿沃里奥等人于 2006 年在探讨"心理资本"这一术语的内涵时，首次运用了"类状态"的概念。他们坚信，心理资本乃是一连串既具有特质属性又兼具状态属性的类状态积极心理要素的综合②。心理资本类状态属性的界定表明心理资本具有一定的稳定性，这使得它可以被有效测量；与此同时，心理资本也是能够产生变化的，能够凭借一定的干预手段对其进行有效管理与开发。

就目前的研究而言，心理资本的类状态论取向已获得了愈来愈多研究者的认同。心理资本的类状态论认为，心理资本是一个兼具特质性与状态性的心理变量。就测量的稳定性而言，心理资本处于居中水平，它比易于发生改变的心理状态（如情绪）更具稳定性；就改变的开放性而言，它比稳定的心理特质（如智力）更具改变性。心理资本类状态论的提出引发了愈来愈多学者的研究兴趣。受此影响，学者们对心理资本的各种研究开始如雨后春笋般蓬勃发展。

随着研究的不断深入，路桑斯等人于 2007 年对其早期的心理资本状态论予以了修订。路桑斯等人赞同"心理资本是个体在成长和发展过程中表现出来的一种类状态的积极心理力量"的观点。他们认为，能够成为个体心理资本成分的心理要素需要符合四个基本条件，也就是：第一，积极性；第二，可以被有效测量；第三，类状态性；第四，能够对个体的行为绩效产生积极的促进作用③。依照这四个评判标准，在大量研究的基础上，路桑斯等人认为，组织情境中个体的心理资本具体表现为四个方面，分别是：第一，自我效能，即"个体在面对各种具有挑战性的工作时信心满满，为了取得成功，愿意付出各种努力"；第二，希望，即"个体能对定下的目标锲而不舍，必要时，为了获取成功，会主动修正目标实现的路径"；第三，乐观，即"个体能对当前或将来的成功进行积极归因"；第四，韧性，即"当个体身处逆境或受到各种问题困扰时，

① 柯江林，孙健敏，李永瑞. 心理资本：本土量表的开发及中西比较 [J]. 心理学报，2009，41（9）：875-888.
② AVOLIO B J, LUTHANS F. *The High Impact Leader: Moments Matter in Accelerating Authentic Leadership Development* [M]. New York: McGraw Hill, 2006: 28.
③ LUTHANS F, YOUSSEF C M, AVOLIO B J. *Psychological Capital: Developing the Human Competitive Edge* [M]. Oxford: Oxford University Press, 2007: 1-22.

为确保获得成功，能持之以恒，尽快复原并超越"①。这便是路桑斯等人的心理资本类状态论。

第三节　心理资本的构成解析

当前，关于心理资本的构成成分呈现出众说纷纭，意见不一的局面。通过对现有研究文献的分析可知，研究者们对心理资本的构成成分主要有二维说、三维说、四维说、五维说和六维说等五种不同的观点。

一、心理资本的二维说

心理资本的二维说起源于美国学者戈德史密斯等人在 1997 年开展的相关研究②。他们坚信，心理资本指的是对个体生产效率产生积极影响的心理特征。通过研究，他们认为，心理资本主要包含控制点和自尊这两个基本要素。在这当中，控制点是个体对现实生活的一般看法，涵盖外控和内控两个方面；自尊则是一个人对自身的总体性评价，是一个多维度的概念，涵盖对外貌、健康、善良、价值观和社会能力等五个方面的评价。

中国学者柯江林等人的研究也支持了心理资本的二维结构观。不同的是，柯江林等人所说的两维度并非控制点和自尊。通过研究，他们发现心理资本的两个基本构成要素分别是事务型心理资本和人际型心理资本。其中，事务型心理资本主要由乐观希望、自信勇敢、坚韧顽强与奋发进取等四个成分组成；人际型心理资本则主要由包容宽恕、谦虚诚稳、感恩奉献与尊敬礼让等四个成分组成③。

① LUTHANS F, YOUSSEF C M, AVOLIO B J. *Psychological Capital*：*Developing the Human Competitive Edge* ［M］. Oxford：Oxford University Press, 2007：1 - 22；LUTHANS F, AVOLIO B J. The "Point" of Positive Organizational Behavior ［J］. *Journal of Organizational Behavior*, 2009, 30（2）：291-307.

② GOLDSMITH A H, VEUM J R, DARITY W Jr. The Impact of Psychological and Human Capital on Wages ［J］. *Economic Inquiry*, 1997, 35（4）：815-829.

③ 柯江林，孙健敏，李永瑞. 心理资本：本土量表的开发及中西比较 ［J］. 心理学报，2009, 41（9）：875-888.

二、心理资本的三维说

心理资本的三维说认为心理资本主要由三个基本要素组成。鉴于研究视角、研究对象和研究方法的差异，学者们对于心理资本究竟是由哪三个成分构成持有不同的看法。

2004 年，拉尔森（Larson）等人通过研究指出，心理资本主要由乐观、自我效能感以及韧性这三个成分构成①。在理论推导和问卷调查的基础上，路桑斯等人则认为心理资本主要由乐观、希望以及韧性这三个成分构成②。2006 年，詹森（Jensen）等人通过研究验证了路桑斯等人关于心理资本主要由乐观、希望以及韧性这三个成分构成的观点③。2007 年，中国学者仲理峰通过对 198 名中国员工的实证调查再次证实了路桑斯等人关于心理资本主要由乐观、希望以及韧性这三个成分构成的观点④。

三、心理资本的四维说

心理资本的四维说认为心理资本主要由四个基本要素组成。同样地，受到研究视角、研究对象和研究方法差异的影响，学者们对于心理资本的四个构成成分持有不同的看法。

2001 年，贾奇（Judge）等人的一项研究指出，心理资本主要由控制点、自

---

① LARSON M D, LUTHANS F. Beyond Human and Social Capital: The Additive Value of psychological capital on Employee Attitudes [R]. Working Paper, Gallup Leadership Institute, University of Nebraska-Lincoln, 2004: 2-16; LARSON M D. Positive Psychological Capital: A Comparison with Human Capital and Social Capital and Analysis of a Training Intervention [D]. Lincoln: University of Nebraska-Lincoln, 2004: 72-91.

② LUTHANS F, YOUSSEF C M. Human, Social and Now Positive Psychological Capital Management: Investing in People for Competitive Advantage [J]. *Organizational Dynamics*, 2004, 33: 143-160; LUTHANS F, AVOLIO B J, WALUMBWA F O, et al. The Psychological Capital of Chinese Workers: Exploring the Relationship with Performance [J]. *Management and Organization Review*, 2005, 1 (2): 249-271.

③ JENSEN S M, LUTHANS F. Relationship between Entrepreneurs' Psychological Capital and Their Authentic Leadership [J]. *Journal of Managerial Issues*. 2006, 18 (2): 254-273.

④ 仲理峰. 心理资本对员工的工作绩效、组织承诺及组织公民行为的影响 [J]. 心理学报, 2007, 39 (2): 328-334.

尊、自我效能感和情绪稳定性等四个基本要素构成①。2006年，科尔的研究验证了贾奇等人的观点②。

与此同时，詹森则提出了不同的看法。2003年，詹森在博士论文中指出，心理资本主要由乐观、希望、韧性和自我效能感等四个基本要素构成③。2006年，路桑斯等人根据积极组织行为学的标准提出了和詹森相同的看法，主张心理资本主要由乐观、希望、韧性和自我效能感等四个基本要素构成④。詹森的观点得到诸多研究的支持。2006年，艾维（Avey）等人⑤和拉尔森等人⑥在实证研究的基础上也提出了相同的观点。我国学者蒋建武等人⑦、田喜洲等人⑧和张阔等人⑨分别在各自实证研究的基础上提出了大致相同的看法。

① JUDGE T A, BONO J E. Relationship of Core Self - Evaluations Traits - Self - Esteem, Generalized Self-Efficacy, Locus of Control, and Emotional Stability-With Job Satisfaction and Job Performance: A Meta-Analysis [J]. *Journal of Applied Psychology*, 2001, 86 (1): 80-92.

② COLE K. Well-Being, Psychological Capital, and Unemployment: An Integrated Theory [R]. Paper Presented at the Joint Annual Conference of the International Association for Research in Economic Psychology (IAREP) and the Society for the Advancement of Behavioral Economics (SABE). Paris, France, 2006: 1-9.

③ JENSEN S M. Entrepreneurs as Leaders: Impact of Psychological Capital and Perceptions of Authenticity on Venture Performance [D]. Lincoln: University of Nebraska-Lincoln, 2003: 94-99.

④ LUTHANS F, AVEY J B, AVOLIO B J, et al. Psychological Capital Development: Toward a Micro-Intervention [J]. *Journal of Organization Behavior*, 2006, 27 (3): 387-393.

⑤ AVEY J B, PATERA J L, WEST B J. The Implications of Positive Psychological Capital on Employee Absenteeism [J]. *Journal of Leadership and Organizational Studies*, 2006, 13 (2): 42-60.

⑥ LARSON M, LUTHANS F. Potential Added Value of Psychological Capital in Predicting Work Attitudes [J]. *Journal of Leadership and Organizational Studies*, 2006, 13 (1): 45-62; LARSON M, LUTHANS F. Potential Added Value of Psychological Capital in Predicting Work Attitudes [J]. *Journal of Leadership and Organizational Studies*, 2006, 13 (2): 75-92.

⑦ 蒋建武，赵曙明. 心理资本与战略人力资源管理 [J]. 经济管理，2007 (9): 55-58.

⑧ 田喜洲. 积极心理资本及其在旅游业人力资源管理中的应用 [J]. 旅游科学，2008 (2): 57-60; 田喜洲. 我国企业员工心理资本结构研究 [J]. 中国地质大学学报（社会科学版），2009, 9 (1): 96-99; 田喜洲，谢晋宇. 企业员工心理资本结构维度的关系研究 [J]. 北京理工大学学报（社会科学版），2010, 12 (2): 56-58.

⑨ 张阔，张赛，董颖红. 积极心理资本：测量及其与心理健康的关系 [J]. 心理与行为研究，2010, 8 (1): 58-64.

四、心理资本的五维说

心理资本的五维说认为心理资本由五个结构维度构成。莱彻尔等人认为，心理资本实际上就是个体的人格特质。为此，他们把心理资本与大五人格等同起来，认为心理资本主要由外向性、情绪稳定性、开放性、责任感和宜人性等五个人格因素构成①。

佩奇（Page）等人尽管也主张心理资本主要由五个要素组成，然而不同的是，他们认为心理资本的五个构成要素并非大五人格因素，而是希望、乐观、韧性、诚信以及自我效能感等五个基本要素②。

与此同时，德梅拉思（Demerath）等人在 2008 年对美国高中生进行的一项研究中指出，学生心理资本的五个基本因素分别是：第一，对各种知识和文化资本工具性价值的习惯性评价；第二，强烈的自我意识；第三，适应力；第四，对自己能力的强烈动因性信念；第五，对成功和富足的情感依恋与渴望③。

2010 年，我国学者肖雯等人也提出了心理资本的五维结构观。在对大学生进行大样本实证调查分析的基础上，她们指出，大学生心理资本的五个构成维度分别为：乐观、韧性、自我效能、兴趣和感恩④。

五、心理资本的六维说

有学者认为，既然心理资本的概念源自积极组织行为学，那么但凡符合积极组织行为评价标准的心理要素均可列入心理资本的结构维度当中。为此，学者们提出心理资本结构的六维说。2006 年，我国学者曹鸣岐在实证研究的基础上指出，心理资本主要由希望、乐观、韧性、主观幸福感、情绪智力和组织公

---

① LETCHER L, NIEHOFF B. Psychological Capital and Wages: A Behavioral Economic Approach [R]. Paper Submitted to be Considered for Presentation at the Midwest Academy of Management. Minneapolis, MN, 2004: 18-22.

② PAGE L F, DONOHUE R. Positive Psychological Capital: A preliminary Exploration of the Construct [R]. Working Paper of Department of Management of Monash University, 2004: 1-8.

③ DEMERATH P, LYNCH J, DAVID M. Dimensions of Psychological Capital in a U. S. Suburb and High School: Identities for Neoliberal Times [J]. *Anthropology and Education Quarterly*, 2008, 39 (2): 270-292.

④ 肖雯, 李林英. 大学生心理资本问卷的初步编制 [J]. 中国临床心理学杂志, 2010, 18 (6): 691-694.

民行为等六个基本要素组成①。冯江平等人则持有不同看法，他们在实证研究的基础上认为，心理资本的六个构成要素分别是：灵活、坚毅、宽容、适应、信任和上进②。

依据以上对心理资本构成成分不同观点的梳理可知，尽管研究者们对于组成心理资本的构成要素有部分重叠之处，但总体来看，不同研究者的观点依旧存在很大的分歧。导致这一局面的原因是多种多样的。综合而言，以下两个方面的原因是最为主要的：第一，作为一个新兴的研究领域，国内外学者对心理资本的概念依然持有不同的看法，对心理资本的概念界定尚未达成一致的意见，相关理论研究还显稚嫩，理论体系有待进一步完善；第二，不同学者的研究视角、研究对象和研究方法存在较大差异，加之不同学者的学术背景也不尽相同，从而进一步加剧了他们在心理资本构成要素方面的观点分歧。

第四节 心理资本的测量概述

通过对现有研究文献的分析可知，心理资本目前的测量手段主要有以下三种：第一，结果变量测量法，也就是借由测量某些与个体心理资本息息相关的结果变量，以此来间接地知晓个体心理资本的基本状况；第二，观察法，也就是依据第三方的观察、评价来获取个体心理资本的基本状况；第三，自我报告法，这种方法主要是依靠心理资本测量问卷来采集个体心理资本的数据和资料，从而获取个体心理资本的基本状况。上述三种手段各有优劣。就现阶段而言，在心理资本的三种测量手段当中，研究者们用得最多的当属自我报告法。接下来，研究者就对已有研究文献中所运用到的心理资本问卷予以简单梳理和介绍。

一、戈德史密斯等人的心理资本量表

从严格意义上来说，戈德史密斯等人的心理资本量表③并非遵循心理测量学

---

① 曹鸣岐. 论人力资源管理视野中的心理资本 [J]. 职业时空，2006 (24)：5-6.

② 冯江平，孙乐岑. 中国员工心理资本及其结构研究 [C] //中国社会心理学会 2008 年全国学术大会论文摘要集. 昆明：云南师范大学，2008：2；冯江平，孙乐岑. 中国员工心理资本结构的实证研究 [C] //张文新. 第十二届全国心理学学术大会论文摘要集. 济南：山东师范大学，2009：573.

③ GOLDSMITH A H, VEUM J R, DARITY W Jr. The Impact of Psychological and Human Capital on Wages [J]. *Economic Inquiry.* 1997, 35 (4)：815-829.

基本程序而开发的调查量表，只是在对已有成熟调查量表的简单拆解与组合基础上而形成的。在他们看来，心理资本主要由自尊（self-esteem）和控制点（locus of control）两个基本要素构成。因而，在对个体心理资本进行测量时，他们简单地对罗森伯格（Rosenberg）的自尊量表（The Self-Esteem Scale，SES 量表）和罗特（Rotter）的内在——外在心理控制源量表（Internal-External Locus of Control Scale，I-E 量表）予以拆解和重组，进而形成了心理资本量表。最终，该量表由 10 个李克特式两点计分的条目组成。其中，6 个条目源于自尊量表，4 个条目源于内在——外在心理控制源量表。虽然自尊量表和内在——外在心理控制源量表各自都具有良好的信、效度，但戈德史密斯等人却并未对重组后所形成的心理资本量表进行相关的信、效度分析。此番不甚严谨的心理资本测量方式致使戈德史密斯等人的心理资本量表并未获得其他研究者的接纳与认可。然而，这种对已有成熟量表进行重组形成新量表的思想却深深地影响了后续的心理资本测量。

二、路桑斯等人的积极心理状态量表

受到积极组织行为学和积极心理学的双重影响，路桑斯等人坚信，心理资本所涵盖的要素一定要契合积极组织行为学和积极心理学的评价标准。根据对相关理论的逻辑推演，他们获得了心理资本所涵盖的三个基本成分，那便是：乐观、希望和韧性。基于此，他们将测量个体乐观、希望和韧性的三个量表加以重组，形成了全新的、用以测量个体心理资本状况的积极心理状态量表①。他们所重组的这三个量表分别是：第一，施耐德（Snyder）等人在 1996 年研发的希望状态量表，此量表由 6 道李克特式 8 点计分条目构成；第二，谢耶尔（Scheier）等人在 1985 年研发的生活取向测验（Life Orientation Test，LOT），他们从这个测验中选取 10 道李克特式 5 点计分条目，进而组成乐观状态量表；第三，布洛克（Block）等人在 1996 年研发的韧性状态量表，此量表由 14 道李克特式 4 点计分条目组成。重组后，积极心理状态量表便由希望状态分量表、乐观状态分量表和韧性状态分量表等三个分量表，总计 30 道题组成。计分的时候，路桑斯等人用这三个分量表的标准 Z 分数相加所获得的分数来代表个体的积极心理资本水平。根据对中国一家国有企业和两家私营企业共计 422 名职工

---

① LUTHANS F, AVOLIO B J, WALUMBWA F O, et al. The Psychological Capital of Chinese Workers: Exploring the Relationship with Performance [J]. *Management and Organization Review*, 2005, 1（2）: 249-271.

调查数据的分析，他们检验了该量表的信、效度水平。结果显示，积极心理状态总量表的内部一致性系数（Cronbach α 系数）为 0.80，希望状态分量表的内部一致性系数（Cronbach α 系数）为 0.64，乐观状态分量表的内部一致性系数（Cronbach α 系数）为 0.56，韧性状态分量表的内部一致性系数（Cronbach α 系数）为 0.84。探索性因素分析的结果显示，量表的 30 道题能够分解出三个因素，可以解释 84% 的变异量。验证性因素分析的结果显示，构成量表的三个因素能够拟合成一个高阶因素，即积极心理资本。数据分析的结果显示，积极心理状态量表的信、效度良好，达到心理测量学的标准，能够用作对企业员工心理资本状况进行进一步研究的调查工具。

2007 年，我国学者仲理峰对路桑斯等人的积极心理状态量表进行了中文版的修订。为检验中文修订版积极心理状态量表的各项心理测量学指标，仲理峰运用中文修订版积极心理状态量表对 198 名中国企业员工进行了调查分析。研究结果表明，中文修订版希望状态分量表的内部一致性系数（Cronbach α 系数）为 0.90，中文修订版乐观状态分量表的内部一致性系数（Cronbach α 系数）为 0.80，中文修订版韧性状态分量表的内部一致性系数（Cronbach α 系数）为 0.88[1]。遗憾的是，在此项调查研究中，仲理峰没有对中文修订版积极心理状态量表进行总量表的信、效度分析。因此，中文修订版积极心理状态量表在我国并未引起学者们的广泛关注。

三、拉尔森等人的心理资本量表

受到戈德史密斯等人对心理资本测量方式和路桑斯等人对心理资本研究结果的启发，拉尔森等人也运用组合已有心理资本要素测量表的方式来对个体心理资本进行测量。在对相关研究文献进行理论推导的基础上，他们认为心理资本主要由乐观、希望、自我效能感和韧性等四个基本要素构成[2]。于是，他们将谢耶尔等人于 1985 年所研发、希弗伦（Shifren）等人于 1995 年所修订的生活取向测验（Life Orientation Test, LOT, 主要用于测量一个人的乐观状态），施耐德等人于 1996 年所研发的希望状态量表，帕克（Parker）于 1998 年所研发的自我

① 仲理峰. 心理资本对员工的工作绩效、组织承诺及组织公民行为的影响 ［J］. 心理学报，2007, 39 （2）: 328-334.

② LARSON M, LUTHANS F. Potential Added Value of Psychological Capital in Predicting Work Attitudes ［J］. *Journal of Leadership and Organizational Studies*, 2006, 13 （1）: 45-62; LARSON M, LUTHANS F. Potential Added Value of Psychological Capital in Predicting Work Attitudes ［J］. *Journal of Leadership and Organizational Studies*, 2006, 13 （2）: 75-92.

效能感量表，布洛克等人于 1996 年所研发的韧性量表等四个量表进行重组，最终形成心理资本量表。在计分方式方面，拉尔森等人用这四个分量表的标准 Z 分数相加所获得的分数来代表个体的心理资本状况。为了检验该量表的信、效度状况，拉尔森等人运用该心理资本量表对 74 名制造业职工进行了调查研究。数据分析的结果显示，重组所形成的心理资本量表及各分量表的内部一致性系数（Cronbach α 系数）在 0.64 到 0.92 之间。主成分因素分析的结果同样验证了研究者的理论假设，也就是：心理资本主要由乐观、希望、自我效能感和韧性等四个基本要素构成。

四、詹森等人的积极心理资本量表

路桑斯等人于 2005 年所进行的研究对詹森等人带来了极大的启发。他们认同了路桑斯等人 2005 年的观点，即：积极心理资本主要由乐观状态、希望状态和韧性三个基本要素组成。为此，他们使用同样的方法，即：对测量个体乐观、希望和韧性的三个成熟量表进行重新组合，最终形成积极心理资本量表①。不同的是，詹森等人重组量表的具体内容稍有差异。他们所重组的三个量表分别为：第一，谢耶尔等人于 1985 年所研发、希弗伦等人于 1995 年所修订的生活取向测验（Life Orientation Test，LOT），该测验原本由 8 道李克特式 5 点计分题组成，詹森等人从中选取 5 题，将其作为测量个体乐观心理状态的分量表；第二，施耐德等人于 1996 年所研发的希望状态量表，该量表原本由 6 道李克特式 8 点计分题组成，詹森等人将其作为测量一个人希望状态的分量表；第三，布洛克等人于 1996 年所研发的韧性量表，该量表原本由 14 道李克特式 4 点计分题组成，詹森等人选用了其中的 11 题，将其作为测量一个人心理韧性的分量表。于是，詹森等人的积极心理资本量表就由希望状态分量表、乐观心理状态分量表和心理韧性分量表等三个分量表，合计 22 道题组合而成。在计分方式方面，詹森等人用这三个分量表的标准 Z 分数相加所获得的分数来表示个体的积极心理资本状况。在量表的信度方面，研究显示，希望状态分量表的内部一致性系数（Cronbach α 系数）为 0.89，乐观状态分量表的内部一致性系数（Cronbach α 系数）为 0.72，心理韧性分量表的内部一致性系数（Cronbach α 系数）为 0.82。在量表的效度方面，主成分因素分析表明，量表的 22 个条目能够分解出三个因素，共可解释总变异量的 43.02%；同时，三个分量表与总量表之间的相关较

---

① JENSEN S M, LUTHANS F. Relationship between Entrepreneurs' Psychological Capital and Their Authentic Leadership [J]. *Journal of Managerial Issues*. 2006, 18（2）: 254-273.

高，说明它们可以共同构成一个高阶的心理构想，即：积极心理资本。虽然詹森等人对该量表进行了相关的信、效度分析，但是，相关信、效度分析的严谨性仍然有待于进一步提升。在量表的信度方面，詹森等人仅报告了三个分量表的内部一致性系数，缺乏其他信度系数，如分半信度、重测信度等信度系数的汇报；同时，詹森等人也没有报告总量表的信度系数情况。在量表的效度方面，詹森等人只进行了探索性因素分析，缺乏验证性因素分析的相关结果；此外，分解出的三个因素仅解释了43.02%的总变异量，较低的变异解释率则从一个侧面暗示着该量表的效度有待于进一步完善。

五、路桑斯等人的心理资本问卷（PCQ-24）

2007年，路桑斯等人修订了其早期的心理资本概念。依据心理资本类状态性的特征，参照心理资本的入选标准，路桑斯等人在理论推导的基础上解析出了心理资本的四个基本构成维度，分别是：希望、乐观、自我效能感和韧性。在问卷条目的构建方面，路桑斯等人依旧沿用传统的、从成熟量表中挑选条目的方法。路桑斯等人从1996年施耐德等人所研发的希望状态量表中选取6个条目作为希望分问卷的条目，从1985年谢耶尔等人所研发、希弗伦等人于1995年所修订的生活取向测验中选取6个条目作为乐观分问卷的条目，从1998年帕克所研发的效能感量表中选取6个条目作为自我效能感分问卷的条目，从1993年瓦格尼德（Wagnild）等人所开发的韧性量表中选取6个条目作为韧性分问卷的条目。为了平衡各个维度的测量权重，在计分方面，路桑斯等人均采用李克特式6点计分法对问卷的24个条目进行计分。在条目选取标准方面，路桑斯等人从每个量表中所选取的6个条目均为表面效度和内容效度较高的条目，从而组成由24个李克特式6点计分条目组成的心理资本问卷。在评价标准方面，路桑斯等人以四个分问卷总分的平均值来代表一个人心理资本的总体状况。心理测量学的数据分析显示，心理资本问卷（PCQ-24）各项信、效度指标良好，能够用作进一步研究的调查工具[①]。

2009年，我国学者温磊等人对路桑斯等人的心理资本问卷（PCQ-24）展开了中文版的修订工作。温磊等人运用修订后的中文版心理资本问卷（PCQ-24）对908名中国企业员工进行了调查研究。数据分析的结果显示，修订后的

---

① LUTHANS F, AVOLIO B J, AVEY J B, et al. Positive Psychological Capital：Measurement and Relationship with Performance and Satisfaction [J]. *Personnel Psychology*，2007，60（3）：541-572.

中文版心理资本问卷（PCQ-24）各分问卷及总问卷的内部一致性系数（Cronbach α 系数）在 0.7031-0.8125 之间，重测信度在 0.6982-0.7453 之间，表明中文版心理资本问卷（PCQ-24）信度状况良好。在问卷的效度方面，探索性因素分析结果显示，24 个条目可以分解出四个因素，累计能够解释总变异量的65.484%。验证性因素分析结果显示，测量数据能够较好地拟合结构模型，各项拟合系数均达到良好拟合的标准，很好地验证了中文版心理资本问卷（PCQ-24）的四因素理论构想。各项数据分析的结果均表明中文修订版心理资本问卷（PCQ-24）的信、效指标均符合心理测量学的要求，能够作为后续相关研究的测量工具①。

六、冯江平等人的中国员工心理资本问卷

2008 年，冯江平等人以中国文化为背景，采用词汇分析的方法编制了中国员工心理资本问卷。根据对初测问卷调查数据的项目分析结果，对不符合要求的题项予以删除。对剩余符合要求的题项进行探索性因素分析，结果显示，中国员工的心理资本主要由灵活、适应、坚毅、信任、宽容和上进等六个因素构成。在问卷的信度方面，数据分析结果表明，总问卷的内部一致性系数（Cronbach α 系数）为 0.8375，说明问卷稳定性较高，信度状况良好。在问卷的效度方面，验证性因素分析的结果验证了心理资本六因素结构的理论构想，这意味着该问卷的结构效度良好②。良好的信、效度使得中国员工心理资本问卷可以作为进行员工心理资本相关研究的调查工具。

七、柯江林等人的本土心理资本量表

2009 年，我国学者柯江林等人在积极组织行为学的框架下，在文献分析的基础上，通过与研究对象和相关领域专家的深度访谈，结合开放式问卷调查的结果，广泛收集描述员工心理资本行为事件的陈述句，对这些陈述句进行编码、归类，最终整理出包含 98 个条目的心理资本初始量表。运用李克特式 6 点计分法对量表的每个条目进行评分。依据对 160 份心理资本初始量表调查数据的分

---

① 温磊，七十三，张玉柱．心理资本问卷的初步修订［J］．中国临床心理学杂志，2009，17（2）：148-150.

② 冯江平，孙乐岑．中国员工心理资本及其结构研究［C］//中国社会心理学会 2008 年全国学术大会论文摘要集．昆明：云南师范大学，2008：2；冯江平，孙乐岑．中国员工心理资本结构的实证研究［C］//张文新．第十二届全国心理学学术大会论文摘要集．济南：山东师范大学，2009：573.

析，最终形成了包含63个条目、二阶二因素的本土心理资本量表。其中，二阶二因素分别是：事务型心理资本和人际型心理资本。事务型心理资本主要由自信勇敢、奋发进取、乐观希望和坚韧顽强等四个维度构成，人际型心理资本主要由谦虚诚稳、尊敬礼让、包容宽恕和感恩奉献等四个维度构成。量表的信度分析结果表明，事务型心理资本分量表的内部一致性系数（Cronbach α 系数）为0.81，该分量表中各维度的内部一致性系数（Cronbach α 系数）在0.70-0.84之间；人际型心理资本分量表的内部一致性系数（Cronbach α 系数）为0.84，该分量表中各维度的内部一致性系数（Cronbach α 系数）在0.71-0.83之间；本土心理资本量表总量表的内部一致性系数（Cronbach α 系数）为0.86。信度分析的结果显示，包含63个条目的本土心理资本量表信度状况良好。探索性因素分析结果显示，本土心理资本量表具有良好的结构效度。心理测量学的分析结果显示，本土心理资本量表能够作为后续相关研究的测量工具。为了降低被试填答量表过程中的抗拒心理及疲劳感，柯江林等人在进行因素分析时，对各条目按照其因素负荷值进行从高到低的排列，然后从每个因素中各选取出条目因素负荷值最高的5个条目，最终组成了由40道题组成的本土心理资本量表短版量表。对本土心理资本量表短版量表进行相关的信、效度分析，结果显示，该短版量表信、效度同样良好①。因此，本土心理资本量表短版量表同样可以作为进一步研究的调查工具。

八、肖雯等人的大学生心理资本问卷

为对大学生心理资本进行有效测量，我国学者肖雯等人于2010年对大学生心理资本进行了明确定义。他们认为，大学生心理资本是指在人生发展的特殊阶段（即大学），个体所应当具备的各种能够有效测量和开发的类状态积极心理要素的综合，这些积极心理要素能够帮助大学生获得成功与自我肯定。在借鉴前人研究的基础上，肖雯等人对相关人员进行了深度访谈。通过对访谈结果的分析，肖雯等人最终共收集到52个有关大学生心理资本的叙述条目。在形成问卷时，要求被试对52个条目进行李克特式5点评分。通过对初测数据的分析，最终筛选出了29个符合要求的条目形成正式问卷。选取672名在校大学生施测正式问卷。通过对正式问卷数据的分析，结果显示，大学生心理资本问卷可以分解为韧性、自我效能、兴趣、乐观和感恩等五个基本维度。在问卷的信度方

---

① 柯江林，孙健敏，李永瑞．心理资本：本土量表的开发及中西比较［J］．心理学报，2009，41（9）：875-888．

面，大学生心理资本问卷的内部一致性系数（Cronbach α 系数）为 0.923，五个分问卷的内部一致性系数（Cronbach α 系数）在 0.755-0.844 之间，这说明大学生心理资本问卷信度状况良好。在问卷的效度方面，探索性因素分析结果显示 29 个条目可以分解为五个因素，累计可以解释总变异量的 54.08%。验证性因素分析的结果显示，测量数据能够较好地拟合结构模型，各项拟合系数均达到良好拟合的标准，很好地支持了大学生心理资本的五因素理论构想，这说明问卷的结构效度比较理想。此外，肖雯等人还检验了问卷的实证效度和效标效度。结果显示，大学生心理资本问卷的实证效度和效标效度均较为理想[1]。良好的信、效度使得了大学生心理资本问卷能够作为大学生心理资本相关调查和研究有效且可靠的工具。

九、张阔等人的积极心理资本问卷（PPQ）

2010 年，张阔等人为了更好地研究大学生积极心理资本的水平，在对相关文献进行综合分析的基础上，参考国内外心理资本相关的测量工具，最终构建了包含 40 道李克特式 7 点计分条目的积极心理资本问卷（PPQ）初测问卷。运用积极心理资本问卷初测问卷对 181 名在校大学生进行测试，对测试数据进行分析，最终形成了积极心理资本问卷正式问卷。积极心理资本问卷正式问卷共由 26 个条目组成，包含乐观、自我效能、希望和韧性等四个因素。在问卷的信度方面，结果显示积极心理资本问卷的内部一致性系数（Cronbach α 系数）为 0.90，四个分问卷的内部一致性系数（Cronbach α 系数）在 0.76-0.86 之间，这说明积极心理资本问卷信度状况良好。在问卷的效度方面，探索性因素分析结果显示 26 个条目可以分解为四个因素，累计可以解释总变异量的 54%。验证性因素分析的结果显示，测量数据能够较好地拟合结构模型，各项拟合系数均达到良好拟合的标准，很好地支持了大学生心理资本的四因素理论构想，这说明问卷的结构效度比较理想。此外，张阔等人还检验了问卷的实证效度和区分效度。结果显示，积极心理资本问卷的实证效度和区分效度均较为理想。良好的信、效度使得了积极心理资本问卷能够作为大学生心理资本相关调查和研究有效且可靠的工具[2]。

① 肖雯，李林英. 大学生心理资本问卷的初步编制 ［J］. 中国临床心理学杂志，2010, 18 (6)：691-694.
② 张阔，张赛，董颖红. 积极心理资本：测量及其与心理健康的关系 ［J］. 心理与行为研究，2010, 8 (1)：58-64.

第五节 心理资本的现状调查

为了深入认识和了解不同群体心理资本的基本状况，众多学者针对不同群体开展了一系列的调查研究。

赵正艳等人运用路桑斯等人编制的心理资本问卷（PCQ-24）对北京工业大学的教师开展了调查研究。数据分析的结果显示，北京工业大学教师的心理资本水平较高，平均得分达到107.45，远高于该问卷的中值84（问卷的分值区间为24—144，问卷得分的中值为84）。进一步研究发现，该校教师的心理资本水平不存在男女性别的差异，但在受教育水平这一变量上差异显著。具体而言，在男教师群体中，本科学历教师的心理资本水平显著低于其他学历层次教师的心理资本水平；不同的是，在女教师群体中，博士学历教师的心理资本水平显著低于其他学历层次教师的心理资本水平[1]。赵正艳等人关于心理资本性别差异不显著的观点获得了许多后续研究的支持。2010年，张洪博同样运用心理资本问卷（PCQ-24）对176名房地产经纪人进行了调查研究。研究数据显示，房地产经纪人的心理资本水平在文化程度、职位和工作年限等方面差异显著；但在性别和年龄方面差异则不明显[2]。同年，衣新发等人的研究也证实了这一点。衣新发等人同样运用心理资本问卷（PCQ-24）对156名铁路司乘人员进行了调查研究。数据分析结果显示，铁路司乘人员的心理资本在受教育程度、工种和对年收入的评价等三个方面差异显著，但在性别、年龄、年收入和工作年限等方面则没有明显差异[3]。卡扎（Caza）等人于2010年进行的一项心理资本跨文化调查研究也显示，被试的心理资本水平不存在男、女性别的差异[4]。

与此同时，却有许多学者得到了与赵正艳等人不一样的研究结论。2009年，童佳瑾等人的调查研究显示，男员工的心理资本水平明显高于女员工，进而说

① 赵正艳，臧维. BG大学教师心理资本调查研究［J］. 经济论坛，2009（7）：106-110.
② 张洪博. 房地产经纪人心理资本分析［J］. 黑河学刊，2010（1）：41-42.
③ 衣新发，侯宁，刘钰，等. 铁路司乘人员心理资本特征研究［J］. 铁道劳动安全卫生与环保，2010，37（2）：76-79.
④ CAZA A，BAGOZZI R P，WOOLLEY L，et al. Psychological Capital and Authentic Leadership：Measurement，Gender，and Cultural Extension［J］. *Asia-Pacific Journal of Business Administration*，2010，2（1）：53-70.

明员工心理资本具有明显的性别差异①。同一年，白晶等人也开展了员工心理资本的调查研究。结果显示，通信运营企业员工的心理资本水平在性别和学历两个变量上均具有明显的差异。其中，男员工的心理资本水平明显高于女员工，高等教育学历员工的心理资本水平明显高于中等教育学历员工②。2010年，学者郝明亮运用心理资本问卷（PCQ-24）对建筑、通信运营、医药、电信、服务行业和水利工程等行业6家企业的283名员工进行了调查研究。数据分析的结果表明，员工的心理资本水平在年龄变量上差异显著③。

为深入认识和了解对大学生的心理资本水平，众多学者把心理资本概念从组织环境引入到学校教育情境，并进行了一系列的调查研究。2009年，潘清泉等人的调查研究显示，非贫困大学生的心理资本水平明显高于贫困大学生。这一研究结果说明，家庭经济状况成为影响大学生的心理资本水平的一个重要变量④。同年，陈桂兰的调查研究也得到了类似的结论⑤。然而，曹杏田等人的调查研究却得出了不同的结论。曹杏田等人在2011的一项调查研究发现，大学生的心理资本水平不仅在家庭经济状况这一变量上差异不明显，而且在年级、生源地、是否为独生子女以及性别等变量上均不存在显著差异，仅在学生干部和专业这两个变量上具有明显的差异。曹杏田等人的这项调查研究还发现，尽管问卷的得分区间在40到200之间，问卷得分的中值为120，但本次调查的被试却获得了高达142.81的平均分。这一结果说明，当代大学生具有较高的心理资本水平⑥。

尽管诸多调查研究的结果都得到了相似的结论，认为当代大学生具有较高的心理资本水平，但受制于研究对象、研究视角以及研究方法等方面的差异，不同调查研究在人口统计学变量上所获得的研究结论仍然不尽相同。付立菲等人的调查研究结果显示，大学生的心理资本水平总体较高，并且存在年级、学

---

① 童佳瑾，王垒. 性别与创新：心理资本的中介作用［C］//张文新. 第十二届全国心理学学术大会论文摘要集. 济南：山东师范大学，2009：330.

② 白晶，张西超. 通信运营企业员工心理资本与身心健康关系的研究［C］//张文新. 第十二届全国心理学学术大会论文摘要集. 济南：山东师范大学，2009：328-329.

③ 郝明亮. 心理资本前因变量研究［J］. 重庆科技学院学报（社会科学版），2010，（11）：93-95.

④ 潘清泉，周宗奎. 贫困大学生心理资本、应对方式与心理健康的关系［J］. 中国健康心理学杂志，2009，17（7）：844-846.

⑤ 陈桂兰. 贫困生心理资本与心理健康的关系研究［J］. 学校党建与思想教育，2009（30）：82-83.

⑥ 曹杏田，励骅. 当代大学生心理资本的定量研究［J］. 边疆经济与文化，2011，8（1）：42-44.

科类别以及性别等变量的差异①。张阔等人的调查研究表明，大学生心理资本的平均分高于问卷的理论均值，说明大学生的心理资本水平总体状况较好②。李林英等人在 2011 年开展的调查研究结果同样说明，大学生心理资本的总体状况较好，进一步的分析结果显示，大学生心理资本在年级变量上差异显著，但在学科专业、性别、家庭居住地、家庭社会经济地位以及独生子女与否等变量上的差异均不明显③。

第六节　心理资本的影响研究

一、心理资本与前因变量的关系研究

作为个体所具备的一种潜在积极心理力量，从理论层面来讲，心理资本的影响因素繁多，不单包含个体自身生理和心理特征层面的影响，还有同伴群体、家庭以及各类生活事件等环境因素的作用。故而，针对心理资本的整体影响因素开展全面且系统的实证研究具有较大难度。现阶段，对于心理资本影响因素的研究尚且不多，仅存的少数几个研究也只是解析了为数不多的变量对于心理资本的影响。

德梅拉思等人认为，社区环境与学校氛围是对学生心理资本形成及发展产生重要影响的两个重要因素。为此，他们对学生心理资本与两个影响因素的关系进行了实证研究。结果显示，积极的社区环境与优良的学校氛围能够积极推动学生心理资本的形成和发展，反之则不益于学生心理资本的良性发展④。

许萍的实证研究证明，组织支持感、工作挑战性和自我强化等是影响员工心理资本形成和发展的三个重要因素⑤。而郝明亮的调查研究则显示，诸如年

① 付立菲，张阔. 大学生积极心理资本与学习倦怠状况的关系 [J]. 中国健康心理学杂志，2010, 18（11）：1356–1359.

② 张阔，付立菲，王敬欣. 心理资本、学习策略与大学生学业成绩的关系 [J]. 心理学探新，2011, 31（1）：47–53.

③ 李林英，肖雯. 大学生心理资本的调查研究 [J]. 北京理工大学学报（社会科学版），2011, 13（1）：148–152.

④ DEMERATH P, LYNCH J, DAVID M. Dimensions of Psychological Capital in a U. S. Suburb and High School: Identities for Neoliberal Times [J]. *Anthropology and Education Quarterly*, 2008, 39（2）：270–292.

⑤ 许萍. 心理资本：概念、测量及其研究进展 [J]. 经济问题，2010, 32（2）：34–38.

龄、性别、受教育程度和家庭经济状况等人口统计学变量是影响个体心理资本形成和发展的主要因素①。路桑斯等人的实证调查显示，员工所获得的组织支持水平越高，其心理资本水平也相应越高，这就说明组织支持水平是影响员工心理资本水平的一个重要变量②。田喜洲等人的研究进一步验证了路桑斯等人的研究结论。田喜洲等人通过实证调查发现，员工的组织支持感能够显著地正向预测其心理资本水平③。科尔等人对失业人员的一项实证调查发现，失业者的社会地位、资产以及时间结构等变量都会对其心理资本水平产生重要的影响作用④。

二、心理资本与结果变量的关系研究

麦克默里（McMurray）等人于2010年对澳大利亚非营利性宗教组织展开的一项研究表明，员工的心理资本水平和心理健康水平之间具有显著的正相关关系⑤，说明员工的心理资本状况可能对其心理健康状况带来一定的影响。为进一步探索心理资本与相关结果变量的关系，艾维等人于2011年实施了一项元分析研究。通过研究，艾维等人发现，心理资本作为一种个体成长和发展进程中表现出来的积极心理状态，能够对薪酬水平、工作绩效、组织承诺、工作满意度、工作态度、心理健康水平和组织公民行为等这些受欢迎的结果变量产生正面的积极影响，而对工作压力、犬儒主义、离职意向、工作倦怠和工作焦虑等这些不受欢迎的结果变量则均产生负面的消极影响⑥。综合已有的研究文献，不难看出，心理资本与各结果变量之间关系的作用机制主要包含主效应模型、调节效

---

① 郝明亮. 心理资本前因变量研究［J］. 重庆科技学院学报（社会科学版），2010（11）：93-95.

② LUTHANS F, NORMAN S M, AVOLIO B J, et al. The Mediating Role of Psychological Capital in the Supportive Organizational Climate-Employee Performance Relationship［J］. *Journal of Organizational Behavior*, 2008, 29（2）：219-238.

③ 田喜洲. 积极心理资本及其在旅游业人力资源管理中的应用［J］. 旅游科学，2008（2）：57-60；田喜洲，谢晋宇. 组织支持感对员工工作行为的影响：心理资本中介作用的实证研究［J］. 南开管理评论，2010, 13（1）：23-29.

④ COLE K, DALY A, MAK A. Good for the Soul：The Relationship between Work, Well-Being and Psychological Capital［J］. *Journal of Socio-Economics*, 2009, 38（3）：464-474.

⑤ MCMURRAY A J, PIROLA-MERLO A, SARROS J C, et al. Leadership, Climate, Psychological Capital, Commitment, and Wellbeing in a Non-Profit Organization［J］. *Leadership and Organization Development Journal*, 2010, 31（5）：436-457.

⑥ AVEY J B, REICHARD R J, LUTHANS F, et al. Meta-Analysis of the Impact of Positive Psychological Capital on Employee Attitudes, Behaviors, and Performance［J］. *Human Resource Development Quarterly*, 2011, 22（2）：127-152.

应模型、中介效应模型和动态效应模型等四大类①。现有研究中，主效应模型、调节效应模型和中介效应模型的研究居多，而动态效应模型的研究则处于刚刚起步的阶段。

（一）主效应模型

主效应模型亦被称作为直接影响效应模型，指的是心理资本不依赖其他变量，便能独立地对个体、群体抑或是组织层面的相关结果变量产生直接的增益效果。根据现有的研究文献可知，这种研究模式获得了众多研究者的青睐。

贾奇和博诺（Bono）在2001年开展了一项心理资本与相关结果变量关系的元分析研究。结果显示，由一般自我效能、自尊、情绪稳定性和控制点等四个基本要素构成的心理资本能够显著地正向预测员工的工作绩效，它可以解释员工自评绩效变异量的20%~30%②。贾奇和博诺关于心理资本能够显著地正向预测员工工作绩效的研究结论得到了很多实证研究的验证。2005年，路桑斯等人针对中国一家国有企业和两家私营企业共计422名员工进行了一项有关员工心理资本与工作绩效关系的实证调查。结果表明，我国员工的心理资本与其直接领导对其工作绩效的评价之间存在显著正相关关系③。2008年，路桑斯等人对我国工人的心理资本与工作绩效关系再次进行了深入的实证研究。结果同样表明，我国员工的心理资本对其工作绩效能够产生显著的积极影响④。2010年，阿尔梅尼奥（Arménio）等人进行了一项针对葡萄牙278名公务员心理资本与工作绩效关系的调查研究。结果发现，公务员的心理资本水平虽然无法显著预测上级对其工作绩效的评价状况，但却可以显著预测其对自己工作绩效的评价状

① 王雁飞，朱瑜. 心理资本理论与相关研究进展 [J]. 外国经济与管理. 2007, 29 (5)：32-39；蒋苏芹，苗元江. 心理资本—积极心理学研究 [J]. 赣南师范学院学报，2010 (1)：108-113；杨健，蓝海林. 心理资本理论及其研究新进展 [J]. 科技管理研究，2010 (2)：132-134.

② JUDGE T A, BONO J E. Relationship of Core Self - Evaluations Traits - Self - Esteem, Generalized Self-Efficacy, Locus of Control, and Emotional Stability—With Job Satisfaction and Job Performance：A Meta-Analysis [J]. *Journal of Applied Psychology*, 2001, 86 (1)：80-92.

③ LUTHANS F, AVOLIO B J, WALUMBWA F O, et al. The Psychological Capital of Chinese Workers：Exploring the Relationship with Performance [J]. *Management and Organization Review*, 2005, 1 (2)：249-271.

④ LUTHANS F, AVEY J B, SMITH R C, et al. More Evidence on the Value of Chinese Workers' Psychological Capital：A Potentially Unlimited Competitive Resource? [J]. *The International Journal of Human Resource Management*, 2008, 19 (5)：818-827.

况，预测力达到了惊人的39%①。2010年，我国学者张宏如对612名知识型员工进行了一项心理资本与工作绩效关系的实证调查。研究同样发现，员工的心理资本能够显著地正向预测其工作绩效状况②。

除此之外，国内外研究人员还广泛分析了心理资本与组织承诺、工作满意度、留职意愿、组织公民行为、离职倾向以及心理健康水平等结果变量的关系。2005年，路桑斯等人对71名护士进行了一项实证调查研究。结果显示，护士的心理资本水平能够显著地正向预测其组织承诺和留职意愿③。2006年，拉尔森等人对一家美国工厂的74名工人进行了一项实证调查研究。研究显示，工人的心理资本能够显著地正向预测其工作满意度和组织承诺④。2010年，艾维等人对336名员工进行了一项实证调查研究。研究结果显示，员工的心理资本能够显著地正向预测广受欢迎的组织公民行为，员工的心理资本能够显著地负向预测诸如离职倾向等不受欢迎的不良职场行为⑤。2010年，巴巴罗拉（Babalola）等人对201名医药、法律和建筑等专业技术领域的自由职业者进行了一项实证调查研究。结果显示，专业技术人员的自尊需要以及成就需要等心理资本能够显著地正向预测其创业认同度和创业成功感⑥。同年，艾维等人开展了一项有关不同部门员工（$N=280$）心理资本与心理健康关系的实证调查研究。结果显示，心理资本与员工的心理健康关系紧密，而且随着时间的流逝，心理资本对员工

① AI.MÉNIO R, CARLA M, SUSANA L, et al. Psychological Capital and Performance of Portuguese Civil Servants: Exploring Neutralizers in the Context of an Appraisal System [J]. *International Journal of Human Resource Management*, 2010, 21 (9): 1531-15.

② 张宏如. 心理资本对工作绩效影响的实证研究 [J]. 江西社会科学, 2010 (12): 228-232.

③ LUTHANS K W, JENSEN S M. The Linkage between Psychological Capital and Commitment to Organizational Mission: A Study of Nurses [J]. *The Journal of Nursing Administration*, 2005, 35 (6): 304-310.

④ LARSON M, LUTHANS F. Potential Added Value of Psychological Capital in Predicting Work Attitudes [J]. *Journal of Leadership & Organizational Studies*, 2006, 13 (1): 45-62.

⑤ AVEY J B, LUTHANS F, YOUSSEF C M. The Additive Value of Positive Psychological Capital in Predicting Work Attitudes and Behaviors [J]. *Journal of Management*, 2010, 36 (2): 430-452.

⑥ BABALOLA S S. The Role of Socio-Psychological Capital Assets on Identification with Self-Employment and Perceived Entrepreneurial Success among Skilled Professionals [J]. *Journal of Smatt Business and Entrepreneurship*, 2010, 23 (2): 159-172.

心理健康的影响越来越大①。2011 年，斯威特曼（Sweetman）对 899 名来自不同行业、不同部门员工的心理资本及相关变量进行了一项实证调查研究。结果表明，员工的心理资本不仅能增强其创造性，而且能够显著地正向预测其创造性绩效②。同年，佩特森（Petterson）等人对一家大型金融服务机构的 179 名员工开展了一项长达七个月的追踪研究。研究结果再次验证了心理资本具有可变性的特征，也就是，心理资本会随时间的推移而发生相应的改变。同时，研究也表明，随着员工心理资本的变化，其工作绩效也会发生相应的改变，这就再次证明员工的心理资本能够显著地正向预测其工作绩效③。

我国学者也进行类似的研究，取得了不错的研究成果。2007 年，我国学者仲理峰对 4 家国有企业的 198 名员工展开了一项实证调查研究，运用实证数据深入分析了心理资本与员工组织承诺、工作绩效及组织公民行为的关系。数据分析的结果显示，在控制了性别与年龄这两个人口变量的效应后，员工的心理资本能够显著地正向预测其组织承诺、工作绩效和组织公民行为④。2009 年，黄海艳对员工心理资本与其离职倾向的关系进行了实证调查。结果显示，员工心理资本能够显著地负向预测其主动离职倾向；变量间的回归分析显示，员工的离职倾向有 25.5% 是由其较低的心理资本所带来的⑤。同年，关培兰等人对 131 位女性创业者的心理资本进行了一项实证调查。结果发现，女性创业者的积极心理资本能够显著地正向预测其创业发展；进一步分析发现，相较于社会资本和人力资本，女性创业者的心理资本对其创业发展具有更强的预测力⑥。我国学者杨锐运用柯江林等人开发的本土心理资本量表对来自不同行业的 638 名工

① AVEY J B, LUTHANS F, SMITH R M, et al. Impact of Positive Psychological Capital on Employee Well-Being over Time [J]. *Journal of Occupational Health Psychology*, 2010, 15（1）：17-28.

② SWEETMAN D, LUTHANS F, AVEY J B, et al. Relationship between Positive Psychological Capital and Creative Performance [J]. *Canadian Journal of Administrative Sciences*, 2011, 28（1）：4-13.

③ PETTERSON S J, LUTHANS F, AVOLIO B J, et al. Psychological Capital and Employee Performance：A Latent Growth Modeling Approach [J]. *Personnel Psychology*, 2011, 64（2）：427-450.

④ 仲理峰. 心理资本对员工的工作绩效、组织承诺及组织公民行为的影响 [J]. 心理学报, 2007, 39（2）：328-334.

⑤ 黄海艳. 基于心理资本的员工主动离职倾向研究 [J]. 南京审计学院学报, 2009, 6（3）：7-10.

⑥ 关培兰, 罗东霞. 女性创业者积极心理资本与创业发展 [J]. 经济管理, 2009, 31（8）：81-88.

作者进行了一项调查研究，主要探讨心理资本与员工职业生涯发展的关系。研究发现，心理资本与员工的职业生涯发展之间具有显著的正相关关系；进一步的回归分析表明，在对人口学变量的效应进行了控制之后，心理资本能够显著地正向预测员工的职业生涯发展①。张兴贵等人进行了一项有关企事业单位员工心理资本对其工作绩效与工作满意度影响的调查研究。结果发现，心理资本不仅能够显著地正向预测员工的工作绩效，还能够显著地正向预测员工的工作满意度；进一步分析显示，心理资本对工作绩效和工作满意度的预测力显著大于大五人格的预测力②。柯江林等人的研究同样表明，心理资本能够显著地正向预测员工的工作满意度、工作绩效（包含周边绩效和任务绩效）、组织承诺和工作投入等③。白晶等人对通信运营企业员工进行了一项有关心理资本与身心健康关系的调查研究。研究发现，在对人口学变量的效应进行控制后，员工的心理资本水平能够显著地正向预测其身心健康状况④。

　　除了对组织情境中员工心理资本与相关结果变量的关系展开研究，学者们还对校园环境中大学生的心理资本与相关结果变量的关系实施了一系列研究。2009 年，我国学者陈桂兰运用心理资本问卷（PCQ-24）和症状自评量表（SCL-90）对 296 名贫困大学生进行了一项关于心理资本与心理健康关系的调查研究。结果发现，贫困大学生的心理资本与心理健康间具有显著的正相关关系⑤。2010 年，我国学者胡烨妃等人在文献分析的基础上指出，心理资本能够对大学生的身心健康及学业成绩带来积极的影响⑥。同年，张阔等人对 223 名在校大学生进行了一项有关大学生心理资本与心理健康关系的实证调查。结果表

---

① 杨锐. 本土心理资本对职业生涯发展影响的实证研究 [J]. 商业现代化，2009（21）：98-102.

② 张兴贵，王蕊. 心理资本与大五人格对组织行为预测作用的比较研究 [C] //第四届中国管理学年会. 组织行为与人力资源管理分会场论文集. 广州：广东外语外贸大学，2009：582-592.

③ 柯江林，孙健敏，李永瑞. 心理资本：本土量表的开发及中西比较 [J]. 心理学报，2009，41（9）：875-888；柯江林，孙健敏，石金涛，等. 人力资本、社会资本与心理资本对工作绩效的影响：总效应、效应差异及调节因素 [J]. 管理工程学报，2010，24（4）：29-35，47.

④ 白晶，张西超. 通信运营企业员工心理资本与身心健康关系的研究 [C] //张文新. 第十二届全国心理学学术大会论文摘要集. 济南：山东师范大学，2009：328-329.

⑤ 陈桂兰. 贫困生心理资本与心理健康的关系研究 [J]. 学校党建与思想教育，2009（30）：82-83.

⑥ 胡烨妃，骆宏. 心理资本在学习领域中的研究进展 [J]. 中国校外教育，2010（8）：4-5.

明，大学生的心理资本水平能够显著地正向预测其心理健康状况，并能显著地负向预测其心理疾病症状①。

（二）调节效应模型

调节效应模型主张，心理资本对结果变量的影响作用会经由有关变量的调节而发生变化。心理资本与结果变量关系的调节效应研究模式同样获得了众多研究的验证。

2006年，科尔对失业员工开展了一项心理资本与主观满意感以及再就业行为关系的调查研究。数据分析的结果显示，心理资本对失业人员的主观满意感和再就业行为的关系能够起到一定的调节作用；换而言之，心理资本水平越高的失业人员，其再就业行为受到主观满意感的影响作用就越大，反之则越小②。2008年，路桑斯等人对员工的心理资本与工作满意度、组织承诺和工作绩效的关系进行了一项实证调查。研究结果显示，心理资本与员工的工作满意度、组织承诺和工作绩效之间具有显著的正相关关系；同时，员工的工作满意度和组织承诺与支持性组织气氛之间也具有显著的正相关关系；进一步分析显示，支持性组织气氛对员工工作绩效的影响作用受到员工心理资本的调节③。2009年，我国学者赵西萍等人对复杂工作环境下，员工心理资本与工作满意度以及工作绩效之间的关系进行了一项实证调查研究。数据分析结果显示，在控制了员工年龄、性别以及企业性质等变量的影响效应后，员工心理资本对其工作满意度的影响作用受到工作复杂性的调节；也就是说，当工作较为简单时，心理资本能够显著增强员工的工作满意度；当工作较为复杂时，心理资本难以显著增强员工的工作满意度④。同年，艾维等人对来自不同行业的416名成人志愿者进行了一项调查研究。结果显示，心理资本显著地与工作压力、离职意向等变量负相关。进一步分析发现，在心理资本对个体离职意愿的影响中，员工感受到的

① 张阔，张赛，董颖红. 积极心理资本：测量及其与心理健康的关系 [J]. 心理与行为研究，2010, 8（1）：58-64.

② COLE K. Well-Being, Psychological Capital, and Unemployment: An Integrated Theory [R]. Paper Presented at the Joint Annual Conference of the International Association for Research in Economic Psychology (IAREP) and the Society for the Advancement of Behavioral Economics (SABE). Paris, France, 2006：1-9.

③ LUTHANS F, NORMAN S M, AVOLIO B J, et al. The Mediating Role of Psychological Capital in the Supportive Organizational Climate-Employee Performance Relationship [J]. *Journal of Organizational Behavior*, 2008, 29（2）：219-238.

④ 赵西萍，杨晓萍. 复杂工作环境下心理资本的研究 [J]. 科技管理研究，2009, 29（6）：409-411.

工作压力具有明显的调节作用；同时，在心理资本对个体职业搜寻行为的影响中，员工感受到的工作压力也具有明显的调节作用①。惠青山等人于 2009 年对我国职工心理资本与相关态度行为变量进行了一项实证调查研究。数据分析结果显示，在心理资本对员工工作满意度和利单位行为的影响作用中，组织信任具有明显的调节作用②。为探讨心理资本与员工金钱心理和工作绩效之间的关系，屈艳等人进行了一项调查研究。数据分析结果发现，在员工金钱心理对其工作绩效的影响作用中，心理资本具有明显的调节作用③。为探究演员心理资本与观众互动意愿的关系，卡扎等人对 65 名大学生进行了一项实验研究。结果显示，演员的心理资本水平与观众的互动意愿呈显著正相关关系；同时，在演员心理资本对观众互动意愿的影响作用中，观众对演员表演积极结果可能性的归因具有明显的调节作用；在演员心理资本与观众对演员表演积极结果的预期关系中，观众对演员演技水平高低的归因也具有明显的调节作用④。为对工作倦怠、工作压力与心理资本之间的关系进行深入的研究和探讨，赵简等人对 493 名通信企业员工进行了一项实证调查研究。数据分析结果表明，心理资本能显著地反向预测个体的工作倦怠水平，预测力超过 25%；进一步分析显示，无论在个体职业发展与愤世嫉俗的关系中，还是在个体人际关系与愤世嫉俗的关系中，心理资本均具有明显的调节作用⑤。为探讨心理资本与不同类型领导之间的关系，图尔（Toor）等人对新加坡建筑业员工开展了一项实证调查研究。数据分析结果显示，心理资本不仅与诚信领导相关显著，还与变革型领导相关显著；进一步分析发现，在心理资本对领导绩效的影响作用中，变革型领导具有明显

① AVEY J B, LUTHANS F, JENSEN S M. Psychological Capital：A Positive Resource for Combating Employee Stress and Turnover [J]. *Human Resource Management*，2009，48（5）：677-693.

② 惠青山. 中国职工心理资本内容结构及其与态度行为变量关系实证研究 [D]. 广州：暨南大学，2009：107-142；惠青山，凌文辁. 中国职工心理资本内容结构及其与态度行为变量关系实证研究 [C] //张文新. 第十二届全国心理学学术大会论文摘要集. 济南：山东师范大学，2009：329.

③ 屈艳，井维华. 员工金钱心理与心理资本、工作绩效的关系研究 [C] //张文新. 第十二届全国心理学学术大会论文摘要集. 济南：山东师范大学，2009：329.

④ Caza A, Mccarter M W, Hargrove D, et al. Third-party effects of psychological capital：Observer attributions and responses [A]. The Academy of Management Executive. Academy of Management，Birmingham，AL，USA，2009：1-6.

⑤ 赵简，张西超. 工作压力与工作倦怠的关系：心理资本的调节作用 [J]. 河南师范大学学报（自然科学版），2010，38（3）：139-143.

的调节作用①。为深入分析和探讨领导者心理资本与下属工作绩效的关系，瓦伦姆瓦（Walumbwa）等人于 2010 年进行了一项实证调查研究。研究结果表明，在领导者心理资本对其下属工作绩效的影响作用中，下属的心理资本具有明显的调节作用②。为深入分析和探讨心理资本与幸福感的关系，卡尔伯森（Culbertson）进行了一项实证调查研究。研究结果显示，在心理资本对幸福感的影响作用中，个体的积极心理功能具有明显的调节作用③。为了深入分析和探讨心理资本与企业技术创新绩效的关系，2011 年，吴庆松等人对湖南 6 家机械制造类企业的 240 名员工进行了一项实证调查研究。研究结果显示，员工心理资本能显著正向地预测企业技术创新绩效；同时，在员工心理资本对企业技术创新绩效的影响作用中，组织创新氛围具有明显的调节作用④。为了深入分析和探讨诚信领导与组织公民行为、组织绩效的关系，瓦伦姆瓦等人于 2011 年对美国一家大型银行的 146 个工作团队进行了一项实证调查研究。数据分析的结果显示，组织信任和组织心理资本与组织绩效、组织公民行为和诚信领导具有显著正相关关系；进一步分析发现，在诚信领导对组织绩效和组织公民行为的影响作用中，组织心理资本和组织信任具有明显的调节作用⑤。

（三）中介效应模型

中介效应模型，也称为缓冲效应模型，指的是心理资本对诸如组织行为、工作绩效、心理健康水平和工作态度等相关结果变量的作用部分或全部通过某些中介变量来间接地产生影响。

早在 1997 年，戈德史密斯等人开展的一项有关心理资本对个体实际工资影响的调查研究显示，在心理资本对个体生产率和实际工资水平的影响作用中，

① TOOR S R, OFORI G. Positive Psychological Capital as a Source of Sustainable Competitive Advantage for Organizations [J]. *Journal of Construction Engineering and Management*, 2010, 136 (3): 341-352.

② WALUMBWA F O, PETERSON S J, AVOLIO B J, et al. An Investigation of the Relationships Among Leader and Follower Psychological Capital, Service Climate, and Job Performance [J]. *Personnel Psychology*, 2010, 63 (4): 937-963.

③ CULBERTSON S S, FULLAGAR C J, MILLS M J. Feeling Good and Doing Great: The Relationship between Psychological Capital and Well-Being [J]. *Journal of Occupational Health Psychology*, 2010, 15 (4): 421-433.

④ 吴庆松，游达明. 员工心理资本、组织创新氛围和技术创新绩效的跨层次分析 [J]. 系统工程，2011, 29 (1): 69-77.

⑤ WALUMBWA F O, LUTHANS F, AVEY J B. Authentically Leading Groups: The Mediating Role of Collective Psychological Capital and Trust [J]. *Journal of Organizational Behavior*, 2011, 32 (1): 4-24.

个体的控制点发挥着中介变量的作用①。2006 年，科尔对失业人员的心理资本进行了一项调查研究。研究结果显示，在失业人员心理资本对其工作搜寻行为的影响作用中，行为动机以及主观满意感等变量发挥着中介变量的作用②。

2009 年，为了深入认识和了解我国职工态度、行为变量与心理资本水平之间的关系，惠青山等人进行了一项实证调查研究。数据分析结果显示，在职工心理资本对其态度、行为变量的影响作用中，员工对主管的评价以及组织公平感等变量发挥着中介变量的作用③。为探究心理资本、工作满意感、组织支持感和关系绩效之间的作用关系，魏红权等人于 2009 年进行了一项实证调查研究。数据分析结果发现，在心理资本对关系绩效的影响作用中，组织支持感、工作满意感发挥着中介变量的作用④。为探明心理资本、工作态度与工作行为的关系，田喜洲等人相继在 2008 年和 2010 年对接待业员工进行了实证调查研究。研究结果表明，在接待业员工中，满意度在心理资本对其工作态度与工作行为的影响作用中发挥着中介变量的作用⑤。为深入探究心理资本与工作满意度、组织气候、工作投入和组织承诺等变量之间的关系，滕少霞于 2010 年展开了一项实证调查研究。研究结果表明，在心理资本对员工工作满意度、工作投入和组织承诺等工作态度的影响作用中，组织气候发挥着中介变量的作用⑥。

与此同时，研究者们在大学生心理资本与相关结果变量的作用关系中，也发现了中介效应模型的存在。为了深入探究心理资本、心理健康以及应对方式

① GOLDSMITH A H, VEUM J R, DARITY W Jr. The Impact of Psychological and Human Capital on Wages [J]. *Economic Inquiry*, 1997, 35 (4)：815-829.

② COLE K. Well-Being, Psychological Capital, and Unemployment：An Integrated Theory [R]. Paper Presented at the Joint Annual Conference of the International Association for Research in Economic Psychology (IAREP) and the Society for the Advancement of Behavioral Economics (SABE). Paris, France, 2006：1-9.

③ 惠青山. 中国职工心理资本内容结构及其与态度行为变量关系实证研究 [D]. 广州：暨南大学，2009：107-142；惠青山，凌文辁. 中国职工心理资本内容结构及其与态度行为变量关系实证研究 [C] //张文新. 第十二届全国心理学学术大会论文摘要集. 济南：山东师范大学，2009：329.

④ 魏红权，冯江平. 企业员工心理资本、工作满意感、组织支持感与关系绩效关系的实证研究 [C] //张文新. 第十二届全国心理学学术大会论文摘要集. 济南：山东师范大学，2009：330.

⑤ 田喜洲. 积极心理资本及其在旅游业人力资源管理中的应用 [J]. 旅游科学，2008 (2)：57-60；田喜洲，谢晋宇. 心理资本对接待业员工工作态度与行为的影响效应与机理 [J]. 软科学，2010，24 (5)：111-114.

⑥ 滕少霞. 心理资本、组织气候与员工工作态度关系的实证研究 [J]. 统计与决策，2010 (4)：88-90.

之间的关系，潘清泉等人于 2009 年对贫困大学生进行了一项调查研究。数据分析结果显示，在对贫困生的年龄、性别、年级以及专业等人口学变量的作用效应进行控制之后，贫困大学生的心理资本能够显著地正向预测其心理健康状况；进一步的分析表明，在心理资本对心理健康状况的预测作用中，应对方式发挥着中介变量的作用①。为了深入探究心理资本、学校支持感以及大学生职业决策困难之间的关系，章倩等人于 2009 年对大学生进行了一项调查研究。调查结果发现，在学校支持感对大学生职业决策困难的影响作用中，心理资本发挥着积极的中介作用②。为了深入分析心理资本、学习策略与大学生学业成绩之间的关系，张阔等人于 2011 年开展了一项实证调查研究。数据分析结果表明，心理资本与大学生学业成绩之间具有明显的正相关关系，且心理资本可以显著正向地预测大学生的学业成绩；进一步分析发现，在心理资本对大学生学业成绩的影响作用中，学习策略发挥着重要的作用③。

在上述提及的各项研究中，心理资本与结果变量间的这种中介效应模型到底属于部分中介抑或完全中介，学者们始终没有给出确切的答案。为了能更加清晰和全面地认识心理资本与结果变量间的这种中介效应模型，学者们开展了众多更为精确的研究。2009 年，童佳瑾等人进行的一项调查研究发现，在性别对创新行为的影响作用中，心理资本发挥着完全中介的作用④。为深入探究心理资本、离职意愿以及职业倦怠的关系，骆宏等人于 2010 年对杭州市两所综合性医院的 446 名护士进行了一项实证调查研究。数据分析结果发现，在职业倦怠对护士的离职意愿影响作用中，心理资本发挥着部分中介的作用；这一结果表明，心理资本水平较低的护士极有可能产生离职意愿，然而较低的心理资本仅仅是护士产生离职意愿的原因之一，此外还可能有别的因素存在⑤。其他众多心理资本相关的实证研究均发现了部分中介作用模型的存在。2009 年，张玮等人进行的一项实证调查研究显示，在心理资本对就业信心和主观幸福感的影响作

① 潘清泉，周宗奎. 贫困大学生心理资本、应对方式与心理健康的关系［J］. 中国健康心理学杂志，2009, 17（7）：844-846.

② 章倩，陈学军. 学校支持感、心理资本对职业决策困难的影响分析［C］//张文新. 第十二届全国心理学学术大会论文摘要集. 济南：山东师范大学，2009：66.

③ 张阔，付立菲，王敬欣. 心理资本、学习策略与大学生学业成绩的关系［J］. 心理学探新，2011, 31（1）：47-53.

④ 童佳瑾，王垒. 性别与创新：心理资本的中介作用［C］//张文新. 第十二届全国心理学学术大会论文摘要集. 济南：山东师范大学，2009：330.

⑤ 骆宏，赫中华. 466 名护士心理资本与职业倦怠及离职意愿的关系［J］. 中华护理杂志，2010, 45（10）：933-935.

用中，心理控制源这一中介变量发挥着部分中介的作用①。为深入探究心理资本、工作满意度与组织公民行为的关系，江玲于2010年对企业员工进行了一项实证调查研究。数据分析结果显示，在心理资本对企业员工组织公民行为的影响作用中，工作满意度这一中介变量发挥着部分中介的作用②。

此外，还有许多其他研究则表明，在心理资本与结果变量间的这种中介效应模型中，某些变量发挥着完全中介的作用，某些变量则发挥着部分中介的作用。为了深入探究心理资本、组织支持感以及员工的各种工作行为等变量之间的关系，田喜洲等人于2010年对企业员工进行了一项实证调查研究。数据分析结果显示，在组织支持感对员工各种工作行为的影响作用中，心理资本发挥着中介变量的作用；进一步分析发现，在组织支持感对员工组织公民行为的影响作用中，心理资本发挥着完全中介的作用，但在组织支持感对员工缺勤行为和员工角色内行为的影响作用中则仅发挥着部分中介的作用③。

（四）动态效应模型

在对心理资本已有文献进行分析和总结的基础上，我国学者王雁飞等人指出，心理资本与各相关结果变量的作用机制除了直接效应模型、调节效应模型和中介效应模型这三种效应模型外，还存在动态效应模型的作用机制④。动态效应模型主张，心理资本与各相关结果变量之间彼此作用、相互影响；同时，这种影响也许会由于时间和空间的改变而发生动态的变化。换而言之，心理资本与各相关结果变量的关系或许并非只是简单的线性关系，有时或许存在某种曲线关系，又或者是某种阶段性变化的关系抑或是某种阈限的关系⑤。鉴于动态效应研究模型存在一定的繁杂性，且目前开展此方面研究的相关理论基础还不充分，截至目前，尚且没有学者开展心理资本动态效应模型的相关实证研究。故而，动态效应模型的相关研究至今尚未起步，依然处于理论假想的阶段。心理

---

① 张玮，成龙，何贵兵. 心理资本与社会资本对大学生主观幸福感和就业信心的影响研究 [C] //张文新. 第十二届全国心理学学术大会论文摘要集. 济南：山东师范大学，2009：540.

② 江玲. 心理资本与员工组织公民行为关系研究 [J]. 中国商贸，2010（8）：62-63.

③ 田喜洲，谢晋宇. 组织支持感对员工工作行为的影响：心理资本中介作用的实证研究 [J]. 南开管理评论，2010，13（1）：23-29.

④ 王雁飞，朱瑜. 心理资本理论与相关研究进展 [J]. 外国经济与管理. 2007，29（5）：32-39.

⑤ 王雁飞，朱瑜. 心理资本理论与相关研究进展 [J]. 外国经济与管理. 2007，29（5）：32-39；张红芳，吴威，杨畅宇. 论心理资本的维度与作用机制 [J]. 西北大学学报（哲学社会科学版），2009，39（6）：52-56.

资本与结果变量的动态效应模型是否可行尚需要更多实证研究的检验。

第七节 心理资本的干预研究

作为一种成本和风险均极低而投资回报率却很高的积极心理潜能，心理资本开创了组织行为研究的新领域。通常而言，心理资本的开发及干预手段往往会因不同领域的不同群体而存在明显差异。不过，总体而言，心理资本的开发及干预手段均依循大致相同的基本原理。那就是，以路桑斯等人提出的心理资本开发微干预模型为基本原型，要么加以改进，要么进行拓展①。

知名学者路桑斯等人在 2006 年提出了著名的心理资本开发微干预模型。心理资本开发微干预模型从心理资本的四个基本维度着手，倡导通过培育乐观、树立希望、提升韧性和增强自信等方式，进而全面提高个体的心理资本水平，最终实现提升个体工作绩效的目的。在路桑斯等人的这种研究中，他们设计出了操作性很强的一套具体干预行动方案。具体而言，在培育乐观方面，他们认为，需要通过采取有效措施增强个体的自我效能感，为其建立积极期望等方式提高其乐观水平；在树立希望方面，他们认为，需要通过采取有效措施引导个体开展目标与路径规划，引导他们自觉克服执行计划过程中的各种困难等手段提升其希望水平；在提升韧性方面，他们认为，需要采取有效措施对个体工作的进程进行干预，通过有效增添其成功资源，规避失败风险等方式来增强其心理韧性；在增强自信方面，他们认为，需要采取有效措施对个体进行劝说、激励，通过树立榜样、进行示范等方式使其获得成功体验，进而协助他们收获自信②。

2008 年，路桑斯等人运用心理资本开发的微干预模型，在线上对来自不同部门的 364 名在职人员（其中，实验组 187 人，对照组 177 人）实施了一项心理资本开发的实验研究。研究发现，187 名实验组被试的心理资本水平较实验前

---

① 仲理峰．心理资本研究评述与展望 [J]．心理科学进展，2007，15（3）：482-487；王雁飞，朱瑜．心理资本理论与相关研究进展 [J]．外国经济与管理．2007，29（5）：32-39；白丽英，郑新夷，刘微，等．心理资本研究述评 [J]．福州大学学报（哲学社会科学版）．2010（5）：79-82；蒋苏芹，苗元江．心理资本：积极心理学研究 [J]．赣南师范学院学报，2010（1）：108-113．

② LUTHANS F，AVEY J B，AVOLIO B J，et al. Psychological Capital Development：Toward a Micro-Intervention [J]．*Journal of Organization Behavior*，2006，27（3）：387-393.

获得了明显提升；相比之下，177 名对照组被试的心理资本水平较实验前则变化不明显。这一研究结果证明，心理资本确实能够被有效管理和开发。另一方面，路桑斯等人也以实证的方式证明了心理资本微干预模型的实效性①。两年后，路桑斯等人再次通过实验研究证明了心理资本干预模型的实效性②。

为探寻更多心理资本开发的有效干预措施，彼得森（Peterson）等人对心理资本水平不同的领导者开展了一项神经科学研究。研究结果显示，相较于心理资本水平较低的领导者，高心理资本水平领导者的左侧前额皮质的活跃度明显更强，但其右额叶皮质和杏仁核的活跃度则明显更弱。这一研究结果说明，心理资本水平不同的领导者存在明显的生理差异。为此，研究者认为，可结合神经生物反馈的方式进行心理资本的开发与干预③。遗憾的是，这一设想并没有得到实证研究数据的支持，故而这一设想的可行性以及干预方式的操作性都亟待更多实验研究的进一步验证。

面对如今日新月异的技术革新以及复杂多变的组织环境，2011 年，德米鲁蒂（Demerouti）等人研发出了一套针对企业员工的"个人效能"（personal effectiveness）训练方案，借此提升他们的心理资本水平，进而加强其工作适应能力。为了验证这套"个人效能"训练方案的实效性，德米鲁蒂等人对 36 名荷兰企业员工进行了干预实验研究。为了降低实验被试进行评分时的主试者期望效应，德米鲁蒂等人运用了自评与他评相结合的评分方式对实验被试进行实验干预前、后的心理资本水平进行评分。研究发现，"个人效能"训练方案可以显著提升员工的心理资本水平，有效强化其工作适应力④。

2009 年，在路桑斯等人的心理资本微干预模型基础上，我国研究人员温磊等人通过小组活动的形式研发了一套适合我国国情的企业员工心理资本小组干预方案。为了验证该方案的实效性，温磊等人选取了 38 名企业员工进行心理资

① LUTHANS F, AVEY J B, PATERA J L. Experimental Analysis of a Web-Based Training Intervention to Develop Positive Psychological Capital [J]. *Academy of Management Learning and Education*, 2008, 7 (2): 209-221.

② LUTHANS F, AVEY J B, AVOLIO B J, et al. The Development and Resulting Performance Impact of Positive Psychological Capital [J]. *Human Resource Development Quarterly*, 2010, 21 (1): 41-67.

③ PETERSON S J, BALTHAZARD A, WALDMAN D A, et al. Neuroscientific Implications of Psychological Capital: Are the Brains of Optimistic, Hopeful, Confident, and Resilient Leaders Different? [J]. *Organizational Dynamics*, 2008, 37 (4): 342-353.

④ DEMEROUTI E, EEUWIJK E V, SNELDER M, et al. Assessing the Effects of a 'Personal Effectiveness' Training on Psychological Capital, Assertiveness and Self-Awareness Using Self-Other Agreement [J]. *Career Development International*, 2011, 16 (1): 60-81.

本提升的干预实验研究。其中，实验组被试 18 名，对照组被试 20 名。数据分析的结果表明，相较于实验前的数据，实验组被试的心理资本水平提升非常明显，而对照组则没有显著的变化。这一研究结果证明，在提升企业员工心理资本水平方面，基于心理资本微干预模型的小组干预方案是行之有效的，进而又一次证明，心理资本微干预模型的实效性和可行性①。

心理资本微干预模型一经问世，众多学者就开始对心理资本的开发和干预进行深入的研究和探讨。蒋建武等人的研究认为，企业可以采取引导员工积极参加各类学习和培训，稳定雇佣，实行目标导向的绩效管理，开展灵活的工作设置，建立问题解决型团队，鼓励员工广泛参与企业的各项决策，实施激励性薪酬政策，践行诚信领导等多种不同方式，进而提升员工，乃至整个组织的心理资本水平②。邵建平等人在对 X 型团队构建进行论述的基础上，提出了涵盖"构建信息互动的团队文化、营造融洽的团队生态环境、针对不同特质个体予以不同策略以及建立有效沟通"等在内的六条干预举措③。郑国娟则从心理资本微干预模型和心本管理理念的全新视角入手，开辟了人力资源管理体系中企业员工心理资本干预与开发的新思路，并给出了七条具体的心理资本干预支持性策略④。2008 年，我国学者魏荣等人对企业科技创新团队的心理资本开发路径进行了研究，他们从积极心理学视角出发，研发出了本土化的三阶心理资本开发方案。该方案认为，一阶（也即是低阶）心理资本开发的手段主要是通过建立心理健康档案，调整认知，进行团体心理训练或个体心理辅导等方式，进而实现预防员工心理疾病，矫正员工心理障碍等方面的目的；二阶（也即是中阶）心理资本开发的手段主要是通过满足个体归属需求，加快团队愿景和个体期望的整合，修正团队目标等方式，进而实现培育团队和谐心理状态的目的；三阶（也即是高阶）心理资本开发的手段主要是通过打造畅通、开放的学习培训渠道，增强团体效能，激发成员成就动机等方法，进而实现提升个体心理资本的目标⑤。2009 年，我国学者朱万晶在综合国内心理资本干预的相关研究，并对路桑斯等人的心理资本微干预模型进行分析后指出，心理资本的开发和干预应

① 温磊，七十三. 企业员工心理资本干预的实验研究 [J]. 中国健康心理学杂志，2009，17（6）：672-675.
② 蒋建武，赵曙明. 心理资本与战略人力资源管理 [J]. 经济管理，2007（9）：55-58.
③ 邵建平，张建平. 基于心理资本理论的 X 型团队构建与开发机理研究 [J]. 科学学与科学技术管理，2008（8）：173-176.
④ 郑国娟. 心本管理背景下心理资本的嵌入 [J]. 经济管理，2008，30（15）：6-10.
⑤ 魏荣，黄志斌. 企业科技创新团队心理资本结构及开发路径 [J]. 中国科技论坛，2008（11）：62-66.

该涵盖个体心理资本和团体心理资本的开发和干预两个层面①。朱万晶的这种观点为心理资本的开发与干预注入了新的活力。

受到朱万晶观点的启发，邱圣晖从个人和组织两个不同的视角详细阐释了针对高校图书馆馆员实施心理资本开发的干预手段。他认为，在个人层面，可以借助引导馆员"开展自我欣赏，提高自我信心"以及"培育乐观精神，愉快进行工作"等形式来提高馆员个人的心理资本水平；在组织层面，可以借助"设置多重激励体系，强化组织成员的成就感""对组织成员开展有效的教育和培训""优化工作环境，强化组织文化建设"以及"协助组织成员开展职业生涯规划"等举措来提升其心理资本水平，进而防范和降低组织成员的职业倦怠②。2010年，为有效应对深圳富士康公司员工"十三连跳"跳楼自杀事件所带来的不良影响，我国著名心理学家郑日昌指出，需要加强对新入职员工的心理健康教育，以有效提升他们的心理资本水平，进而引导新入职员工树立积极健康的人生态度；此外，他还提出了一些提高心理承受力以及有效调节情绪的具体办法③。

当前，伴随知识型员工的大量涌现，愈来愈多的学者开始重视知识型员工的心理健康问题。2010年，黄竞在阐述培育知识型员工心理资本必要性的前提下，给出了知识型员工心理资本培育的若干有效干预策略④。2011年，于兆良等人在探究了心理资本在团体与个体两个层面上的作用路径，以及两个层面心理资本互相之间的影响作用基础上，提出了四条团体心理资本开发和管理的有效应对之策⑤。

随着心理资本研究范畴的不断拓展，心理资本的微干预模型对不同群体心理资本干预的借鉴价值正不断显现出来。2009年，张烽从人力资源开发的视角出发，开展了大学生心理资本的干预研究。他指出，应当基于心理资本的四个基本维度实施大学生心理资本的培育。为此，他还给出了提升大学生心理资本

① 朱万晶. 心理资本在企业管理中应用分析 [J]. 现代商贸工业, 2009 (24): 44-45.

② 邱圣晖. 高校图书馆员的职业倦怠与心理资本干预 [J]. 湖南医科大学学报 (社会科学版), 2009, 11 (3): 84-85.

③ 郑日昌. 加强对新入职员工的心理健康教育，提升员工心理资本 [J]. 中国心理卫生杂志, 2010, 24 (10): 729-730.

④ 黄竞. 浅析知识型员工的心理资本培养策略 [J]. 长沙大学学报, 2010, 24 (6): 29-30.

⑤ 于兆良, 孙武斌. 团队心理资本的开发与管理 [J]. 科技管理研究, 2011, 31 (2): 157-160.

水平的具体干预策略①。2010 年，王加新探讨了基于心理资本微干预模型对运动员心理资本进行开发的具体干预策略②。此后，韩丹依据心理资本微干预模型，阐述了高校新生心理资本开发的具体途径和举措③。在女大学生心理资本的开发研究方面，高燕等人和刘带等人则认为，可以借助提升女大学生心理资本的方式，进而实现缓解其就业心理压力，赢取就业竞争优势的目的④。

第八节　我国心理资本研究文献的计量分析：基于 CNKI 和 Web of Science 的数据

21 世纪是以科技飞速发展和知识急速更新为特征的信息化时代。随着社会的进步发展，人们越来越重视自己的心理健康，特别是有关人类潜能与美德等积极心理力量。相关领域的研究也极大地引起学者们的兴趣和关注。1997 年，美国知名学者戈德史密斯首次提出了"心理资本"一词。2000 年，美国积极心理奠基人塞利格曼将心理资本一词正式引入到心理学研究中。此后，心理学家开始积极进行心理资本的相关研究。心理资本作为一种低风险、低成本、高投资回报率的积极心理潜能，开辟了组织研究的新天地。在我国，学者们对心理资本的研究兴趣持续高涨，并进行了大量研究，取得了一系列研究成果。

然而，截至目前，在时间维度上，对我国心理资本研究领域进行大跨度、长时程研究特点与发展趋势分析的相关研究还相当缺乏。这一客观现实不利于学者们准确掌握该领域研究的发展现状和特点。因此，研究者认为有必要对我国心理资本研究领域的相关文献进行计量学分析，以整理出我国心理资本研究领域的基本特点和规律。为此，研究者基于中国知网（www.cnki.net）和 Web of Science 的数据，采用文献计量学方法对我国学者开展心理资本研究的相关文献进行分析，以期为相关研究者在该领域的进一步研究提供借鉴和参考。

---

① 张烽. 人力资源开发视野下大学生心理资本培育研究 [J]. 学术交流, 2009, 25 (9)：195-197.

② 王加新. 优秀运动员心理资本价值分析与干预策略 [J]. 体育成人教育学刊, 2010, 26 (2)：56-59.

③ 韩丹. 高校大学新生心理资本开发研究 [J]. 中国成人教育, 2011 (2)：71-73.

④ 高燕, 那佳, 李兆良. 提升女大学生心理资本与应对就业形势 [J]. 中国大学生就业. 2009 (1)：77-78；刘带, 陈尚生. 心理资本视阈下女大学生的就业心理健康教育 [J]. 韶关学院学报（社会科学）, 2011, 32 (5)：186-189.

一、研究对象与研究方法

（一）研究对象

1、心理资本相关研究的中文文献

在中国知网数据库（www.cnki.net）进行心理资本相关中文研究文献的高级检索。具体方法如下：在"篇名"检索项中输入检索词"心理资本"，在"发表时间"检索项中输入：1997-01-01—2023-12-31，进行精确检索。最终获得心理资本研究相关的中文文献4881篇。

2、心理资本相关研究的英文文献

在 Web of Science 核心合集数据库中对我国学者用英文撰写的心理资本相关研究文献进行高级检索。具体检索式为：TI =（psychological capital）AND AD =（China）；同时，将出版时间限定为1997-01-01—2023-12-31。结果共获得中国学者用英文撰写的心理资本相关研究文献569篇。对这569篇英文文献进行梳理，删除20篇主题不属于心理资本的研究文献，删除1篇因某种原因被撤稿的研究文献，删除1篇因某种原因正处于更正状态的研究文献。最终，共获得我国学者用英文撰写的心理资本相关研究文献547篇。

对我国学者发表的心理资本相关中、英文研究文献进行合并。最终，共获得我国学者撰写的心理资本相关研究文献5428篇。

（二）研究方法

1、文献计量学的方法

在 Excel 2010 数据分析软件中，运用数据计量分析的方法对检索到的5428篇相关文献，从文献类型、发表年份、被引频次、文献学科、研究机构、研究主题、核心作者、基金来源和期刊分布等九个方面进行量化分析。

2、核心作者分析

美国学者洛卡特提出的洛卡特定律是描述科技期刊论文作者动态最早的量化定律[①]。具体内容为：写2篇论文作者的数量大约为写1篇论文作者数量的1/4，写3篇论文作者数量大约为写1篇论文作者数量的1/9，写 n 篇论文的作者数量约为写1篇论文作者数量的 $1/n^2$。

通过进一步分析，普赖斯推导出了普赖斯定律。具体内容为：发文量达到或超过0.749与该领域发文量最多的研究者发文量算术平方根乘积的学者就可以

---

① 王崇德. 期刊作者的量化研究［J］. 情报科学，1998（5）：369-373.

被称为该领域的核心作者①。用数学公式表达为：$M \approx 0.749\sqrt{N_{max}}$。其中，M 为核心作者发文量，$N_{max}$ 为该研究领域发文最多的研究者的发文数量。

二、研究结果

（一）文献类型分析

对检索到的 5428 篇中、英文文献进行文献类型分析。结果显示，学术期刊文献达到 3561 篇，占总文献量的 65.60%；特色期刊文献为 256 篇，占总文献量的 4.72%；学位论文文献达到 1269 篇，占总文献量的 23.38%（其中，博士学位论文文献为 38 篇，占总文献量的 0.70%，硕士学位论文文献为 1231 篇，占总文献量的 22.68%）；会议论文文献为 268 篇为，占总文献量的 4.94%（其中，国内会议文献为 156 篇，占总文献量的 2.87%；国际会议文献为 112 篇，占总文献量的 2.06%；会议摘要文献为 34 篇，占总文献量的 0.63%）；辑刊文献为 11 篇，占总文献量的 0.20%；科技成果文献为 8 篇，占总文献量的 0.15%；年鉴文献为 9 篇，占总文献量的 0.17%；报纸文献为 8 篇，占总文献量的 0.15%；专利文献为 1 篇，占总文献量的 0.02%；其他类型文献为 3 篇，占总文献量的 0.06%。

（二）文献数量年度分析

对检索到的 5428 篇中、英文文献进行发表年份的分析。统计分析的结果显示：2004-2007 年，该领域研究文献的数量严重不足，每年发表的研究文献数量均在 10 篇以下；2008-2015 年，心理资本相关的年度发文量直线上升，从 2008 年的 29 篇，快速增长到 2015 年的 419 篇；2016-2020 年，心理资本相关的年度发文量上升趋势减缓；2021 年，心理资本相关的发文量达到历史峰值的 509 篇，随后发文量略有下降，2023 年降至 464 篇。具体结果详见图 2-1 所示。

图 2-1 的结果显示，我国心理资本相关研究的年度发文量总体呈现上升趋势，意味着学者们对心理资本这一领域的研究一直保持着较高的热度。可以预见的是，在不久的将来一定还会有更多的心理资本相关研究文献呈现在我们面前。

（三）文献被引频次分析

一般而言，科技论文的被引频次在一定程度上反映了其在相应学术领域的

---

① 刘彦民，夏哲浩. 森林游憩研究的文献计量分析［J］. 北京林业大学学报（社会科学版），2014，13（4）：40-44.

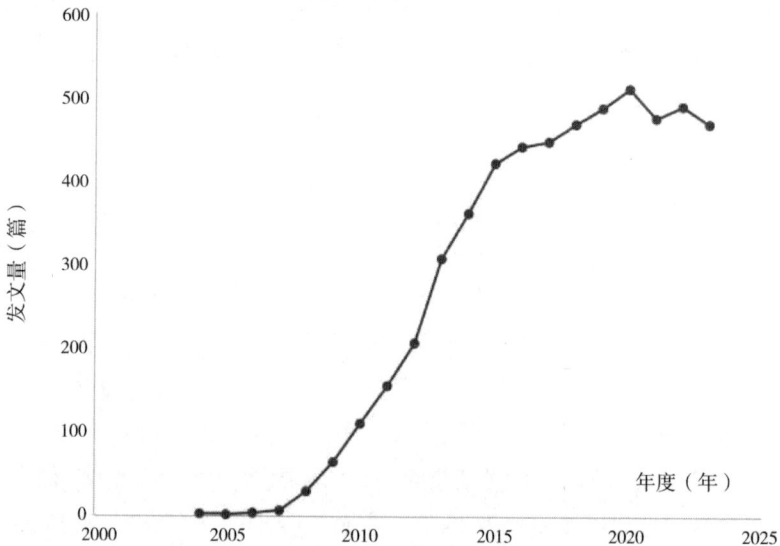

图 2-1　我国心理资本研究文献数量的年度分析图

影响力。论文的被引频次越高，该论文在相应学术领域的学术影响力就越高。反之，该论文的学术影响力就越低。对检索到的 5428 篇中、英文文献进行被引频次的分析。结果显示，共有 33 篇文献的单篇被引频次在 200 次以上。具体结果详见表 2-1 所示。

表 2-1　我国心理资本研究领域单篇被引频次超过 200 的文献汇总表

序号	第一作者	篇名	发表时间	被引频次
1	张阔	积极心理资本：测量及其与心理健康的关系	2010.03	1484
2	柯江林	心理资本：本土量表的开发及中西比较	2009.09	1337
3	仲理峰	心理资本对员工的工作绩效、组织承诺及组织公民行为的影响	2007.03	1236
4	王雁飞	心理资本理论与相关研究进展	2007.05	768
5	仲理峰	心理资本研究评述与展望	2007.05	750
6	田喜洲	组织支持感对员工工作行为的影响：心理资本中介作用的实证研究	2010.02	687
7	韩翼	真实型领导、心理资本与员工创新行为：领导成员交换的调节作用	2011.10	609

续表

序号	第一作者	篇名	发表时间	被引频次
8	吴伟炯	本土心理资本与职业幸福感的关系	2012.10	563
9	隋杨	变革型领导对员工绩效和满意度的影响：心理资本的中介作用及程序公平的调节作用	2012.09	451
10	骆宏	466名护士心理资本与职业倦怠及离职意愿的关系	2010.10	435
11	仲理峰	变革型领导、心理资本对员工工作绩效的影响研究	2013.04	368
12	柯江林	人力资本、社会资本与心理资本对工作绩效的影响——总效应、效应差异及调节因素	2010.10	341
13	付立菲	大学生积极心理资本与学习倦怠状况的关系	2010.11	326
14	蒋建武	心理资本与战略人力资源管理	2007.05	322
15	李晓艳	心理资本与情绪劳动策略、工作倦怠的关系研究	2013.02	314
16	赵简	工作压力与工作倦怠的关系——心理资本的调节作用	2010.05	307
17	柯江林	心理资本对工作满意度、组织承诺与离职倾向的影响	2014.01	299
18	温磊	心理资本问卷的初步修订	2009.04	298
19	王雁飞	大学生心理资本、成就目标定向与学业成就关系研究	2011.11	293
20	肖雯	大学生心理资本问卷的初步编制	2010.12	288
21	潘清泉	贫困大学生心理资本、应对方式与心理健康的关系	2009.07	286
22	任皓	工作团队领导心理资本对成员组织公民行为的影响机制：多层次模型	2013.01	277
23	惠青山	中国职工心理资本内容结构及其与态度行为变量关系实证研究	2009.06	273
24	张阔	心理资本、学习策略与大学生学业成绩的关系	2011.02	250
25	王钢	幼儿教师职业压力、心理资本和职业认同对职业幸福感的影响机制	2014.07	247
26	方必基	青少年学生心理资本结构、特点、相关因素及团体干预研究	2012.06	236
27	毛晋平	中小学教师心理资本及其与工作投入关系的实证研究	2013.09	224
28	励骅	大学生心理资本与就业能力关系研究	2011.03	223
29	李磊	变革型领导与下属工作绩效及组织承诺：心理资本的中介作用	2012.05	223
30	周文霞	人力资本、社会资本和心理资本影响中国员工职业成功的元分析	2015.02	213

续表

序号	第一作者	篇名	发表时间	被引频次
31	Wang Hui	Impact of authentic leadership on performance：role of followers' positive psychological capital and relational processes	2014.01	203
32	高中华	高科技企业知识员工心理资本对其离职意向的影响研究——基于资源保存理论的调节中介模型	2012.03	201
33	李林英	大学生心理资本的调查研究	2011.02	200

表 2-1 的结果显示，被引频次最高的文献是张阔等人于 2010 年 3 月发表的《积极心理资本：测量及其与心理健康的关系》一文，单篇被引频次高达 1484次；其次是柯江林等人于 2009 年 9 月发表的《心理资本：本土量表的开发及中西比较》一文，单篇被引频次达到 1337 次；排名第三是仲理峰等人于 2007 年 3月发表的《心理资本对员工的工作绩效、组织承诺及组织公民行为的影响》一文，单篇被引频次达到 1236 次。以上三位学者所撰写的研究论文单篇被引次数均超出 1200 次，显示出三位学者在我国心理资本研究领域强大的学术影响力。

同时，研究者对被引频次超过 200 次的 33 篇文献进行发文年度的分析。结果显示，2010 年发表的高被引文献有 7 篇之多，占比高达 21.21%。2010 年度单篇被引频次最高的文献也是所有文献中被引频次最高的文献，其被引频次为1484 次。在高被引频次的 33 篇文献中，2010 年度被引最低的一篇是肖雯等人于2010 年 12 月发表的《大学生心理资本问卷的初步编制》一文，单篇被引频次仍达到 288 次。2011 年和 2012 年的高被引文献数量紧随其后，各有 5 篇，占比达到 15.15%。其中，2011 年单篇被引最高的论文被引频次为 609 次，2012 年单篇被引最高的论文被引频次为 563 次。2015 年的高被引文献数量最少，仅有 1 篇，占比仅为 3.03%，该文的被引频次也相对不高，仅有 213 次。

（四）文献学科分析

一般而言，某一领域中相应学科类别相关研究文献的发文量越高，说明该学科在该研究领域中的研究热度就越高。对检索到的 5428 篇中、英文文献进行所属学科的量化分析。具体结果详见表 2-2 所示。

表 2-2 我国心理资本研究文献的学科分析表

排名	学科类别	发文量	占比情况
1	教育理论与教育管理	1787	32.92%

排名	学科类别	发文量	占比情况
2	心理学	996	18.35%
3	企业经济	981	18.07%
4	高等教育	609	11.22%
5	临床医学	490	9.03%
6	医学教育与医学边缘学科	230	4.24%
7	医药卫生方针政策与法律法规	170	3.13%
8	社会学及统计学	145	2.67%
9	职业教育	143	2.63%
10	管理学	143	2.63%
11	宏观经济管理与可持续发展	138	2.54%
12	体育	114	2.10%
13	中等教育	81	1.49%
14	成人教育与特殊教育	80	1.47%
15	人才学与劳动科学	64	1.18%
16	工业经济	61	1.12%
17	农业经济	48	0.88%
18	学前教育	45	0.83%
19	贸易经济	41	0.76%
20	服务业经济	41	0.76%

表2-2的结果显示，在我国心理资本相关研究领域，教育理论与教育管理这一学科的发文量最多，高达1787篇，占比达到32.92%，约占全部文献量的三分之一；其次是心理学，发文量为996篇，占比达到18.35%；排在第三到第七位的依次是企业经济、高等教育、临床医学、医学教育与医学边缘学科和医药卫生方针政策与法律法规等学科，发文量依次为981篇、609篇、490篇、230篇和170篇，占比依次为18.07%、11.22%、9.03%、4.24%和3.13%。这表明，心理资本在教育理论与教育管理、心理学和企业经济这三个学科领域的研究热度比较高。

（五）文献研究机构分析

一般来说，某研究机构在该研究领域中的发文量越多，说明该机构对该领域的研究力度和贡献度就越大。研究者对检索到的 5428 篇中、英文文献进行文献研究机构的分析。结果发现，发文量在 30 篇（不含 30 篇）以上的研究机构共有 20 个。具体结果详见表 2-3 所示。

表 2-3　我国心理资本研究文献的前 20 名研究机构分布情况表

排名	机构名称	发文量	排名	机构名称	发文量
1	北京师范大学	73	11	西南大学	43
2	湖南师范大学	67	12	华东师范大学	43
3	华中师范大学	66	13	广西师范大学	42
4	陕西师范大学	60	14	南京师范大学	39
5	山东大学	57	15	贵州师范大学	39
6	暨南大学	55	16	郑州大学	35
7	福建师范大学	51	17	江西师范大学	32
8	河南大学	46	18	山西医科大学	32
9	中国人民大学	46	19	中国矿业大学	31
10	华南理工大学	46	20	锦州医科大学	31

表 2-3 的结果显示，师范类大学是我国心理资本研究的主要机构。在发文量排名前 20 的研究机构中，有 10 个机构是师范类大学，占比高达 50%。其中，北京师范大学、湖南师范大学和华中师范大学的发文量排在前三位，发文量依次为 73 篇、67 篇和 66 篇。这三所师范类大学的发文总量占这 20 个研究机构总发文量的 22.06%。这足见师范类大学对心理资本相关研究的重视程度。这也反映了师范类大学在心理资本研究领域的研究力度和文献贡献度是相当大的。

（六）文献研究主题分析

一般地，对某一研究领域中的研究主题的分析，能够很好地反映出该领域研究的研究深度和研究广度，有助于研究者明确未来的研究重点和研究方向。为了方便进行比较，研究者仅对检索到的 4881 篇中文文献进行文献研究主题的分析。结果显示，在心理资本研究领域高频出现的前 20 个主题词分别是：心理资本、中介作用、积极心理资本、大学生心理资本、教师心理资本、员工心理资本、职业倦怠、工作业绩、工作投入、实证研究、护士心理、主观幸福感、社会支持、心理健康、中介效应、相关性研究、心理资本开发、工作满意度、工作倦怠和工作压力。具体结果详见表 2-4 所示。

表 2-4 我国心理资本研究文献的主题分析情况表

序号	主题词	频次	占总文献比例
1	心理资本	3952	80.97%
2	中介作用	407	8.34%
3	积极心理资本	324	6.64%
4	大学生心理资本	322	6.60%
5	教师心理资本	203	4.16%
6	员工心理资本	188	3.85%
7	职业倦怠	173	3.54%
8	工作业绩	173	3.54%
9	工作投入	160	3.28%
10	实证研究	137	2.81%
11	护士心理	137	2.81%
12	主观幸福感	125	2.56%
13	社会支持	124	2.54%
14	心理健康	122	2.50%
15	中介效应	112	2.29%
16	相关性研究	111	2.27%
17	心理资本开发	90	1.84%
18	工作满意度	89	1.82%
19	工作倦怠	87	1.78%
20	工作压力	86	1.76%

表 2-4 的结果显示，出现频次最高的主题词是心理资本，高达 3952 次，占总文献的 80.97%；其次是中介作用，出现频次为 407 次，占总文献量的 8.34%，紧随其后的是积极心理资本、大学生心理资本和教师心理资本，出现频次依次为 324 次、322 次和 203 次，分别占总文献的 6.64%、6.60% 和 4.16%。可以预见的是，未来以心理资本、中介作用、积极心理资本、大学生心理资本和教师心理资本为主题的研究仍然会成为研究的热点。

（七）文献核心作者分析

一般来说，某学者在某一研究领域中的发文量越多，说明该学者对这一研究领域的研究力度和贡献度越大。研究者对检索到的 5428 篇中、英文文献进行文献核心作者的分析。结果显示，在心理资本研究领域，发文量最多的作者共发表了 16 篇文献。按照普赖斯公式进行计算，在我国心理资本研究领域，发文量 3 篇及以上的作者即可称为核心作者。分析显示，发文量在 8 篇及以上的核心作者共有 22 位。具体结果详见表 2-5 所示。

表 2-5 我国心理资本研究文献的部分核心作者发文情况表

排名	作者姓名	发文量	排名	作者姓名	发文量
1	朱瑜（Zhu Yu）	16	12	赵娟	10
2	王烈（Wang Lie）	15	13	王仕龙	10
3	肖湘雄	13	14	李林英	9
4	徐礼平	13	15	萧爱铃（Siu Oi-Ling）	9
5	杨新国	12	16	叶一舵	9
6	徐明津	12	17	励骅	9
7	王志贤	12	18	张铭	9
8	张宏如	11	19	张焱	9
9	李力	10	20	孙健敏	8
10	田喜洲	10	21	柯江林	8
11	毛晋平	10	22	张阔	8

表 2-5 的结果显示，发文量最高的核心作者是暨南大学管理学院的朱瑜（Zhu Yu），其发文量达到 16 篇，包括 10 篇英文和 6 篇中文文献；其次是中国医科大学公共卫生学院的王烈（Wang Lie），发文量为 15 篇，且均为英文文献；发文量排名第三的是湘潭大学公共管理学院的肖湘雄学者，发文量为 13 篇。可见朱瑜（Zhu Yu）、王烈（Wang Lie）和肖湘雄等学者对我国心理资本研究的力度和文献贡献度较大。

（八）文献期刊来源分析

一般认为，某一领域研究文献发表在某期刊中的数量越多，说明该研究领域与该期刊的办刊方向越一致。对文献期刊来源分析的结果能很好地为学者们在该领域的研究提供便利与相关参考。研究者对检索到的 5428 篇中、英文文献进行文献期刊来源的量化分析。结果发现，发文量在 10 篇以上的期刊共有 27 个。具体结果详见表 2-6 所示。

表 2-6 我国心理资本研究文献期刊来源分析情况表

排名	期刊名称	发文量
1	Frontiers in Psychology	110
2	职业与健康	90
3	中国健康心理学杂志	78
4	心理月刊	43
5	校园心理	38
6	护理研究	30
7	中国健康心理学杂志	30
8	现代职业教育	29
9	中小学心理健康教育	27
10	广西教育	26
11	教育现代化	25
12	International Journal of Environmental Research and Public Health	24
13	全科护理	22
14	太原城市职业技术学院学报	22
15	卫生职业教育	21
16	教育教学论坛	20
17	才智	19
18	领导科学	18
19	International Journal of Psychology	18
20	Current Psychology	16
21	Social Behavior and Personality	15
22	职教通讯	15
23	高教学刊	14
24	学园	13
25	Frontiers in Public Health	12
26	Advances in Social Science Education and Humanities Research	11
27	科教文汇	10

表 2-6 的结果显示，发文量排前三的期刊分别是《Frontiers in Psychology》《职业与健康》和《中国健康心理学杂志》，其发文量依次为 110 篇、90 篇和 78 篇，占总文献量的 5.12%。可见，《Frontiers in Psychology》《职业与健康》和

《中国健康心理学杂志》这三个期刊办刊方向与心理资本的相关研究较为吻合。这些期刊对心理资本相关研究文献的发表和出版贡献度较大。

（九）文献基金来源分析

一般地，基金资助论文的数量越多，说明该基金对相应研究领域的资助力度就越大，该领域的研究内容就与该基金的资助目标越吻合。研究者对检索到的5428篇中、英文文献进行文献基金来源的量化分析。结果发现，在心理资本研究领域，基金资助发文量在10篇以上的基金种类共有20个。各基金资助的发文量情况详见表2-7所示。

表2-7　我国心理资本研究文献基金资助情况表

排名	基金名称	发文量（篇）
1	国家自然科学基金	243
2	国家社会科学基金	155
3	全国教育科学规划项目基金	54
4	教育部人文社会科学研究项目基金	44
5	江苏省高校哲学社会科学项目基金	39
6	江苏省教育厅人文社会科学研究基金	38
7	安徽省教育厅人文社会科学研究项目基金	20
8	江西省教育科学规划项目基金	20
9	湖南省教委科研基金	16
10	江西省高校人文社会科学研究项目基金	15
11	广东省教育科学规划课题基金	14
12	安徽省高等学校省级教学质量与教学改革工程项目基金	12
13	中国博士后科学基金	12
14	山东省自然科学基金	12
15	浙江省教育厅科研计划基金	12
16	中央高校基本科研业务费专项基金	12
17	湖南省哲学社会科学基金	11
18	贵州省教育科学规划课题基金	11
19	山西省软科学研究计划基金	10
20	广西教育科学规划课题基金	10

表2-7的结果显示，资助文献数最多的基金是国家自然科学基金，资助发

文量达到 243 篇（包括 66 篇外文文献和 177 篇中文文献）；其次是国家社会科学基金，资助发文量为 155 篇（包括 11 篇外文文献和 144 篇中文文献）；排名第三的是全国教育科学规划项目基金，资助发文量为 54 篇。由此可见，国家自然科学基金、国家社会科学基金和全国教育科学规划项目基金对我国心理资本相关研究的资助力度非常大。

三、讨论与结论

近年来，我国学者对心理资本的研究热度总体呈上升趋势。对该领域的研究热度于 2021 年达到顶峰，共发文 509 篇。此后，学者们对心理资本的研究热度略有下降。通常认为，论文的单篇被引频次能较好地反映其学术影响力。对检索到的 5428 篇中、英文文献进行被引频次的分析，结果发现，被引频次最高的文献是张阔等人于 2010 年 3 月发表的《积极心理资本：测量及其与心理健康的关系》一文，单篇被引频次高达 1484 次；其次是柯江林等人于 2009 年 9 月发表的《心理资本：本土量表的开发及中西比较》一文，单篇被引频次达到 1337 次；排名第三是仲理峰等人于 2007 年 3 月发表的《心理资本对员工的工作绩效、组织承诺及组织公民行为的影响》一文，单篇被引频次达到 1236 次。以上三位学者所撰写的研究论文单篇被引次数均超过 1200 次，显示出三位学者在我国心理资本研究领域强大的学术影响力。

一般而言，某一领域中相应学科类别相关研究文献的发文量越高，说明该学科在该研究领域中的研究热度就越高。对文献所属学科的量化分析显示，在我国心理资本相关研究领域，教育理论与教育管理这一学科的发文量最多，高达 1787 篇，占比达到 32.92%，约占全部文献量的三分之一；其次是心理学，发文量为 996 篇，占比达到 18.35%。这表明，心理资本在教育理论与教育管理和心理学这两个学科领域的研究热度比较高。通常，对某一研究领域中的研究主题的分析，能够很好地反映出该领域研究的研究深度和研究广度，有助于研究者明确未来的研究重点和研究方向。为了方便进行比较，研究者仅对检索到的 4881 篇中文文献进行文献研究主题的分析。结果发现，在心理资本研究域出现频率最高的 5 个主题词依次是：心理资本、中介作用、积极心理资本、大学生心理资本和教师心理资本；出现频次依次为 3952 次，407 次，324 次，322 次和 203 次。可以预见的是，未来以心理资本、中介作用、积极心理资本、大学生心理资本和教师心理资本为主题的研究仍然会成为研究的热点。

分析认为，发文量在 3 篇及以上的作者就可称为我国心理资本研究领域的核心作者。研究发现，发文量在 8 篇及以上的核心作者共有 22 位，发文量最高的核心作者是暨南大学管理学院的朱瑜（Zhu Yu），发文量达到 16 篇，包括 10

篇英文文献和 6 篇中文文献；其次是中国医科大学公共卫生学院的王烈（Wang Lie），发文量为 15 篇，且均为英文文献；发文量排名第三的是湘潭大学公共管理学院的肖湘雄学者，发文量为 13 篇。可见朱瑜（Zhu Yu）、王烈（Wang Lie）和肖湘雄等学者对我国心理资本研究的力度和文献贡献度较大。此外，文献的研究机构分析显示，师范类大学是我国心理资本研究的主要机构，在发文量排名前 20 的研究机构中，有 10 个机构是师范类大学，占比高达 50%。其中，北京师范大学、湖南师范大学和华中师范大学的发文量排在前三位，发文量依次为 73 篇、67 篇和 66 篇。这三所师范类大学的发文总量占这 20 个研究机构总发文量的 22.06%。这足见师范类大学对心理资本相关研究的重视程度。这也反映了师范类大学在心理资本研究领域的研究力度和文献贡献度是相当大的。

　　一般认为，某一领域研究文献发表在某期刊中的数量越多，说明该研究领域与该期刊的办刊方向越一致。对文献期刊来源分析的结果能很好地为学者们在该领域的研究提供便利与相关参考。文献期刊来源的分析结果发现，发文量排前三的期刊分别是《Frontiers in Psychology》《职业与健康》和《中国健康心理学杂志》，其发文量依次为 110 篇、90 篇和 78 篇，占总文献量的 5.12%。可见，《Frontiers in Psychology》《职业与健康》和《中国健康心理学杂志》这三个期刊办刊方向与心理资本的相关研究较为吻合。这些期刊对心理资本相关研究文献的发表和出版贡献度较大。

　　一般地，基金资助论文的数量越多，说明该基金对相应研究领域的资助力度就越大，该领域的研究内容就与该基金的资助目标越吻合。对文献基金来源的量化分析结果发现，在心理资本研究领域，基金资助发文量在 10 篇以上的基金种类仅有 20 个。其中，资助文献数最多的基金是国家自然科学基金，资助发文量达到 243 篇（包括 66 篇外文文献和 177 篇中文文献）；其次是国家社会科学基金，资助发文量为 155 篇（包括 11 篇外文文献和 144 篇中文文献）；排名第三的是全国教育科学规划项目基金，资助发文量为 54 篇。由此可见，国家自然科学基金、国家社会科学基金和全国教育科学规划项目基金对我国心理资本相关研究的资助力度非常大。但其他基金对心理资本相关研究的资助力度还有待进一步加强。此外，在我国心理资本相关的研究文献中，得到各级各类基金资助的文献量相对较少，占比不到 20%。这说明，各级部门需要不断提升对心理资本研究的重视程度，加大对相关主题研究的资助比例，为促进我国心理资本研究能向更高质量和更广方向发展，不断提升我国心理资本研究的总体水平，期待能有更多基金能对心理资本相关研究提供资助；同时，也期待有更多研究人员能积极投身到心理资本的相关研究中去。

第三章

提出问题

通过梳理和分析心理资本研究相关文献可知，心理资本自 1997 年问世以来，迄今不过才短短二十多年的光阴。而作为一个心理学专业术语，心理资本自 2002 年问世以来，迄今也不过才二十年左右的时间。在如此短暂的二十年光阴中，国内外心理学研究者对不同群体的心理资本状况开展了诸多理论和实证研究。这些研究对于我们深刻地认识和理解心理资本这一心理现象发挥着积极作用。不过，学术界有关心理资本的研究迄今为止依旧显得非常薄弱，依旧有许多方面值得更加深入地进行研究和探讨。

首先，在心理资本已有的相关研究当中，多数研究都是以组织情境中的工作人员为研究对象，从心理学视角出发，以学校情境中的青少年群体为对象的研究尚且稀缺。

以英文研究文献为例，2024 年 4 月，研究者在百链云图书馆① （www. blyun. com）官网首页进行了心理资本研究有关的英文文献搜索。在搜索文献时，对搜索条件进行以下两个方面的控制：第一，将文献资源的分类界定为"期刊"；第二，在目标文献的搜索特征界定方面，选择"标题"作为检索项，在检索框中输入心理资本的英文"psychological capital"，然后点击"外文搜索"。最终共检索到相关的英文期刊研究文献 3696 篇。紧接着进行二次检索。二次检索时，再次选择"标题"作为检索项，在检索框中输入学生的英文"student"，然后点击"在结果中搜索"。最终共获得以学生心理资本为主题的英文期刊研究文献 365

---

① 百链云图书馆是超星公司联合国内外 623 家图书馆推出的元数据专业学术搜索引擎。它目前包含 264 个中外文数据库，并将各类学术数据库资源进行了整合收录。读者在百链云图书馆进行文献检索时如同互联网搜索引擎的用户体验一样，能同时搜索到纸质馆藏、电子图书、电子期刊、会议论文、学位论文、报纸、专利和特色库等相关资料，而且检索结果不会重复。它实现了区域性多个图书馆的联合服务，让任何加入百链云图书馆平台的用户都可以查询到本馆及其他 623 家图书馆的馆藏和电子资源状况。至今，已有 634 家高校及公共图书馆加入了百链云图书馆。因此，通过百链云图书馆进行文献检索所获得的结果较为准确和全面。

篇。这三百多篇研究文献的研究对象多数为大学生，仅有少量为中小学生。这一结果说明，迄今为止，国外针对青少年学生心理资本的相关研究依然相当匮乏。

在我国，以中国知网（www.cnki.net）的中文研究文献为例，2024 年 4 月，研究者在中国知网官网中进行了心理资本研究有关的中文文献检索。在文献检索时，选择"高级检索"。同时，对检索条件进行以下两个方面的控制：第一，在"发表时间"检索栏中输入"1997-01-01——2024-04-01"；第二，在"篇名"检索项中输入"心理资本"，然后点击"检索"。最终共检索到相关的中文期刊文献 3447 篇。紧接着进行二次检索。二次检索时，再次选择"篇名"作为检索项，在检索框中输入"学生"，然后点击"结果中检索"。最终共获得以学生心理资本为主题的中文期刊研究文献 207 篇。对这 207 篇中文期刊研究文献的分析发现，有 93 篇文献属于理论综述类的研究文献，仅有 114 篇文献属于实证类的研究文献。此外，这 207 篇中文期刊研究文献的研究对象绝大多数为大学生；而以初中生或高中生或中学生为对象的研究则特别少。然而，从心理资本的概念梳理中不难发现，心理资本属于个体成长和发展过程中表现出来的一种积极心理力量。既如此，那么心理资本就不仅体现在组织员工身上，理应同样存在于青少年学生当中。再者，青少年学生正处于身心急速发展和变化的动荡阶段，心理资本恰是他们调动自身积极心理力量来应对和处理各种心理困惑和现实问题的关键性心理资源。因此，全面而清楚地认识和了解青少年学生的心理资本状况具有极为重要的现实意义，对于有效推动青少年学生身心的健康发展乃至协助其健全完善人格等更具有重要的实践价值。

其次，已有的心理资本评估量表仍有待于进一步健全和完善。

在心理资本研究兴起的早期，学者们测评个体心理资本的程序大致如下：先对心理资本这一概念进行明确的界定，紧接着对心理资本的结构维度展开相应的理论推导，从而明确心理资本的基本结构维度；在心理资本结构维度基本确定之后，学者们再从相关维度的成熟测评量表中选取合适的量表或条目组成新的测评量表来对相关维度进行测量；最后用测量心理资本各结构维度的分量表得分总和来表示个体的心理资本状况。一般地，整个测评过程中，学者们很少再对心理资本测评的总量表进行相应的信、效度分析。虽然采用这种方式对心理资本进行测量会有不错的理论基础，并且各维度的分量表本身就具有良好的信、效度水平；然而这样的测评方式依然存在相当明显的问题。其一，各分量表的条目数量各不相同，不同分量表的计分方式也不一致，从而人为地导致了各分量表在总量表中的权重大小不一。其二，通过汇总多个成熟量表的形式来对更高级心理概念进行测评时，总量表的可靠性和有效性等心理测量学指标必然会随之发生新的改变，进而可能对总量表的信、效度带来严重的不良影响。

随着研究的深入，学者们逐渐意识到这种传统心理资本测评方式存在的缺陷。于是，学者们对心理资本的测量方式进行了改良。路桑斯等人于 2007 年所研发的心理资本问卷（PCQ-24）就是一个典型的例子。为了研发心理资本问卷（PCQ-24），路桑斯等人修订了早期的心理资本定义，并明确了心理资本的四个测评维度。为了使各维度的权重不至于受到人为因素的干扰，在各条目的计分方式方面，该问卷均采用了李克特式 6 点计分法进行计分。与此同时，在每个分问卷条目的选取方面，路桑斯等人均选取了 6 道具有较高内容效度和表面效度的条目。最终，构成了由 24 个条目组成的心理资本问卷（PCQ-24）。虽说该问卷的心理测量学分析结果显示，心理资本问卷（PCQ-24）的信、效度水平良好，可该问卷的测评对象却只局限于组织情境中的组织员工；并且问卷条目所涉及的情境也仅适用于组织情境中的组织员工，对其他情境的其他群体并不适用。2009 年，我国学者柯江林等人研发了适合中国文化背景的本土心理资本量表。柯江林等人以积极组织行为学标准为依据，在文献分析、开放式问卷调查和深度访谈的基础上，形成了由 98 个条目组成的初测量表。在计分方式方面，量表采用了李克特式 6 点评分法进行计分。柯江林等人依据对 160 份初测量表的数据分析结果，最终形成了由 63 个条目组成且具有良好信、效度的本土心理资本量表。虽然该量表实现了中国文化背景的适用性，但遗憾的是，该量表依旧存在同样的问题，即：仅适用于组织情境中的组织员工，而不适用于其他情境中的其他群体。

尽管之后我国研究人员研发出了具备良好信效度且适用于大学生的心理资本测评量表，比如，2010 年，张阔等人研发的积极心理资本问卷以及肖雯等人研发的大学生心理资本问卷；但是，这些心理资本测评量表的适用对象也仅限于大学生，无法涵盖包括中学生在内的青少年学生群体。这样一来，采用对大学生心理资本状况进行测评的工具去测量包括中学生在内的青少年学生群体必然会带来许多问题。因而，为了对青少年学生心理资本的总体状况及发展特点有一个全面而清晰的认识，以便于更好地分析青少年学生心理资本与有关变量的关系，进而对青少年学生进行有针对性的心理健康教育；研发出一份信、效度较高且适用于学校情境中的青少年学生群体的心理资本测评量表就显得十分必要。

再次，现有心理资本的相关研究结论混乱不清，心理资本与心理健康等结果变量的作用机制依然不太明确。

在心理资本的发展特点方面，不同的研究结果存在不小的差异。有的研究显示，个体的心理资本发展水平在诸如年级、性别、年龄、文化程度、家庭经济状况和专业等人口学变量上具有明显差异，但其他的部分研究则得出了不同的，甚至是完全相反的结论。

在心理资本的影响因素方面，迄今为止，尽管学者们找出了部分能够影响员工心理资本水平的变量，并开展了有关实证研究，然而针对青少年学生心理资本影响因素的相关研究却极为欠缺。

在心理资本和有关结果变量间作用关系的实证研究领域，统合现有的文献研究资料，我们不难看出，目前的研究主要有主效应模型、调节效应模型和中介效应模型等三种类型。然而，对于青少年学生心理资本与心理健康等结果变量之间的作用关系具体属于哪一种类型，迄今依然没有确切的答案。

最后，心理资本开发的实验研究仍旧非常匮乏。

鉴于当前学术界对心理资本的研究仍处在起步阶段，心理资本的概念界定及其与相关变量的作用机制依旧存有争议，这就导致学术界对心理资本开发的干预研究更为欠缺。尽管早在2006年路桑斯等人就借助理论推导的方法提出了心理资本管理和开发的微干预模型，从而为心理资本干预的相关研究提供了理论支撑；然而时至今日，心理资本干预的相关实证研究依旧相当稀少。

从文献检索和文献分析的结果来看，尽管至今有关心理资本干预的中、英文研究文献有几十篇之多，可相关的实证研究文献却并不多。更重要的是，这些为数不多的心理资本干预研究文献的研究对象多数为企业员工，以青少年学生为对象的心理资本干预实证研究极为欠缺。但是，我国青少年学生群体目前所出现的一些极端心理与行为问题显示，我们有必要充分挖掘青少年学生的积极心理潜能，强化对青少年学生心理资本的管理和开发，进而增强他们抵御各种心理问题的能力，提升其心理健康水平。如此一来，怎样有效地对青少年学生开展心理资本的管理和开发就成了当前急需解决的一个问题。

第四章

研究构想

第一节 研究目的

心理资本是在个体成长和发展过程中表现出来的一种有助于提升个体行为绩效的积极心理力量。作为近年来的一个新兴概念，心理资本在理论和实践中均受到了学者们的广泛关注。基于第二章对心理资本现有研究文献的梳理和第三章心理资本已有研究存在问题和不足的分析，研究者认为，有必要对青少年心理资本进行广泛而深入的研究。本研究的目的主要有以下五个：

第一，在综合梳理已有研究文献资料的基础上，以路桑斯等人的心理资本类状态论为理论依据，对相关人员进行深入访谈，同时对青少年学生进行开放式问卷调查。在综合分析文献资料、访谈和开放式调查结果的基础上，确定青少年学生心理资本的结构维度，并研制出一份可行的青少年学生心理资本问卷（PCQAS）。

第二，以自行研制的青少年学生心理资本问卷（PCQAS）为调查工具，对从初一到大四共计十个年级的青少年学生进行大样本调查。对调查数据进行探索性因素分析和验证性因素分析，验证青少年学生心理资本的基本结构。同时，对调查数据进行相关信、效度分析，进而确定青少年学生心理资本问卷的信、效度。

第三，以自行研制的青少年学生心理资本问卷（PCQAS）为调查工具，对从初一到大四共计十个年级的青少年学生进行大样本调查。通过对调查数据的分析，探索青少年学生心理资本的一般发展特点和发展趋势，并深入分析青少年学生心理资本在诸如性别、年级等人口学变量上的差异。

第四，运用青少年学生心理资本问卷（PCQAS）、青少年生活事件量表

（ASLEC）、症状自评量表（SCL-90）和简易应对方式问卷（SCSQ）等测评工具对从初一到大四共计十个年级的青少年学生进行问卷调查。通过对调查数据的深入分析，探讨青少年生活事件对青少年学生心理资本的影响作用；同时，探讨青少年学生心理资本、应对方式与心理健康之间的关系及作用机制。

第五，根据文献分析和大样本调查的数据结果，结合青少年学生心理资本的特点，研制出一份能有效提高青少年学生心理资本水平的团体干预方案。运用该团体干预方案对青少年学生实施为期 8 周的实验干预研究，以检验青少年学生心理资本团体干预方案的有效性，进而为青少年学生的心理健康教育提供参考和指导。

第二节　研究假设

当今社会，青少年面临着诸如学业压力、家庭问题和社交困扰等在内的各式挑战和压力。这些因素可能对他们的身心健康和人生发展带来深远影响。心理资本作为个体的一种积极心理资源，对于青少年的健康成长和发展意义重大。因而，在这一时期，培养和发展他们良好的心理资本就显得至关重要。

在第二章对心理资本现有国内外研究文献进行系统梳理的基础上，结合第三章对心理资本已有研究存在问题和不足的分析，本研究将遵循科学研究的基本程序对青少年心理资本展开一系列研究。为此，本研究提出以下六个研究假设：

假设一：自编青少年学生心理资本问卷（PCQAS）包括乐观、自信、韧性和希望等四个基本结构维度。

假设二：自编青少年学生心理资本问卷（PCQAS）信度高、效度好，能够作为进行青少年心理资本相关研究的调查工具。

假设三：青少年学生的心理资本水平总体状况良好；同时，青少年学生的心理资本水平只在部分人口学变量上差异明显，但在另外一些人口学变量上的差异则不显著。

假设四：青少年生活事件可以显著负向预测其心理资本水平。

假设五：青少年学生心理资本水平可以显著正向预测其心理健康状况，应对方式在心理资本对心理健康状况的预测作用中发挥着中介变量的作用。

假设六：青少年学生心理资本团体干预活动方案可以明显提升其心理资本水平；同时，青少年学生心理资本水平的提升对于增进其心理健康状况也具有明显的促进作用。

为了验证这些假设，我们需要进行系统深入的研究。研究过程中，将运用到问卷调查、访谈和实验等研究方法。通过这些方法，我们可以有效收集青少年心理资本的相关数据，并对假设进行验证。希望通过深入研究，我们能够更好地理解青少年心理资本的发展规律，为促进青少年的健康成长提供有力的支持和帮助。

第三节 研究意义

青少年学生是家庭的希望和社会的未来，他们的健康成长和发展对于整个社会的进步具有重要意义。对青少年学生心理资本的研究，不仅具有重要的理论价值，也具有深远的实践意义。

一、理论意义

第一，拓展心理资本的研究领域，丰富青少年学生积极心理的研究。对青少年学生心理资本的研究将加深人们对青少年心理发展的理解，为心理学领域的理论建设提供新的视角和证据。

第二，以青少年学生心理资本的操作性定义为基础，结合文献分析、访谈和开放式问卷调查的结果对青少年学生心理资本展开科学全面的测量研究，探索心理资本在青少年群体中的独特表现和发展特点，进而对先前研究进行补充论证，同时为后续相关研究提供参考。

第三，以青少年学生心理资本问卷的编制研究为基础，探索出学校情境中青少年学生心理资本的基本结构，从而完善心理资本的理论体系，为今后开展青少年学生心理资本的评估提供理论基础和研究方向。

第四，运用青少年学生心理资本团体干预方案对青少年学生进行团体干预的实验研究，在检验青少年学生心理资本干预方案有效性的同时，为青少年学生的心理健康教育提供理论基础和参考依据。

二、实践意义

第一，通过对调查数据的分析，深入探讨青少年学生心理资本发展的现状及发展的趋势，从而帮助人们更加清晰而全面地认识和了解青少年学生心理资本水平发展的现状及特点。

第二，通过对青少年学生心理资本与相关因素调查结果的数据分析，深入探讨青少年学生心理资本与相关变量的关系，从而帮助人们更加清晰而全面地认识和了解青少年生活事件对青少年学生心理资本的影响，青少年学生心理资本对心理健康状况的影响及其作用机制。研究将有助于青少年学生更好地应对压力和挫折，增强心理适应能力，提高自我认知和自我接纳，培养积极的自我形象。

第三，通过青少年学生心理资本问卷的编制研究，开发出一份稳定性高且能对青少年学生心理资本进行有效测量的青少年学生心理资本问卷。一方面，可以帮助人们更加清晰而全面地认识和了解青少年学生心理资本的基本结构；另一方面，也能够为今后开展青少年学生心理资本的相关研究提供调查工具。

第四，通过对青少年学生心理资本的团体干预实验研究，制定出一套能有效提高青少年学生心理资本水平的团体干预活动方案。一方面，可以帮助青少年减少自身问题行为，促进社会稳定，培养有责任感和积极向上的公民；另一方面能够为青少年学生的积极心理健康教育提供参考依据，进而为学校提供科学的心理健康教育指导，促进心理健康教育理念和方法的创新。

总之，对青少年学生心理资本的研究具有重要的意义。它不仅有助于青少年自身的成长和发展，也有利于社会的进步和发展。我们应该高度重视青少年学生心理资本的研究，为他们的健康成长和全面发展提供有力的支持和保障。

第四节　研究程序

基于对现有研究不足的思考，本课题将使用不同的研究工具从不同的视角对青少年学生心理资本进行系统剖析，本课题的总体研究框架如下图所示：

为了完成研究所制定的目标，本研究计划分以下六个步骤展开。

第一，青少年学生心理资本问卷（PCQAS）初测问卷的构建。为了实现对青少年学生心理资本的有效测量，先对青少年学生心理资本进行操作性定义的界定。具体程序为：在综合分析已有文献中有关心理资本含义的基础上，以路桑斯等人的心理资本类状态论为理论基础，结合资本的增殖性特点，明确给出青少年学生心理资本的操作性定义，并初步确定青少年学生心理资本的基本结构。在对相关访谈和开放式问卷调查结果进行综合分析的基础上，进一步确定青少年学生心理资本的基本结构，并对收集到的相关条目进行筛选，最终形成

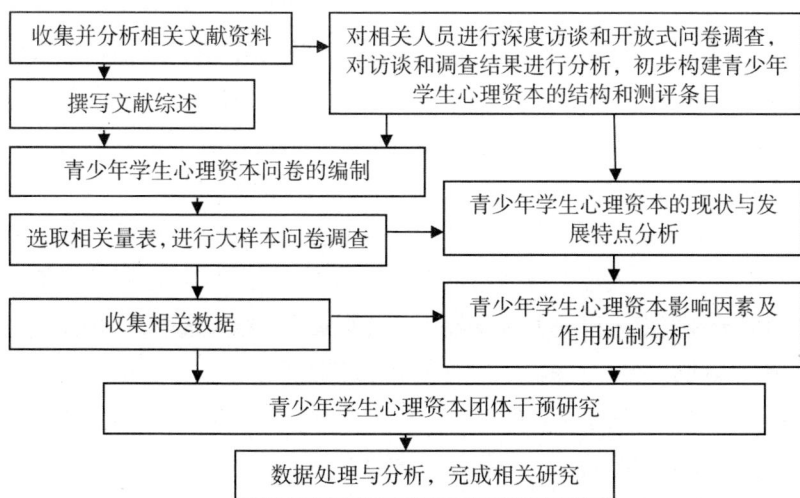

图4-1 研究框架示意图

青少年学生心理资本问卷（PCQAS）初测问卷。

第二，青少年学生心理资本问卷（PCQAS）正式问卷的构建。选取约500名在校青少年学生（从初一到大四共十个年级中，每个年级各选取约50名）为被试施测青少年学生心理资本问卷（PCQAS）初测问卷。对调查数据进行心理测量学分析以筛选测试条目，删除不恰当的条目。通过分析，最终形成青少年学生心理资本问卷（PCQAS）正式问卷。

第三，青少年学生心理资本问卷（PCQAS）正式问卷的信、效度分析。选取约2000名在校青少年学生（从初一到大四共十个年级中，每个年级各选取四个班级，重点学校和普通学校各两个班级，每个年级约200名）为被试施测青少年学生心理资本问卷（PCQAS）正式问卷。对调查数据进行心理测量学分析，检验问卷的信度和效度。

第四，青少年学生心理资本发展特点分析。选取约2000名在校青少年学生（从初一到大四共十个年级中，每个年级各选取四个班级，重点学校和普通学校各两个班级，每个年级约200名）为被试施测青少年学生心理资本问卷（PCQAS）正式问卷。对调查数据进行深入分析，研究青少年学生心理资本的发展特点和发展趋势，并对青少年学生心理资本的人口学变量差异进行深入分析。

第五，青少年学生心理资本与影响因素的关系研究。选取约2000名在校青少年学生（从初一到大四共十个年级中，每个年级各选取四个班级，重点学校和普通学校各两个班级，每个年级约 200 名）为被试，同时施测青少年生活事件量表（ASLEC）、青少年学生心理资本问卷（PCQAS）正式问卷、症状自评量表（SCL-90）和简易应对方式问卷（SCSQ）。对调查数据进行深入分析，研究青少年生活事件与青少年学生心理资本的关系；同时，进一步确定青少年学生心理资本与心理健康的关系。

第六，青少年学生心理资本团体干预的实验研究。以心理资本微干预模型和团体心理辅导的相关理论为理论依据，研制出一份切实可行的青少年学生心理资本团体干预方案。根据主动报名、志愿参加的原则，选取约 50 名在青少年学生心理资本问卷（PCQAS）上得分较低的在校学生实施青少年学生心理资本团体干预实验研究。根据一定的标准，将被试分为实验组和对照组，开展为期 8 周的心理资本团体训练活动。根据相关数据的分析结果，对青少年学生心理资本团体干预方案的有效性进行实证检验。

第五节　研究工具

一、调查工具

本研究将主要用到以下四个调查工具，分别是：青少年生活事件量表（ASLEC）、青少年学生心理资本问卷（PCQAS）、简易应对方式问卷（SCSQ）和症状自评量表（SCL-90）。接下来，让我们简要地认识和了解一下这四个调查工具。

（一）青少年生活事件量表

青少年生活事件量表（Adolescent Self-Rating Life Events Check List，ASLEC）最早于 1987 年由山东省精神卫生中心的刘贤臣等人在统合国内外相关研究的基础上编制而成。该量表属于自我评定式量表，综合考虑了我国当代青少年所扮演的家庭、社会角色，同时还考虑到了我国当代青少年的生理心理特点。它非常适用于对中国文化背景下的青少年，尤其适用于在校青少年学生群体进行生活事件发生频度及该生活事件应激强度的评定。该量表由 27 个可能对青少年造成心理应激的负性生活事件构成。在进行测评时，要求被试根据某一事件在规定的时间范围内（最近 12 个月内）是否发生进行评定。对已经发生的事件，根据其发生时对个体心理造成的影响程度，从"无影响"到"极重度"进行李克特式五级评分。对于未发生的事件，则按照"无影响"进行计分。为了检验该量表的信、效度，研究者对 1473 名 13—20 岁青少年学生进行了实证调查。数据分析的结果显示，该量表具备良好的信、效度，可以作为进一步研究的调查工具。具体而言，在量表的效度方面，探索性因素分析显示，该量表的 27 个条目能够分解为六个因子，分别是：受惩罚因子、人际关系因子、健康适应因子、学习压力因子、丧失因子和其他因子等。这六个因子能够解释全部变异量的44%，显示该量表具有一定的构想效度。除此之外，研究者还对该量表的效标关联效度进行了分析。研究结果显示，该量表具有较好的效标效度。在条目的维度归属方面，研究人员按照因素负荷值大于等于 0.35 作为各因子条目的选取标准。数据分析结果显示，条目 18、23 和 24 等三个条目在两个因子上的负荷值均大于 0.35，故研究者将这三个条目同时归入两个不同的因子；但条目 10（其因子负荷为 0.30—0.32 之间）和条目 26（其因子负荷为 0.32）在所有因素上的因子负荷值均小于 0.35，因而这两个条目没有归入任何一个因子当中。在量表的信度方面，研究显示，该量表的内部一致性系数（Cronbach α 系数）为0.85，分半信度系数为 0.88，一周后的重测相关系数为 0.69，这说明该量表具有良好的信度①。

因为此量表涵盖了青少年阶段常见的负性生活事件，并且兼顾了个体应对方式的不同，简便易行，所以被大范围应用于心理卫生咨询、心理卫生研究以及精神科临床的研究。同时，该量表对于探究青少年心理应激的程度、特点，以及其与个体心身健康和心身发育的关系也有着至关重要的应用价值。

然而，该量表只是运用探索性因素分析来进行条目的归属确定以及因子的最终确立，且在确定因子时仅将因素负荷值大于等于 0.35 当作选取各因子条目的唯一标准，最终导致条目 10 和条目 26 无法归入量表的任何一个因子之中，这无疑极大程度地降低了该量表的科学性与规范性。鉴于此，高越明在 2006 年以 468 名大学生作为被试对该量表进行了修订工作，期望让该量表愈发完善且科学。结果显示，修订后的量表内部一致性系数（Cronbach α 系数）达到0.897，分半信度系数达到 0.913。验证性因素分析的结果显示，该量表依旧可分为受惩罚因子、人际关系因子、健康适应因子、学习压力因子、丧失因子和其他因子这六个因子。所不同的是，条目的归属情况出现了些许变化。而且每

① 刘贤臣，刘连启，杨杰，等．青少年生活事件量表的编制与信度效度测试［J］．山东精神医学，1997，10（1）：15-19；刘贤臣，刘连启，杨杰，等．青少年生活事件量表的信度效度检验［J］．中国临床心理学杂志，1997，5（1）：34-36.

个条目仅归属到一个因子, 条目 10 归属到人际关系因子, 条目 26 归属到健康适应因子。因子归属的调整和变化极大地提升了量表的科学性与规范性①。所以, 在本研究中, 研究者按照高越明修订后的条目内容、条目归属和计分方式进行条目的因子划分与计分。

(二) 青少年学生心理资本问卷

青少年学生心理资本问卷 (Psychological Capital Questionnaire for Adolescent Students , PCQAS) 由研究者按照心理测量学的程序和要求编制而成。该问卷的编制过程及各项心理测量学指标的具体情况详见本研究 "第五章青少年学生心理资本问卷的编制研究" 中的相关内容。

(三) 简易应对方式问卷

简易应对方式问卷 (Simplified Coping Style Questionnaire) 由我国第一军医大学的解亚宁教授于 1998 年编制而成。在编制该问卷时, 研究者在对国外应对方式相关量表进行了深入分析的基础上, 对我国的文化背景以及人们的生活特点和实际应用的需要进行了综合分析。最终, 形成了由 20 道自陈式条目构成的简易应对方式问卷。这些条目主要涉及人们在面对困境和挫折时常常会使用的一些态度与措施。问卷的每个条目都采用 0—3 的李克特式四级评分方式进行计分。为了对该问卷的信、效度进行检验, 研究者对 846 名被试进行了调查研究。被试范围广, 涵盖了 20—65 岁之间不同文化程度、不同性别以及不同职业领域。在结构效度检验方面, 因素分析的结果显示: 该问卷的前 12 个条目可以组成第一个因子, 主要体现了被试积极面对各类困境和挫折的特点, 故而被称为积极应对因子; 该问卷的后 8 个条目可以组成第二个因子, 主要体现了被试消极面对各类困境和挫折的特点, 故而被称为消极应对因子。因素分析的结果与理论构想一致, 反映出该问卷具有良好的结构效度。在实证效度和校标效度方面, 研究显示, 被试积极应对因子的平均得分为 1.78±0.52, 消极应对因子的平均得分为 1.59±0.66; 此外, 被试的应对方式与其心理健康水平之间相关显著; 这表明简易应对方式问卷的实证效度和校标效度均较为理想。此外, 研究还显示, 不同被试的应对方式在诸如文化程度、性别、年龄和职业等人口学变量上也呈现出显著差异。在信度方面, 研究显示, 该问卷的内部一致性系数 (Cronbach α 系数) 达到 0.90, 积极应对因子的内部一致性系数 (Cronbach α 系数)

---

① 高越明. 青少年生活事件量表测量目标结构空间的研究 [J]. 中国高等医学教育, 2006,
   20 (10): 88-90; 高越明. 青少年生活事件量表在医学专科生中的验证性因素分析
   [J]. 中华医学教育杂志, 2006, 26 (4): 36-39.

达到 0.89，消极应对因子的内部一致性系数（Cronbach α 系数）达到 0.78，对
20 名大学生被试两周后的重测相关系数达到 0.89。这说明，该问卷具有良好的
信度。研究结果显示，该问卷具有良好的信、效度，能够作为相关研究的调查
工具①。

（四）症状自评量表

症状自评量表的英文是 Self-report Inventory。该量表也叫作 90 项症状清单，
其英文为 Symptom Checklist 90，故而又简称为 SCL-90。该量表由美国知名学者
德洛加蒂斯（Derogatis）在二十世纪七十年代编制而成，主要用来对个体最近
一星期的心理健康状况进行测评。它共包含 90 道李克特式五级评分的自陈条
目。作答时，要求被试根据自己的真实情况在每个条目后面自行选择一个最符
合实际的选项，选项包含从"从无"到"严重"的五个选项。计分方式有 0—4
和 1—5 两种不同的五级评分方式。经大量实证研究证明，该量表具有良好的
信、效度，可以作为进一步研究的调查工具。我国学者王征宇于 1984 年首次将
该量表引入我国，并进行了中文版的修订。虽然症状自评量表起初是为精神疾
病门诊患者的症状测评而设计的，且王征宇最初将其引入我国的目的也主要用
于精神疾病症状的研究，但彼时我国大陆的心理学刚刚起步，由我国研究人员
研制且标准化的心理健康测评工具相当缺乏；与此同时，和别的心理健康自评
量表（如 SDS，SAS 等）相比，症状自评量表的优点明显：简便、灵活且反映
症状丰富等。因此，部分研究人员开始在正常人群中尝试应用该量表。为了使
该量表有可比较的参考标准，我国学者金华等人于 1986 年依据对 1388 名被试的
调查分析，建立了我国普通成人的症状自评量表常模②，进而为评定我国普通人
群的心理健康状况提供了科学依据。自此以后，该量表的测量目标便从个体精
神症状的测量转为对个体心理健康症状的测量，适用对象也逐渐涵盖至各个群
体。诸多将症状自评量表作为调查工具的研究显示，症状自评量表基本能够适
用于对各类人群的心理健康状况进行评估。以学生为调查对象的众多研究成果

---

① 解亚宁. 简易应对方式量表信度和效度的初步研究 [J]. 中国临床心理学杂志, 1998, 6
(2): 114-115; 汪向东, 王希林, 马弘. 心理卫生评定量表手册（增订版）[M]. 北
京: 中国心理卫生杂志社, 1999: 31-34, 106-108, 122-123.
② 金华, 吴文源, 张明园. 中国正常人 SCL-90 评定结果的初步分析 [J]. 中国神经精神
疾病杂志, 1986, 12 (5): 260-263.

也显示，症状自评量表可用于评判学生的心理健康水平①。在其他人群中的研究结论也显示，症状自评量表完全可用于评估调查对象的心理健康状况②。迄今，症状自评量表已成为我国大陆心理健康研究领域中应用最为广泛的自评量表之一③。在高频、大范围的使用过程中，人们发现，症状自评量表出现了偏离设计初衷、滥用误用等情况④，导致其在我国心理健康研究领域的应用出现了较大争议。即便如此，研究人员依旧普遍认为，在尚未研制出更为科学有效的综合性心理健康测评量表的前提下，症状自评量表的应用价值依然很高，可用于评估调查对象的心理健康状况⑤。

在量表的信度方面，王极盛等人于 1999 年对青少年学生开展了一项实证调查。研究结果显示，症状自评量表各分量表及总量表的内部一致性系数（Cronbach α 系数）处于 0.6796 至 0.8792 之间，分半信度系数处于 0.7029 至 0.8532 之间。这表明症状自评量表具有良好的信度水平。在量表的效度方面，90 道题能分解出 10 个因子，且各分量表之间的皮尔逊积差相关系数处于 0.5460 至 0.8141 之间，各分量表与总量表的皮尔逊积差相关系数处于 0.7322 至 0.9009 之间。这意味着症状自评量表具有良好的效度水平⑥。2003 年，陈树林等人再次以普通人群为对象进行了一项调查研究。结果显示，症状自评量表总量表的内部一致性系数（Cronbach α 系数）达到 0.97，各分量表的内部一致性系数（Cronbach α 系数）均在 0.96 以上；同时，总量表及其各分量表的重测信度系数均在 0.7 以上，再次显示出该量表良好的信度状况。此外，各分量表与总量表的皮尔逊积差相关系数处于 0.79 到 0.92 之间，各分量表之间的皮尔逊积

① 王极盛，李焰，赫尔实. 中学生 SCL-90 信度、效度检验与常模建立 [J]. 中国心理卫生杂志，1999，13（1）：9-11；刘恒，张建新. 我国中学生症状自评量表（SCL-90）评定结果分析 [J]. 中国心理卫生杂志，2004，18（2）：88-100；许滋宁，朱湘竹，周雪萍，等. 心理测验在我国中学生心理健康评价中的应用现状 [J]. 江苏预防医学，2006，17（4）：82-84.

② 李永文，陈龙，马煊，等. 对不同工人群体 SCL-90 的元分析 [J]. 中国临床心理学杂志，2004，12（3）：299-302；林卫，汪文新，毛宗福. SCL-90 量表应用于农村五保老人的信度和效度 [J]. 公共卫生与预防医学，2006，17（4）：52-55.

③ 谢华，戴海崎. SCL-90 量表评价 [J]. 精神疾病与精神卫生，2006，6（2）：156-159.

④ 高旭，毛志雄，周忠革. 临床症状自评量表在心理健康评中的误区 [J]. 中国心理卫生杂志，2006，20（10）：684-686.

⑤ 边俊士，井西学，庄娜. 症状自评量表（SCL-90）在心理健康研究中应用的争议 [J]. 中国健康心理学杂志，2008，16（2）：231-233.

⑥ 王极盛，李焰，赫尔实. 中学生 SCL-90 信度、效度检验与常模建立 [J]. 中国心理卫生杂志，1999，13（1）：9-11.

差相关系数处于 0.59 到 0.83 之间，再度表明症状自评量表具有良好的效度。研究再次证明，症状自评量表可当作进一步研究的调查工具①。

二、统计分析工具

采用 SPSS for Windows 11.5 和 Amos 21.0 统计软件对研究数据进行处理和统计分析。

---

① 陈树林，李陵江. SCL-90 信度效度检验和常模的再比较 [J]. 中国神经精神疾病杂志，2003，29 (5)：323-327.

第五章

青少年学生心理资本问卷的编制研究

第一节　引　言

青少年学生正处于人生发展的关键时期，面临着来自学业、家庭、社会等多方面的压力和挑战。心理资本作为一种积极的心理资源，对青少年学生的成长和发展具有重要意义。心理资本由多个维度构成，它不仅影响着青少年学生的心理健康，还与青少年学生的学业成绩、人际关系等密切相关。目前对于青少年学生心理资本的研究还相对不足，尤其是在问卷编制方面，还存在一些问题和不足。

基于第二章第四节对心理资本测量工具的介绍和第三章心理资本现有研究存在问题和不足的分析可知，目前具备良好信效度的青少年学生心理资本测评量表还很缺乏，尤其针对中学生的心理资本测评量表几乎没有。然而，作为青少年学生成长和发展过程中表现出来的一种积极心理资源，青少年心理资本是一个值得深入探究的课题。故而，想要清晰且全面地认知青少年学生心理资本的结构及其发展特性，为他们的成长和发展提供有效的支持和帮助，就务必率先研制出一份信、效度均较为理想，且适用于学校教育情境中青少年学生群体的心理资本测量问卷。因此，有必要开展青少年学生心理资本问卷的编制研究。

第二节　研究目的

心理资本作为重要的积极心理资源，对青少年的成长与发展意义非凡。在文献分析、深度访谈和开放式问卷调查的基础上，以路桑斯等人的心理资本类状态论为依据，按照心理测量学的程序开展青少年学生心理资本问卷的编制研究。最终形成一份信、效度较高的青少年学生心理资本问卷。开展青少年学生心理资本问卷编制研究的目的主要包括以下三个方面：

第一，为后续相关研究提供有力的调查工具。编制的问卷可为后续相关研究提供有力的调查工具，便于比较不同群体的心理资本水平，探讨青少年心理资本和其他变量的关系，为青少年心理资本干预研究提供评估手段，推动青少年心理资本研究的发展。

第二，为教育工作者提供针对性指导。通过问卷编制，确定青少年学生心理资本的构成成分，进而全面深入地了解其心理资本发展状况，将有助于教师更具针对性地对学生进行教育和引导。

第三，增进青少年心理健康，为未来发展奠定基础。青少年学生心理资本构成成分的确定将有助于学生更全面地认识自身的积极心理资源，进而调节身心，增强心理适应力，更好地适应社会，时刻保持积极心态与坚定信念，为将来的发展奠定扎实的心理基础。

第三节　研究假设

本研究将遵循心理测量学的基本程序，在文献分析、深度访谈和开放式问卷调查的基础上，以路桑斯等人的心理资本类状态论为依据进行青少年学生心理资本问卷的编制研究。为此，本研究提出以下三个研究假设。

假设一：青少年学生心理资本由希望、乐观、自信和韧性等四个维度构成。

假设二：青少年学生心理资本问卷（PCQAS）具有良好的信度，是测量青少年学生心理资本水平的可靠工具。

假设三：青少年学生心理资本问卷（PCQAS）具有良好的效度，是测量青少年学生心理资本水平的有效工具。

第四节　研究方法

一、研究被试

本研究的被试主要包括访谈被试、开放式问卷调查被试和大样本问卷调查被试三大部分。

访谈被试共 130 名。其中包括 30 名初中生（初一、初二、初三每个年级各 10 名），30 名高中生（高一、高二、高三每个年级各 10 名），40 名大学生（大一、大二、大三、大四每个年级各 10 名），30 名教师（初中、高中、大学教师各 10 名）。

开放式问卷调查被试共 200 名。其中包括 60 名初中生（初一、初二、初三每个年级各 20 名），60 名高中生（高一、高二、高三每个年级各 20 名），80 名大学生（大一、大二、大三、大四每个年级各 20 名）。

大样本问卷调查被试共 2722 名。其中，包括初测问卷被试 456 名，正式问卷样本一的被试 1819 名，正式问卷样本二的被试 447 名。被试的具体情况详见本章第五节研究过程与结果的表 5-1、表 5-8 和表 5-9。

二、研究工具

本研究所使用到的研究工具主要包括《青少年学生心理资本开放式调查问卷》《青少年学生心理资本问卷（PCQAS）》初测问卷及《青少年学生心理资本问卷（PCQAS）》正式问卷和症状自评量表（SCL-90）等。

三、统计分析方法

采用 SPSS for Windows 11.5 和 Amos 21.0 统计软件对研究数据进行处理和统计分析。统计分析方法主要有皮尔逊积差相关分析、斯皮尔曼等级相关分析、探索性因素分析和验证性因素分析等。

第五节　研究结果

一、初测问卷

（一）青少年学生心理资本操作性概念的界定

基于第二章对心理资本现有研究文献的梳理和第三章心理资本现有研究存在问题和不足的分析可知，不同研究者在心理资本概念的研究取向方面有着显著差别。具体表现为，学者们针对心理资本及其成分的属性到底为特质性、状态性抑或是类状态性，意见未能达成一致。与此同时，我们也能看到，各种不同的研究取向间依旧具有一些共同的地方，即均着重强调了心理资本的积极性，凸显了心理资本的增殖性（亦称增益性），也就是说，心理资本对个体的行为绩效有着积极的促进作用。

因而，对青少年学生心理资本概念的界定，不但要凸显心理资本这一心理变量的积极性及其对个体行为的增益性，而且要着重强调心理资本及其成分属性的类状态特点。基于此，在本研究中，依据路桑斯等人的心理资本类状态论，结合青少年学生的实际状况，我们认为：青少年学生心理资本指的是青少年学生在学习与生活过程中展现出的，有益于提高个体学习绩效与生活满意度的一种类状态积极心理力量。

（二）初测问卷维度的确定

完成对青少年学生心理资本的操作性定义后，研究者针对"青少年学生心理资本"的相关问题，对青少年学生和教师展开个别访谈及开放式问卷调查。通过分析对比对个别访谈和开放式问卷调查的结果，并以路桑斯等人的心理资本类状态论作为理论基础，对采集到的青少年学生心理资本相关语句进行筛选，从而初步明确青少年学生心理资本问卷的基本结构。

经过剖析对比，研究者初步认为青少年学生心理资本主要体现在以下四个方面：

第一，个体能够对学习及学校生活中的各类目标持之以恒，坚持不懈，为达成目标，在必要时能够重新选取实现目标的路径，此乃希望。

第二，个体在面对当前和未来的学习与学校生活时，能时刻保持乐观且积极的态度，这便是乐观。

第三，当遭遇学习与学校生活困难时，个体可以承受压力，坚持到底，快速恢复并超越，进而取得成功，也就是韧性。

第四，个体在面对富有挑战性的学习与相关任务时具备信心，能够为之付出必要的努力，即为自信。

与此同时，研究者还针对几个应用较为广泛的心理资本评估问卷展开了剖析。综合文献分析、深度访谈和开放式问卷调查的结果，研究者最终确定青少年学生心理资本包括自信、乐观、希望和韧性等4个基本维度。

（三）初测问卷的形成

依据初步确定的青少年学生心理资本结构维度，结合青少年学生的实际，开展问卷条目的收集与编制工作。最终，构建起包含60个条目（每个维度15个条目）的问卷条目库。在问卷条目库初步建成后，对问卷条目进行如下修改和筛选：

第一，为确保调查问卷的专业性，邀请两位心理学专家和两位心理学博士研究生针对这 60 个条目从两个层面展开评价，以此来对问卷条目进行修改或删除。首先，请他们参照心理资本各维度的基本内涵，评判各条目是否精准地体现了其所属维度的内涵，也就是评估条目和其所属维度的契合程度。其次，让他们按照心理测量学对调查问卷语言的要求，剖析每个条目的语言表述是否存在歧义，是否契合青少年学生的实际，也就是评估各条目语言表述的可读性及条目的适用性。依照他们的评估意见，修改了当中的 2 个条目，删除了其中的 5 个条目，剩余 55 个条目。

第二，为保证问卷施测时，青少年学生能够完全领会问卷条目的意思，邀请 30 名青少年学生对剩余 55 个问卷条目的可读性实施评价。其中，初中生、高中生和大学生各 10 名。评价运用李克特式四级评分法进行评分。其中，"1"代表"完全不明白"，"2"代表"有些不明白"，"3"代表"有些明白"，"4"代表"完全明白"。30 名青少年学生对问卷条目可读性的评价结果如下：51 个条目"完全明白"，3 个条目"有些明白"，1 个条目"有些不明白"。进行问卷条目筛选时，删除"有些不明白"和"有些明白"的 4 个条目，最终剩余 51 个条目。

为均衡初步确定的四个维度的权重占比，初测问卷拟定为 48 个条目，也就是每个维度各 12 个条目。在问卷的条目计分方面，采用李克特式六级评分法进行评分。其中，"完全不符合"记 1 分，"大部分不符合"记 2 分，"有点不符合"记 3 分，"有点符合"记 4 分，"大部分符合"记 5 分，"完全符合"记 6 分。为了减少被试的答题偏向，提升问卷的信、效度，问卷中的部分条目采用反向计分的方式进行呈现。

（四）初测问卷的施测与正式问卷的确定

初测问卷形成后，运用方便取样的方法，从福州华侨中学，阳光学院和福建师范大学等三所学校选取 500 人进行初测问卷的调查。

调查施测的主试人员由研究者本人和另外五名心理学研究生（一名博士生和四名硕士生）担任。调查施测时由主试者对被试进行现场团体施测，并对问卷进行现场回收，施测时间控制在 25 分钟。结果共收回 491 份初测问卷。对回收的问卷进行有效性筛查。本研究采用以下五个标准对问卷进行筛查：

第一，如果被试在调查问卷上呈现出同一性作答，也就是被试在问卷的 48 个条目上均选择同一个答案，则将该份问卷予以删除。

第二，如果被试在调查问卷上呈现出规律性作答，比如呈波浪形作答或条形作答，则将该份问卷予以删除。

第三，如果被试在调查问卷的同一条目上选取2个或2个以上的答案，则将该份问卷予以删除。

第四，如果被试没有在调查问卷上填写相关信息或者漏填了部分信息，则将该份问卷予以删除。

第五，如果被试在调查问卷中有任何一个条目存在漏答的现象，则将该份问卷予以删除。

经过问卷筛查，最终共获得456份有效问卷，问卷的有效回收率为93.06%。456名初测被试的基本情况详见表5-1所示。

表5-1　初测问卷被试的基本情况一览表（N=456）

类别	名称	人数	%	名称	人数	%
学校	福州华侨中学	293	64.25%	福建师范大学	112	24.56%
	阳光学院	51	11.19%			
年级	初一	49	10.75%	高三	51	11.19%
	初二	57	12.50%	大一	51	11.19%
	初三	48	10.53%	大二	36	7.89%
	高一	49	10.75%	大三	39	8.54%
	高二	39	8.55%	大四	37	8.11%
性别	男	184	40.35%	女	272	59.65%

运用SPSS for Windows 11.5对回收的456份有效问卷进行数据录入，建立起初测问卷调查数据库。

（五）初测问卷调查数据的分析

1. 项目分析

为了确定初测问卷各条目与总问卷间的一致性程度，研究者对初测被试在初测问卷48个条目上的条目得分与初测问卷上的总得分进行皮尔逊积差相关分析。初测问卷各条目分与总分的皮尔逊积差相关系数情况详见表5-2所示。

表5-2　初测问卷各条目分与总分的皮尔逊积差相关系数表（N=456）

题项	与总分相关	题项	与总分相关	题项	与总分相关	题项	与总分相关
pc1	0.697**	pc13	0.623**	pc25	0.585**	pc37	0.683**
pc2	0.629**	rpc14	0.263**	pc26	0.578**	pc38	0.686**

续表

题项	与总分相关	题项	与总分相关	题项	与总分相关	题项	与总分相关
pc3	0.695**	pc15	0.625**	pc27	0.479**	rpc39	0.454**
pc4	0.516**	pc16	0.626**	pc28	0.594**	pc40	0.531**
pc5	0.642**	pc17	0.565**	pc29	0.600**	pc41	0.635**
pc6	0.620**	pc18	0.633**	pc30	0.638**	pc42	0.591**
pc7	0.658**	pc19	0.609**	pc31	0.751**	pc43	0.700**
pc8	0.449**	pc20	0.688**	rpc32	0.389**	rpc44	0.431**
pc9	0.582**	rpc21	0.478**	pc33	0.600**	pc45	0.507**
pc10	0.659**	pc22	0.643**	pc34	0.658**	pc46	0.609**
pc11	0.585**	pc23	0.618**	pc35	0.597**	rpc47	0.482**
rpc12	0.338**	pc24	0.538**	pc36	0.446**	pc48	0.481**

注：** = $P < 0.01$

表 5-2 的数据结果显示，青少年学生心理资本问卷初测问卷 48 个条目的得分与问卷总分之间的皮尔逊积差相关系数均达到 0.01 水平的显著相关。不过，初测问卷第 14 题的条目分与总分之间的皮尔逊积差相关系数偏低，仅为 0.263。鉴于此，对初测问卷的第 14 题予以删除。

为进一步检验剩余 47 个条目的辨别力，研究者对初测问卷剩余的 47 个条目进行区分度的分析。具体流程如下：第一，对初测问卷的反向计分条目进行得分转换；第二，将被试 47 个条目的得分相加获得初测问卷总分；第三，对被试初测问卷的总分按照高、低分进行分组；第四，对高、低分两组被试在剩余47 个项目的得分进行平均数差异的 t 检验。

高、低分分组的具体方法如下：第一，将初测问卷总分依照由低到高排列的形式予以排序，自最低分依次向上选取全体被试的 27% 组成低分组。初测被试总数为 456 人，总数的 27% 即为 123 人。鉴于低分组第 123 名被试的总得分为182 分，且得分为 182 分的被试总计有 5 人，所以最终组成低分组被试的人数为127 人。第二，将初测问卷总分依照由高到低排列的形式予以排序，自最高分依次向下取全体被试的 27% 组成高分组。初测被试总数为 456 人，总数的 27% 即为 123 人。鉴于高分组第 122 名和第 123 名被试的总得分均为 222 分，且得分为222 分的被试总计有 5 人，所以最终构成高分组被试的人数为 126 人。

高、低分组被试在初测问卷剩余 47 个条目上得分的平均数差异 t 检验结果如表 5-3 所示。

表 5-3　青少年学生心理资本问卷初测问卷项目区分度检验结果汇总表

项目	df	t	项目	df	t	项目	df	t
pc1	188.285	15.488***	pc18	251	14.861***	pc34	251	14.813***
pc2	221.550	15.011***	pc19	216.019	13.669***	pc35	223.546	13.430***
pc3	189.887	17.380***	pc20	235.221	15.428***	pc36	190.967	10.131***
pc4	223.863	12.181***	rpc21	251	9.897***	pc37	251	14.937***
pc5	217.504	15.097***	pc22	239.036	15.151***	pc38	215.845	16.081***
pc6	236.655	14.552***	pc23	235.107	14.469***	rpc39	248.106	8.269***
pc7	251	15.893***	pc24	222.363	12.283***	pc40	228.727	11.289***
pc8	251	8.846***	pc25	222.748	12.156***	pc41	238.817	14.279***
pc9	207.693	13.736***	pc26	171.334	12.522***	pc42	171.010	13.087***
pc10	235.478	15.972***	pc27	251	11.109***	pc43	220.340	17.280***
pc11	178.570	12.609***	pc28	251	12.476***	rpc44	251	8.964***
rpc12	251	7.185***	pc29	193.551	12.752***	pc45	225.863	9.946***
pc13	215.981	14.047***	pc30	230.052	14.927***	pc46	214.246	12.825***
pc15	239.429	14.172***	pc31	251	18.569***	rpc47	251	11.170***
pc16	230.455	13.709***	rpc32	251	7.719***	pc48	190.290	9.446***
pc17	251	11.357***	pc33	251	13.739***			

注：*** = $P < 0.001$

表 5-3 的数据结果显示，青少年学生心理资本问卷初测问卷 47 个条目的高低分组平均数差异 t 检验结果皆达到了 0.001 水平的显著差异，从而表明初测问卷 47 个条目均具有较为理想的区分效果。因此，经过项目分析，初测问卷的 47 个条目得到了保留。

2. 探索性因素分析

为进一步分析问卷条目的恰当性，同时探索出青少年学生心理资本的基本维度，研究者对青少年学生心理资本问卷初测问卷经过项目分析后保留的 47 个条目进行探索性因素分析。

先对调查数据进行因素分析适宜性检验。通常来说，只有当各观测变量间呈现线性关系时，调查数据才适宜进行因素分析。依照凯撒（Kaiser）的观点，观测变量的线性检验能够通过取样适当性（KMO）的大小来进行判断。所以，在对青少年学生心理资本问卷初测问卷数据进行探索性因素分析之前，研究者对初测问卷 47 个观测变量的调查结果进行了 KMO 和巴特利特（Bartlett）球形检验。检验结果如表 5-4 所示。

表 5-4 初测问卷 47 个条目的 KMO and Bartlett's Test 结果表

Kaiser-Meyer-Olkin 取样适当性度量		0.954
Bartlett 球形检验	X^2	12043.71
	df	1081
	$Sig.$	0.000

表 5-4 的数据结果显示，青少年学生心理资本问卷初测问卷 47 个条目调查结果的 KMO 值为 0.954，说明初测问卷 47 个观测变量的测量数据间呈现出较好的线性关系，调查数据适合进行因素分析。另外，初测问卷 47 个条目调查结果巴特利特（Bartlett）球形检验的 X^2 值是 12043.71，自由度（df）为 1081，在 0.01 水平上达到了显著差异，意味着初测问卷 47 个条目的测量数据之间存在共同因素，这也进一步说明初测问卷 47 个观测变量的测量数据适宜进行因素分析。

在对初测问卷调查数据进行因素分析的同时，研究者继续对问卷的条目实施筛选。条目筛选的标准包括以下五个：

第一，条目在其对应因素上的因子负荷值必须超过 0.30，否则将该条目予以删除。

第二，条目不存在交叉负荷现象，如果某条目在两个或以上因素上的因子负荷值同时超过 0.30，则其因子负荷值之差必须大于 0.2，否则将该条目予以删除。

第三，条目的共同度必须大于 0.30，否则该条目予以删除。

第四，因素所包含的条目数必须大于或等于三个，否则将因素条目数低于三个的因素及该因素下的条目全部予以删除。

第五，条目因素归属在语义上必须恰当，否则将条目因素归属在语义上不恰当或难以解释的条目予以删除。

依据以上五个条目筛选标准，经过四次探索性因素分析后，共删除 25 个条目，最终保留 22 个符合标准要求的条目。研究者对剩余 22 个条目的调查结果再次进行 KMO 和巴特利特（Bartlett）球形检验。检验结果如表 5-5 所示。

表 5-5　初测问卷 22 个条目的 KMO and Bartlett's Test 结果表

Kaiser-Meyer-Olkin 取样适当性度量		0.929
Bartlett 球形检验	X^2	4840.176
	df	231
	$Sig.$	0.000

　　表 5-5 的数据结果显示，青少年学生心理资本问卷初测问卷剩余 22 个条目调查结果的 KMO 值为 0.929，这说明初测问卷剩余的 22 个观测变量的测量数据间呈现出较好的线性关系，调查数据适合进行因素分析。另外，初测问卷剩余 22 个条目调查结果巴特利特（Bartlett）球形检验的 X^2 值为 4840.176，自由度（df）为 231，在 0.01 水平上达到了显著差异，意味着初测问卷剩余 22 个条目的测量数据之间存在共同因素，这也进一步说明初测问卷剩余 22 个观测变量的测量数据适宜进行因素分析。

　　于是，对初测问卷剩余的 22 个条目运用抽取特征值大于 1 的主成分分析法和 Direct Oblimin 斜交转轴法进行探索性因素分析。探索性因素分析的结果显示，22 个条目共抽取出四个因素，共解释了 61.318% 的变异量。因素分析的碎石图如图 5-1 所示。

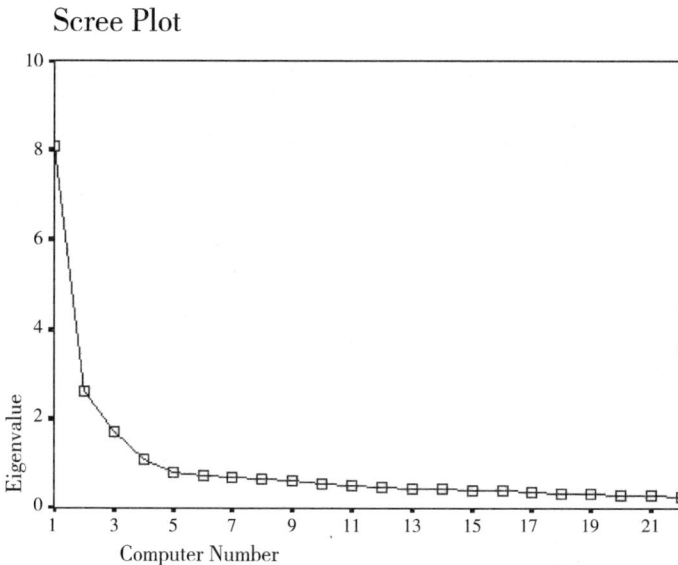

图 5-1　初测问卷探索性因素分析碎石图

因素分析碎石图（如图5-1所示）结果表明，图形在第四个因素的地方出现了明显的拐点，且其后各点趋于缓和，这也表明青少年学生心理资本问卷初测问卷剩余的22个条目抽取四个因素是恰当的。

青少年学生心理资本问卷初测问卷剩余22个条目探索性因素分析抽取四个因素的特征值及其方差贡献率情况如表5-6所示。

表5-6 初测问卷剩余22个条目探索性因素分析的特征值与方差解释率（$N=456$）

因素	特征值	方差解释率（%）	累积方差解释率（%）
F1	8.090	36.773	36.773
F2	2.612	11.873	48.647
F3	1.715	7.798	56.444
F4	1.072	4.874	61.318

表5-6的数据结果显示，初测问卷剩余22个条目探索性因素分析共有四个因素的特征值大于1，抽取的四个因素能解释61.318%的变异量。其中，第一个因素（F1）的特征值为8.090，能解释36.773%的变异量；第二个因素（F2）的特征值为2.612，能解释11.873%的变异量；第三个因素（F3）的特征值为1.715，能解释7.789%的变异量；第四个因素（F4）的特征值为1.072，能解释4.874%的变异量。

初测问卷剩余22个条目探索性因素分析的因素负荷矩阵和各条目的共同度情况如表5-7所示。

表5-7 初测问卷22个条目旋转后的因素负荷矩阵与项目共同度（$N=456$）

项目	F1	F2	F3	F4	共同度
pc18	0.817				0.670
pc22	0.792				0.627
pc41	0.789				0.627
pc20	0.769				0.675
pc28	0.734				0.546
pc23	0.727				0.553
pc34	0.707				0.575
pc33	0.692				0.513
pc43	0.650				0.598

项目	F1	F2	F3	F4	共同度
pc31	0.532				0.607
pc48		0.836			0.674
pc26		0.800			0.732
pc42		0.749			0.668
pc29		0.707			0.700
rpc44			0.805		0.672
rpc32			0.786		0.597
rpc21			0.663		0.533
rpc47			0.646		0.570
pc19				0.767	0.688
pc24				0.733	0.605
pc13				0.629	0.595
pc4				0.620	0.464

表 5-7 的数据结果显示：在第一个因素（F1）上有 10 个条目的因素负荷较高，各条目的因素负荷值均在 0.532 以上；在第二个因素（F2）上有 4 个条目的因素负荷较高，各条目的因素负荷值均在 0.707 以上；在第三个因素（F3）上有 4 个条目的因素负荷较高，各条目的因素负荷值均在 0.646 以上；在第四个因素（F4）上有 4 个条目的因素负荷较高，各条目的因素负荷值均在 0.620 以上；与此同时，22 个条目的共同度均在 0.464 以上。依据数据分析的结果来看，初测问卷剩余的 22 个条目完全符合问卷条目的筛选标准，故予以保留。

3. 信度分析

为了对青少年学生心理资本问卷初测问卷剩余 22 个条目的稳定性进行检测，研究者分析了初测问卷的同质性信度和分半信度。结果显示，初测问卷剩余 22 个条目的同质性信度（Cronbach α 系数）达到了 0.9115，分半信度系数达到了 0.8873，表明初测问卷剩余的 22 个条目具备良好的稳定性。

二、正式问卷

（一）正式问卷的形成

基于对青少年学生心理资本问卷初测问卷调查数据综合分析的结果，选择其中 22 个符合要求的条目作为青少年学生心理资本问卷正式问卷的最终条目。将 22 个符合要求的条目进行重新排序，进而构成了青少年学生心理资本问卷正式问卷。

（二）正式问卷的施测

正式问卷形成后，运用方便取样的方法，分两批次进行正式问卷的施测。

第一批次正式施测时，研究者从福州大学、泉州师范学院、福州二中、福州华侨中学、宁都会同中学、兴国兴莲中学和瑞金二中等七所学校选取 2100 人进行正式问卷的施测。调查施测的主试人员均经过研究者的相关培训，达到相关要求后再担任主试进行现场团体施测。部分施测由研究者本人直接担任主试。团体施测时，采取班级整群抽样的方法，从初一到大四的十个年级中，每个年级各选取四个班，普通学校和重点学校各两个班级。为避免练习效应的影响，同一学校进行正式施测时的班级与初测时不同。对这 2100 名被试同时施测青少年学生心理资本问卷（PCQAS）正式问卷、青少年生活事件量表（ASLEC）、简易应对方式问卷（SCSQ）和症状自评量表（SCL-90）等调查问卷。本次施测的调查数据构成正式问卷的样本一，主要用于青少年学生心理资本问卷正式问卷的项目分析，探索性因素分析，信度分析和效度分析。此外，样本一的数据还将被用于第六章、第七章和第八章的有关分析。结果，第一批次正式施测共回收了 2025 份问卷。

第二批次正式施测时，研究者从福建师范大学和福州华侨中学两所学校选取 480 人进行正式问卷的施测。调查施测的主试人员均经过研究者相关培训，达到相关要求后再担任主试进行现场团体施测。部分施测由研究者本人直接担任主试。团体施测时，采取班级整群抽样的方法，从初一到大四的十个年级中，每个年级各选取一个班。为避免练习效应的影响，同一学校进行正式施测时的班级与初测和第一批次正式施测时不同。对这 480 名被试施测青少年学生心理资本问卷（PCQAS）正式问卷。本次施测的调查数据构成正式问卷的样本二，主要用于青少年学生心理资本问卷正式问卷的验证性因素分析。结果，第二批次正式施测共回收了 460 份问卷。

（三）有效正式问卷的确定

对第一批次正式施测（样本一）的 2025 份问卷进行整理、编号和有效问卷的筛查。对有效问卷的筛查标准与初测时有效问卷的筛查标准保持一致。经过有效问卷的筛查，最终共获得 1819 份有效正式问卷，问卷的有效回收率达到 86.62%。运用 SPSS for Windows 11.5 对回收的 1819 份有效问卷进行数据录入，建立起正式问卷调查样本一的数据库。

正式问卷调查样本一1819名被试的基本情况如表5-8所示。

表5-8 正式问卷调查样本一的被试基本情况汇总表（$N=1819$）

变量类别	变量名称	人数	占比（%）	变量名称	人数	占比（%）
学校	福州大学	326	17.92%	宁都会同中学	94	5.17%
	泉州师范学院	357	19.63%	兴国兴莲中学	223	12.26%
	福州二中	178	9.78%	瑞金二中	368	20.23%
	福州华侨中学	273	15.01%			
年级	初一	189	10.39%	高三	159	8.74%
	初二	199	10.93%	大一	167	9.18%
	初三	202	11.11%	大二	205	11.27%
	高一	219	12.04%	大三	144	7.92%
	高二	168	9.24%	大四	167	9.18%
学习成绩	较差	449	24.68%	较好	290	15.95%
	中等	1080	59.37%			
专业	人文社科类	358	19.68%	无专业划分	1136	62.45%
	理工农医类	325	17.87%			
政治面貌	中共党员	87	4.79%	其他	471	25.89%
	共青团员	1261	69.32%			
性别	男	915	50.30%	女	904	49.70%
社团成员	是	508	27.93%	否	1311	72.07%
学生干部	是	588	32.33%	否	1231	67.67%
家庭居住地	城镇	815	44.80%	农村	1004	55.20%
独生子女	是	501	27.54%	否	1318	72.46%
获得奖励	是	367	20.18%	否	1452	79.82%
学校类型	普通学校	777	42.72%	重点学校	1042	57.28%

对第二批次正式施测（样本二）回收的460份问卷进行整理、编号和有效问卷的筛查。对有效问卷的筛查标准与初测时有效问卷的筛查标准保持一致。经过有效问卷的筛查，最终共获得447有效正式问卷，问卷的有效回收率达到93.13%。运用SPSS for Windows 11.5对回收的447份有效问卷进行数据录入，建立起正式问卷调查样本二的数据库。

正式问卷调查样本二447名被试的基本情况如表5-9所示。

表5-9 正式问卷调查样本二的被试基本情况汇总表 （N=447）

变量类别	变量名称	人数	占比（%）	变量名称	人数	占比（%）
学校	福州华侨中学	296	66.22%	福建师范大学	151	33.78%
年级	初一	48	10.74%	高三	51	11.41%
	初二	52	11.63%	大一	40	8.95%
	初三	48	10.74%	大二	38	8.50%
	高一	48	10.74%	大三	36	8.05%
	高二	49	10.96%	大四	37	8.28%
性别	男	180	40.27%	女	267	59.73%

（四）有效正式问卷的结果分析

1. 项目分析

为了进一步确定正式问卷各条目与总问卷间的一致性程度，研究者对正式问卷调查样本一1819名青少年学生在正式问卷22个条目上的条目得分与正式问卷总分进行皮尔逊积差相关分析。正式问卷各条目得分与总分的皮尔逊积差相关系数情况如表5-10所示。

表5-10 正式问卷各条目得分与总分的皮尔逊积差相关系数表 （N=1819）

题项	与总分相关	题项	与总分相关	题项	与总分相关
pc1	0.641***	pc9	0.732***	pc17	0.642***
pc2	0.551***	pc10	0.585***	pc18	0.623***
repc3	0.448***	repc11	0.499***	pc19	0.630***
pc4	0.442***	pc12	0.613***	pc20	0.639***
pc5	0.671***	pc13	0.623***	pc21	0.649***
pc6	0.580***	pc14	0.497***	pc22	0.699***
repc7	0.444***	repc15	0.531***		
pc8	0.580***	pc16	0.495***		

注：*** =$P<0.001$

表5-10的数据结果显示，1819名青少年学生在正式问卷22个条目上的条目得分与问卷总分之间的皮尔逊积差相关系数均在0.442以上，且均达到0.01水平的显著相关，表明正式问卷22个条目的一致性较好。

为进一步检验正式问卷 22 个条目的辨别力，研究者对正式问卷 22 个条目进行项目区分度的分析。具体方法和初测问卷条目区分度的分析一致。样本一的被试人数共计 1819 人，总数的 27% 即为 491 人。鉴于低分组第 479 名被试至第 520 名被试的总得分均为 82 分，所以最终组成低分组被试的人数为 520 人；而高分组第 476 名被试至第 517 名被试的总得分均为 101 分，所以最终组成高分组被试的人数为 517 人。

高、低分组被试在正式问卷 22 个条目上得分的平均数差异 t 检验结果如表 5-11 所示。

表 5-11　青少年学生心理资本问卷正式问卷项目区分度检验结果汇总表

项目	t	df	Sig. （2-tailed）	项目	t	df	Sig. （2-tailed）
pc1	30.157	1004.772	0.000	pc12	27.301	973.957	0.000
pc2	23.919	840.582	0.000	pc13	27.952	945.933	0.000
repc3	19.999	1022.950	0.000	pc14	20.427	913.767	0.000
pc4	18.275	1000.465	0.000	repc15	23.766	965.288	0.000
pc5	33.148	950.181	0.000	pc16	20.572	998.527	0.000
pc6	25.580	871.515	0.000	pc17	30.959	1035	0.000
repc7	18.780	1025.050	0.000	pc18	28.212	1035	0.000
pc8	24.903	930.490	0.000	pc19	28.093	1035	0.000
pc9	37.062	961.926	0.000	pc20	28.426	1035	0.000
pc10	26.295	827.862	0.000	pc21	28.914	838.823	0.000
repc11	20.741	1032.297	0.000	pc22	33.294	930.817	0.000

表 5-11 的数据结果显示，青少年学生心理资本问卷正式问卷 22 个项目的高低分组平均数差异 t 检验结果皆达到了 0.001 水平的显著差异，从而表明正式问卷 22 个条目均具有较为理想的区分效果。因此，经过项目分析，正式问卷的 22 个条目均得到了保留。

2. 探索性因素分析

为进一步分析问卷条目的恰当性，同时进一步确定青少年学生心理资本的基本维度，研究者对 1819 名青少年学生在正式问卷 22 个条目上的调查结果进行探索性因素分析。

先对调查数据进行问卷因素分析适宜性检验。研究者对正式问卷 22 个观测变量的调查结果进行了 KMO 和巴特利特（Bartlett）球形检验。检验结果如表 5-12 所示。

表5-12 正式问卷 22 个条目的 KMO and Bartlett's Test 结果表

Kaiser-Meyer-Olkin 取样适当性度量		0.934
Bartlett 球形检验	X^2	16711.46
	df	231
	$Sig.$	0.000

表5-12 的数据结果显示，正式问卷 22 个条目调查结果的 KMO 值为 0.934，这说明正式问卷 22 个观测变量的测量数据间呈现出较好的线性关系，调查数据适合进行因素分析。另外，正式问卷 22 个条目调查结果巴特利特（Bartlett）球形检验的 X^2 值为 16711.46，自由度（df）为 231，在 0.01 水平上达到了显著差异，意味着正式问卷 22 个条目的测量数据之间存在共同因素，这也进一步说明正式问卷 22 个观测变量的测量数据适宜进行因素分析。

对正式问卷 22 个条目运用抽取特征值大于 1 的主成分分析法和 Direct Oblimin 斜交转轴法进行探索性因素分析。探索性因素分析的结果显示，22 个条目共抽取出四个因素，共解释了 57.790%的变异量；且每个条目在对应因素上的因子负荷值均超过 0.3。因素分析的碎石图如图 5-2 所示。

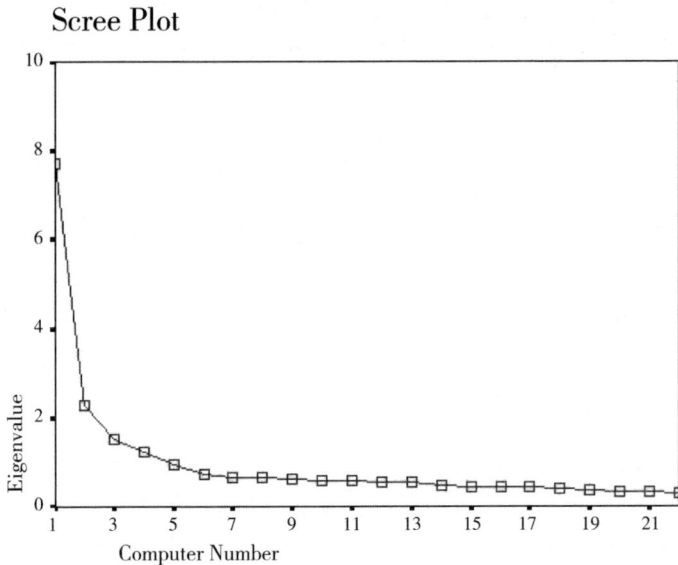

图 5-2 正式问卷探索性因素分析碎石图

　　因素分析碎石图（如图5-2所示）结果表明，图形在第四个因素的地方出现了明显的拐点，且其后各点趋于缓和，表明青少年学生心理资本问卷正式问卷的22个条目抽取四个因素是恰当的。

　　青少年学生心理资本问卷正式问卷22个条目探索性因素分析抽取四个因素的特征值及其方差贡献率情况如表5-13所示。

表5-13　正式问卷22个条目探索性因素分析的特征值与方差解释率（N=1819）

因素	特征值	方差解释率（%）	累积方差解释率（%）
F1	7.711	35.051	35.051
F2	2.268	10.311	45.362
F3	1.504	6.836	52.197
F4	1.230	5.593	57.790

　　正式问卷22个条目探索性因素分析的因素负荷矩阵和各条目的共同度情况如表5-14所示。

表5-14　正式问卷22个条目旋转后的因素负荷矩阵与项目共同度（N=1819）

项目	F1	F2	F3	F4	共同度
pc19	0.783				0.578
pc20	0.780				0.593
pc5	0.765				0.602
pc17	0.764				0.580
pc22	0.742				0.624
pc13	0.725				0.530
pc9	0.716				0.634
pc1	0.662				0.507
pc18	0.622				0.472
pc21	0.562			0.332	0.518
pc2		0.853			0.718
pc6		0.827			0.710
pc14		0.753			0.577
pc10		0.682			0.573

项目	F1	F2	F3	F4	共同度
repc7			0.790		0.610
repc11			0.715		0.595
repc3			0.683		0.541
repc15			0.566	0.363	0.542
pc4				0.716	0.496
pc16				0.709	0.526
pc12				0.673	0.607
pc8				0.638	0.582

　　表 5-13 和表 5-14 的数据结果显示，在第一个因素（F1）上有 10 个条目的因素负荷较高，各条目的因素负荷值均在 0.562 以上，因素的特征值为 7.711，能解释 35.051%的变异量。由于第一个因素（F1）中的 10 个条目主要反映了个体对学业和学校生活中的相关目标持之以恒、坚持不懈，为了实现目标在必要的时候能够重新选择达成目标的路径，比如 pc1（我乐于解决学习中遇到的问题）、pc5（我会尽最大的努力去解决学习中遇到的难题）、pc9（在学习上遇到问题时，我总是积极地寻找解决的办法）、pc13（我会积极主动地完成我的学习任务）、pc18（我总是能达到自己所确定的目标）、pc20（我对自己的学习有明确的计划和安排）、pc21（面对问题，我会想办法解决）、pc22（学习中不管遇到多少困难，我都会想办法克服）等，因此，把该因素命名为希望。在这 10 条目中，条目 pc21 在 F4 上的负荷值也较高，达到了 0.332，但该条目在 F1 上的负荷值要比其在 F4 上的负荷值大 0.23，而且在语义上与 F1 中的另外 9 个条目也更为接近，因此将其归入 F1 这个因素当中。

　　在第二个因素（F2）上有 4 个条目的因素负荷较高，各条目的因素负荷值均在 0.682 以上，因素特征值为 2.268，能解释 10.311%的变异量。鉴于该因素中的 4 条目主要描述的是个体对当前和今后学习与学校生活的积极认可及积极态度，如 pc2（我是个快乐的人）、pc6（我的生活充满乐趣）、p10（我觉得生活是美好的）等，因此，把该因子命名为乐观。

　　在第三个因素（F3）上有 4 个条目的因素负荷较高，各条目的因素负荷值均在 0.566 以上，因素特征值为 1.504，能解释 6.836%的变异量。鉴于该因素中的 4 个条目主要描述的是个体在遭遇充满挑战性的学习或相关任务时拥有信心，并且能够为之投入必要的努力，如 pc3（在学习中遇到困难时，我常不知所措）、pc7（我经常觉得自己比不上班上其他的同学）、pc11（在学习上，我常有一种力不从心的感觉）等，因此，把该因素命名为自信。在这 4 条目中，条目 pc15 在 F4 上的负荷值也较高，达到了 0.363，但该条目在 F3 上的负荷值要比其在 F4 上的负荷值大 0.203，而且在语义上与 F3 中的另外 3 个条目也更为接近，因此将其归入 F3 这个因素当中。

在第四个因素（F4）上有 4 个条目的因素负荷较高，各条目的因素负荷值均在 0.638 以上，因素特征值为 1.230，能解释 5.593% 的变异量。鉴于该因素中的 4 个条目主要描述的是当一个人遭遇学习或学校生活困境时，能够承受压力，锲而不舍，快速复原并超越，进而获得成功，如 pc8（我能较快地走出失败的阴影。）、pc12（遇到挫折后，我仍然能保持良好的心态起）、pc16（面对糟糕的结果，我也能坦然地接受）等，因此，把该因素命名为韧性。

3. 验证性因素分析

依据探索性因素分析的结果，结合问卷维度的理论假设，创建出青少年学生心理资本结构的四因素测量模型，也就是青少年学生心理资本由乐观、希望、韧性和自信这四个因素组成。为了深入检验青少年学生心理资本四因素结构模型的合理性，研究者提出了以下三个竞争性的结构模型：第一个竞争模型为单一因素结构模型，也就是 22 个条目只能提取出"心理资本"这一个因素；第二个竞争模型为二因素结构模型，也就是考虑将自信、乐观和韧性这三个因素的 12 个条目合并为一个因素，而将希望因素的 10 个条目依旧归入一个因素，从而形成心理资本的二因素结构模型；第三个竞争模型为三因素结构模型，也就是考虑将自信以及乐观这两个因素的 8 个条目合并为一个因素，而将韧性因素的 4 个条目以及希望因素的 10 个条目依旧归入原来的两个因素。

运用 AMOS 21.0 统计软件，对 447 名被试在青少年学生心理资本问卷正式问卷上的调查结果进行验证性因素分析，以检验青少年学生心理资本四因素结构模型的合理性。本次问卷调查的样本构成情况如表 5-9 所示。

一般而言，在对结构模型进行分析与评价时，需要重点考虑以下七个评价指标，分别是：第一，卡方与自由度之比（X^2/df）[1]；第二，渐进残差均方和平

---

① 吴明隆. 结构方程模型：AMOS 的操作与应用 [M]. 重庆：重庆大学出版社，2009：40-53；王长义，王大鹏，赵晓雯，等. 结构方程模型中拟合指数的运用与比较 [J]. 现代预防医学，2010，37（1）：7-9.

方根（Root Mean Square Error of Approximation, *RMSEA*）①；第三，标准化残差均方和平方根（Standardized Root Mean square Residual, *SRMR*）②；第四，拟合优度指数（good-of-fit index, *GFI*）③；第五，非规范拟合指数（non-normed fit index, *NNFI*）④；第六，增值拟合指数（incremental fit index, *IFI*）⑤；第七，比较拟合指数（comparative fit index, *CFI*）⑥。

　　基于对 447 名青少年学生调查数据的验证性因素分析，研究者获得了青少年学生心理资本四个结构模型各自七个评价指标的具体数值。具体结果详见表 5-15 所示。

---

① MACCALLUM R C, BROWNE M W, SUGAWARA H M. Power Analysis and Determination of Sample Size for Covariance Structure Modeling [J]. *Psychological Methods*, 1996, 1（2）：130-149；HU L T, BENTLER P M. Cutoff Criteria for Fit Indexes in Covariance Structure Analysis：Conventional Criteria Versus New Alternatives [J]. *Structural Equation Modeling*, 1999, 6（1）：1-55；MCDONALD R P, HO M R. Principles and Practice in Reporting Structural Equation Analyses [J]. *Psychological Methods*, 2002, 7（1）：64-82；温忠麟，侯杰泰，马什赫伯特. 结构方程模型检验：拟合指数与卡方准则 [J]. 心理学报，2004, 36（2）：186-194.

② HU L T, BENTLER P M. Fit Indices in Covariance Structure Modeling：Sensitivity to Underparameterized Model Misspecification [J]. *Psychological Methods*, 1998, 3（4）：424-453；HU L T, BENTLER P M. Cutoff Criteria for Fit Indexes in Covariance Structure Analysis：Conventional Criteria Versus New Alternatives [J]. *Structural Equation Modeling*, 1999, 6（1）：1-55.

③ 林嵩. 结构方程模型原理及 AMOS 应用 [M]. 武汉：华中师范大学出版社，2008：42-49.

④ BENTLER P M, BONETT D G. Significance Tests and Goodness of Fit in the Analysis of Covariance Structures [J]. Psychological Bulletin, 1980, 88（3）：588-606；林嵩. 结构方程模型原理及 AMOS 应用 [M]. 武汉：华中师范大学出版社，2008：42-49；沃建中，孙慧明.《青少年心理健康素质调查表》归因风格分量表的编制 [J]. 心理与行为研究，2006, 4（2）：90-94.

⑤ BOLLEN K A. A New Incremental Fit Index for General Structural Equation Models [J]. *Sociological Methods and Research*, 1989, 17（3）：303-316；林嵩. 结构方程模型原理及 AMOS 应用 [M]. 武汉：华中师范大学出版社，2008：42-49；沃建中，孙慧明.《青少年心理健康素质调查表》归因风格分量表的编制 [J]. 心理与行为研究，2006, 4（2）：90-94.

⑥ BENTLER P M. Comparative Fit Indexes in Structural Models [J]. *Psychological Bulletin*, 1990, 107（2）：238-246；林嵩. 结构方程模型原理及 AMOS 应用 [M]. 武汉：华中师范大学出版社，2008：42-49；沃建中，孙慧明.《青少年心理健康素质调查表》归因风格分量表的编制 [J]. 心理与行为研究，2006, 4（2）：90-94.

表5-15 青少年学生心理资本四个结构模型评价指标结果一览表 （N=447）

评价指标	单因素模型	二因素模型	三因素模型	四因素模型
X^2/df	8.082	4.660	5.710	2.771
RMSEA	0.126	0.091	0.103	0.063
SRMR	0.1099	0.0797	0.0793	0.0568
GFI	0.641	0.809	0.791	0.891
NNFI	0.638	0.813	0.759	0.909
IFI	0.674	0.832	0.783	0.921
CFI	0.672	0.832	0.782	0.920

表5-15的数据结果显示，单因素模型、二因素模型和三因素模型这三个竞争性结构模型各项评价指标的具体数值均未达到良好拟合模型的要求。这表明，青少年学生心理资本结构三个竞争模型的拟合程度都不太理想。而四因素结构模型各项评价指标的具体数值则基本达到良好拟合模型的要求。这表明，青少年学生心理资本结构四因素模型的拟合情况良好。虽说四因素模型中的GFI值只有0.891，低于0.90，但这一数值明显大于0.80，且处在0.90的边缘。有研究认为，GFI值在一定程度上稳定性不够强，可能随样本容量N的变化而发生改变[1]。故而，在比较和验证不同结构模型时，需要综合依据多个拟合指标的数值做出恰当的评判。表5-15的数据结果显示，青少年学生心理资本四因素结构模型各项拟合指标的数值均符合良好模型拟合的条件。故而，青少年学生心理资本四因素结构模型是最优且能被接受的模型。

青少年学生心理资本四因素结构模型中各因素的负荷值与方差估计情况详见图5-3所示。

为了检验青少年学生心理资本问卷正式问卷的可靠性与有效性，研究者进一步对青少年学生心理资本问卷正式问卷的调查结果进行了相应的信、效度分析。

4. 信度分析

在信度分析方面，研究者主要考察了正式问卷的同质性信度、分半信度和重测信度。在同质性信度方面，研究者主要考察了正式问卷调查结果的内部一

---

[1] MARSH H W, BALLA J R, MCDONALD R P. Goodness-Of-Fit Indexes in Confirmatory Factor Analysis：The Effect of Sample Size [J]. *Psychological Bulletin*, 1988, 103 (3): 391-410.

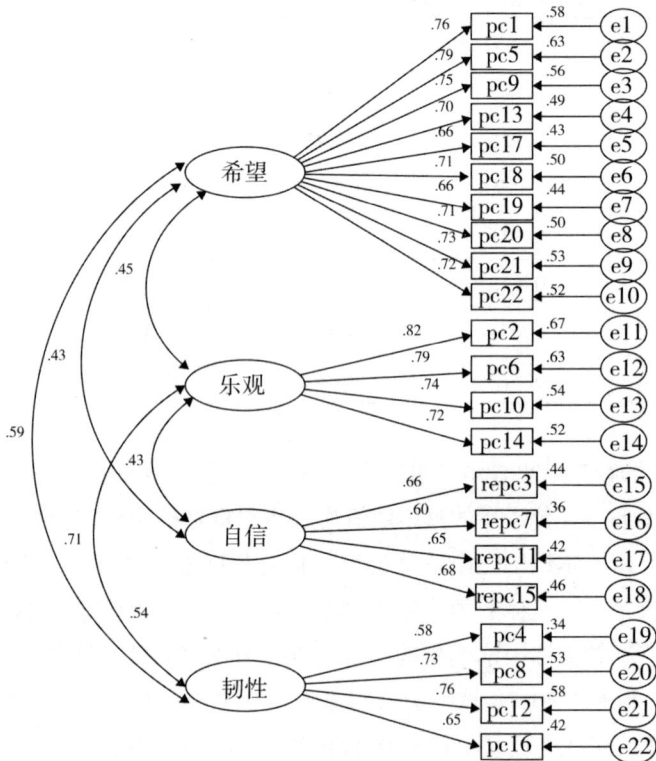

图 5-3　青少年学生心理资本四因素结构模型的验证性因素分析路径图

致性系数（即 Cronbach α 系数，又称克龙巴赫 α 系数）。青少年学生心理资本问卷各分问卷与总问卷的克龙巴赫 α 系数和分半信度系数详见表 5-16 所示。

表 5-16　青少年学生心理资本问卷各分问卷与总问卷的信度系数表（$N=1819$）

量表名称	克龙巴赫 α 系数	分半信度系数
总问卷	0.9058	0.8825
希望	0.9048	0.8810
乐观	0.8139	0.7978
自信	0.7201	0.7131
韧性	0.7408	0.7314

表 5-16 的数据结果显示，本研究中青少年学生心理资本问卷总问卷的克龙巴赫 α 系数为 0.9058，各分问卷的克龙巴赫 α 系数处于 0.7201 到 0.9048 之间。无论是总问卷还是分问卷的克龙巴赫 α 系数均在 0.70 以上，意味着青少年学生

心理资本问卷各分问卷和总问卷具有较高的同质性信度。在问卷的分半信度方面，青少年学生心理资本问卷总问卷的分半信度系数为 0.8825，各分问卷的分半信度系数处于 0.7131 到 0.8810 之间。无论是总问卷还是分问卷的分半信度系数均在 0.70 以上，意味着青少年学生心理资本问卷各分问卷和总问卷具有较高的分半信度。

为了更深层次地检验各条目与其对应分问卷之间的内部一致性程度，研究者进行了各条目得分和其对应分问卷总分之间，各分问卷得分之间，各分问卷得分和总问卷得分之间皮尔逊积差相关系数的计算与分析。

青少年学生心理资本问卷希望分问卷各条目得分与希望分问卷总分的皮尔逊积差相关系数详见表 5-17 所示。

表 5-17　希望分问卷各条目得分与希望分问卷总分的皮尔逊积差相关系数表（N=1819）

条目	相关系数	条目	相关系数
pc1	0.771 **	pc18	0.685 **
pc5	0.773 **	pc19	0.751 **
pc9	0.790 **	pc20	0.759 **
pc13	0.720 **	pc21	0.676 **
pc17	0.752 **	pc22	0.782 **

注：** = P<0.01

青少年学生心理资本问卷乐观分问卷各条目得分与乐观分问卷总分的皮尔逊积差相关系数详见表 5-18 所示。

表 5-18　乐观分问卷各条目得分与乐观分问卷总分的皮尔逊积差相关系数表（N=1819）

pc2	pc6	pc10	pc14
0.826 **	0.837 **	0.785 **	0.762 **

注：** = P<0.01

青少年学生心理资本问卷自信分问卷各条目得分与自信分问卷总分的皮尔逊积差相关系数详见表 5-19 所示。

表 5-19　自信分问卷各条目得分与自信分问卷总分的皮尔逊积差相关系数表（N=1819）

repc3	repc7	repc11	repc15
0.713 **	0.750 **	0.740 **	0.705 **

注：** = P<0.01

青少年学生心理资本问卷韧性分问卷各条目得分与韧性分问卷总分的皮尔逊积差相关系数详见表 5-20 所示。

表 5-20 韧性分问卷各条目得分与韧性分问卷总分的皮尔逊积差相关系数表（N = 1819）

pc4	pc8	pc12	pc16
0.717[**]	0.779[**]	0.784[**]	0.725[**]

注：[**] = P<0.01

青少年学生心理资本问卷各分问卷得分与总问卷得分的皮尔逊积差相关系数详见表 5-21 所示。

表 5-21 青少年学生心理资本问卷各分问卷得分与总问卷得分的相关矩阵表（N = 1819）

	总问卷	希望	乐观	自信
希望	0.883[**]			
乐观	0.690[**]	0.428[**]		
自信	0.672[**]	0.452[**]	0.323[**]	
韧性	0.707[**]	0.449[**]	0.509[**]	0.380[**]

注：[**] = P<0.01

表 5-10 的数据结果显示，青少年学生心理资本问卷正式问卷各条目得分与问卷总得分的相关系数处于 0.442[**] 到 0.732[**] 之间。表 5-17、表 5-18、表 5-19 和表 5-20 的数据结果显示，问卷各条目得分和其所对应分问卷总分之间的相关系数处于 0.676[**] 到 0.837[**] 之间，且所有的相关系数值均在 0.01 水平达到显著差异。所有这些都说明青少年学生心理资本问卷正式问卷 22 个条目与总问卷及其对应的分问卷之间具有较高的一致性。

另外，表 5-21 的数据结果显示，各分问卷与总问卷之间呈现中高相关，其相关系数的值处于 0.672[**] 到 0.883[**] 之间，而各分问卷之间呈现中低相关，其相关系数的值处于 0.323[**] 到 0.509[**] 之间。根据心理测量学的相关要求，分问卷与总问卷之间应呈中高相关，而各分问卷之间则应呈中低相关。本次调查数据分析的结果完全符合这一要求。由此能够看出，青少年学生心理资本问卷具有较高的同质性信度。

为更进一步考察问卷的稳定性水平，研究者对正式调查样本一中的 75 名大一和大二的学生进行了青少年学生心理资本问卷的重测，两次测试的时间间隔为4周。数据分析的结果显示，青少年学生心理资本问卷总问卷的重测相关系数达到0.878，希望分问卷的重测相关系数达到0.855，乐观分问卷的重测相关系数达到0.806，自信分问卷的重测相关系数达到0.837，韧性分问卷的重测相关系数达到0.726。青少年学生心理资本问卷总问卷与各分问卷的重测相关系数均在0.70以上，说明该问卷具有良好的重测信度，再次证明本问卷的稳定性水平较高。

5. 效度分析

第一，内容效度方面。

一般来说，内容效度主要借助逻辑分析法予以确定。也就是，让有关专家对量表或问卷条目与原定内容范围的契合程度加以评断。

在本次研究中，"青少年学生心理资本"的概念是在整合国内外心理资本相关研究文献的前提下，以路桑斯等人的心理资本类状态论为理论基础，结合青少年学生的实际而提出来的。其理论结构的确立不但综合了其核心内涵，而且结合了深度访谈以及开放式问卷调查的结果。在青少年学生心理资本问卷条目库构建完毕后，研究者还邀请了两位从事积极心理学研究的心理学专家和两位心理健康教育研究领域的博士研究生对问卷条目与维度的契合程度及适宜性进行评估，依据专家的评估结果删掉了其中的5个条目，修改了其中的2个条目。同时，研究者还邀请了30名青少年学生对问卷条目的可读性予以评判，按照他们的意见删除了4个语义理解上存在一定缺陷的条目。从整个问卷编制的流程来看，青少年学生心理资本问卷具备了较好的内容效度。

第二，结构效度方面。

在本次研究中，研究者主要通过探索性因素分析及验证性因素分析的方法来考察青少年学生心理资本问卷的结构效度。

对1819名青少年学生调查数据进行的探索性因素分析结果发现，青少年学生心理资本问卷共提取出四个因素，解释了57.790%的变异量。此结果与最初的理论构想完全吻合。对447名青少年学生调查数据进行的验证性因素分析结果显示，青少年学生心理资本四因素结构模型的各项模型拟合评价指标数值显著优于另外三个竞争模型的数值，且满足良好拟合的基本标准，说明青少年学生心理资本四因素结构的理论构想得到了实际测量数据的验证。除此之外，相关分析的结果显示，青少年学生心理资本问卷各分问卷与总问卷呈中高相关，而各分问卷之间则呈中低相关，从而进一步证明该问卷具备良好的结构效度。

第三，效标效度方面。

在本次研究中，研究者运用计算相关系数的方法对青少年学生心理资本问卷的效标效度予以评估。本研究所选取的效标是症状自评量表（SCL-90）以及青少年学生的学业成绩。

为检验青少年学生心理资本问卷测量的是被试的积极心理力量，研究者运用症状自评量表（SCL-90）当作效标，对被试在青少年学生心理资本问卷和SCL-90上的得分进行皮尔逊积差相关系数的计算。1819名青少年学生在青少年学生心理资本问卷与SCL-90上得分的皮尔逊积差相关系数结果详见表5-22所示。

表 5-22　青少年学生心理资本问卷得分与 SCL-90 得分的相关系数表 （$N = 1819$）

量表名称	希望	乐观	自信	韧性	心理资本总分
躯体化	-0.263**	-0.306**	-0.295**	-0.267**	-0.360**
强迫	-0.330**	-0.306**	-0.380**	-0.246**	-0.413**
人际敏感	-0.314**	-0.338**	-0.375**	-0.275**	-0.418**
抑郁	-0.367**	-0.440**	-0.434**	-0.337**	-0.503**
焦虑	-0.296**	-0.344**	-0.379**	-0.319**	-0.421**
敌对	-0.295**	-0.275**	-0.271**	-0.240**	-0.358**
恐怖	-0.269**	-0.281**	-0.329**	-0.288**	-0.370**
偏执	-0.266**	-0.285**	-0.240**	-0.201**	-0.327**
精神病性	-0.281**	-0.362**	-0.325**	-0.247**	-0.387**
其他	-0.277**	-0.322**	-0.299**	-0.237**	-0.366**
心理症状总分	-0.345**	-0.385**	-0.395**	-0.311**	-0.461**

注：** = $P < 0.01$

表 5-22 的数据结果显示，青少年学生心理资本问卷各分问卷及总问卷与症状自评量表（SCL-90）各分量表及总量表之间都呈现出显著的负相关关系，意味着青少年学生心理资本问卷所测量的心理变量具有较强的积极性。

为了验证青少年学生心理资本问卷测量的心理变量具有增益性，有助于提升个体的行为绩效，研究者以学业成绩作为效标，进行青少年学生心理资本问卷与学业成绩的相关分析。研究者把被试的学业成绩分为"较好、中等和较差"三个不同的等级。被试学业成绩信息的收集与青少年学生心理资本问卷的正式施测同时进行。具体方法为：在问卷基本信息栏由被试根据自己最近一学期的综合成绩在班级中的排名情况进行等级选择。根据正式问卷调查样本一的数据，研究者计算了1819名正式问卷调查被试心理资本问卷总分与其所报告的学业成绩等级之间的斯皮尔曼等级相关系数。结果，1819名青少年学生在心理资本问卷上的总分与其学业成绩等级之间的斯皮尔曼等级相关系数为0.360***（$P<0.001$），并且达到0.001水平的显著差异。这一结果说明，心理资本与学业成绩之间具有显著正相关关系，从而证明心理资本对个体行为绩效具有正性的增益作用。

综合以上的分析，可以认为本研究所编制的青少年学生心理资本问卷具有良好的效标效度。

第六节　分析与讨论

一、青少年学生心理资本的结构

心理资本乃是个体在成长和发展过程中展现出来的一种有助于增进个体行为绩效的积极心理力量。按照路桑斯等人的观点，心理资本属于一种类状态的心理变量。因而，心理资本既具有一定的稳定性，从而令其能够被有效测量；同时，它亦是能够被改变，可以进行有效管理与开发的。

自1997年戈德史密斯等人提出"心理资本"这一专业术语以来，心理资本的结构便成了研究者们着重关注的要点。但是，作为一个新兴概念，不同学者对心理资本的概念界定有着很大的差异。鉴于学者们对心理资本内涵的阐释存在差异，加之学者们的理论取向和研究视角不同，进而使得学者们对心理资本结构的认知亦不一致。当前，学术界对于心理资本结构的认识主要存在二因素说、三因素说、四因素说、五因素说以及六因素说这五种不同的看法。基于此，研究者在文献梳理的基础上，结合青少年学生的实际，以路桑斯等人的心理资本类状态论为依据，对青少年学生心理资本给出了明确的操作性定义。

在进行实际研究的过程中，研究者认为青少年学生心理资本是指青少年学生在学习与生活过程中所展现出来的一种类状态积极心理力量，这种积极心理力量有助于提升青少年学生的学习绩效与生活满意度。在界定青少年学生心理资本操作性定义的基础上，研究者就"青少年学生心理资本"的有关问题对相关人员进行深入访谈以及开放式问卷调查。在对深度访谈以及开放式问卷调查结果予以分析对比的基础上，结合文献分析的结果，研究者初步确定了青少年学生心理资本的基本结构。而后，研究者对当前应用较为广泛的几个心理资本测评问卷进行剖析，同时对文献分析、深度访谈以及开放式问卷调查的结果进行整合，最终将青少年学生心理资本的结构确定为包括希望、自信、韧性和乐观等四个维度。

为了使得理论分析和质化研究的成果能够获得实证数据的支持与验证，研究者对两千多名青少年学生实施了青少年学生心理资本问卷的实证调查。经由对问卷调查结果的探索性因素分析与验证性因素分析，结果显示，青少年学生心理资本结构的四因素构想（即青少年学生心理资本包含希望、自信、韧性和乐观等四个维度）获得了实证数据的有力支撑。各项数据分析的结果证明，青少年学生心理资本包含希望、自信、韧性和乐观四个维度。

二、青少年学生心理资本问卷的心理测量学特征

基于对青少年学生心理资本结构的综合分析，研究者编制了青少年学生心理资本问卷。在问卷编制的整个流程中，研究者严格遵循心理测量学关于心理问卷编制的基本规范，科学执行每一个编制步骤，从而为青少年学生心理资本问卷的科学性、稳定性和有效性给予了有力的保障。首先，在认真研读国内外心理资本相关研究文献的基础上，结合青少年学生的实际情况，对青少年学生心理资本的操作性定义进行了明确的界定，并提出了青少年学生心理资本的四个基本维度。其次，在问卷条目的确定方面，依据初步确定的青少年学生心理资本结构，结合青少年学生的实际，广泛收集并合理编制了60道青少年学生心理资本问卷的测评条目。问卷条目库初步建成后，研究者对问卷条目进行了修改和筛选。为确保调查问卷的专业性，研究者邀请了两位心理学专家和两位心理学博士研究生对问卷条目进行评价和修改。为确保问卷施测时青少年学生能完全领会问卷条目的意思，研究者邀请了30名青少年学生对剩余问卷条目的可读性实施评价。根据各方反馈的意见，研究者对问卷中的部分条目进行了适当删减和修改。最终，形成48个条目的青少年学生心理资本问卷初测问卷。

初测问卷形成后，为检验问卷条目的质量，研究者运用方便取样的方法，对初测问卷进行了小范围的测试。通过对初测问卷调查结果的项目分析和探索性因素分析，最终形成了由22道题组成的青少年学生心理资本问卷正式问卷。

为进一步检验问卷条目的质量和问卷结构维度的合理性，研究者运用正式问卷对青少年学生进行大样本调查，同时对其中的75名被试进行了时隔四周的重测。对正式问卷的调查结果再次进行项目分析。分析结果显示，正式问卷的22个条目质量良好。接着，研究者对正式问卷的调查结果再次进行探索性因素分析。分析结果显示，青少年学生心理资本问卷可以抽取出四个结构因素，分别是：希望、自信、韧性和乐观。四个分问卷与总问卷之间的皮尔逊积差相关

系数处于 0.672** 到 0.883** 之间，呈中高度相关；各分问卷之间的皮尔逊积差相关系数处于 0.323** 到 0.509** 之间，呈中低度相关。这样的数据结果表明，青少年学生心理资本问卷的四个因素既有一定的独立性，又能共同反映个体的心理资本状况。验证性因素分析的结果表明，青少年学生心理资本的四因素结构模型得到了实证数据的支持，模型各项评价指标拟合良好；同时，各个观测变量在对应维度上的因素负荷值比较合理。通过以上分析可知，青少年学生心理资本问卷具有良好的内容效度和结构效度，能够有效地测量出青少年学生心理资本的真实状况。为了考察青少年学生心理资本问卷对于学校情境中青少年学生心理资本测评的有效性，研究者以症状自评量表（SCL-90）和青少年学生的学业成绩作为效标进行了问卷效标效度的分析。在心理资本的积极性方面，青少年学生心理资本问卷各分问卷及总问卷与症状自评量表（SCL-90）各分量表及总量表之间均呈显著负相关关系（$P<0.01$），表明青少年学生心理资本问卷所测量的心理变量具有较强的积极性。在心理资本的增益性方面，青少年学生心理资本总分与学业成绩之间的斯皮尔曼等级相关系数为 0.360***（$P<0.001$），达到 0.001 水平的显著差异。这一结果表明，心理资本对个体的学业成绩具有较强的促进作用，进而说明青少年学生心理资本问卷具有良好的校标效度。效度分析的结果说明，青少年学生心理资本问卷是测量青少年学生心理资本的一个有效工具。

信度分析方面，总问卷的内部一致性系数为 0.9058，22 个条目得分与问卷总分的皮尔逊积差相关系数处于 0.442** 到 0.732** 之间；四个分问卷的内部一致性系数介于 0.7201 到 0.9048 之间，各条目得分与其所属分问卷总分的皮尔逊积差相关系数处于 0.676** 到 0.837** 之间；这表明青少年学生心理资本问卷具有较高的同质性信度。总问卷的分半信度系数达到 0.8825，四个分问卷的分半信度系数介于 0.7131 到 0.8810 之间，这表明青少年学生心理资本问卷具有较高的分半信度。四周后对 75 名被试进行了重测。结果显示，青少年学生心理资本问卷总问卷的重测信度达到了 0.878，四个分问卷的重测信度介于 0.726 到 0.855 之间。这说明，青少年学生心理资本问卷具有较高的重测信度。信度分析的结果说明，青少年学生心理资本问卷是一个可靠的测量工具。

第七节　研究小结

经过对青少年学生心理资本问卷编制的系统分析，本研究得到以下三个研究结论：

第一，青少年学生心理资本问卷由 22 个条目组成，包含希望（10 个条目）、自信（4 个条目）、韧性（4 个项目）和乐观（4 个条目）四个维度。

第二，青少年学生心理资本问卷总问卷的同质性信度（克龙巴赫 α 系数）达到 0.9058，各分问卷的同质性信度（克龙巴赫 α 系数）介于 0.7201 到 0.9048 之间；总问卷的分半信度达到 0.8825，各分问卷的分半信度介于 0.7131 到 0.8810 之间；总问卷的重测信度（时隔 4 周）达到 0.878，各分问卷的重测信度（时隔 4 周）介于 0.726 到 0.855 之间。信度分析的结果显示，青少年学生心理资本问卷的各项信度指标均达到心理测量学的相关要求，说明该问卷的测量稳定性良好，是一个可靠的心理测量工具。

第三，青少年学生心理资本问卷内容效度、结构效度和效标效度的分析结果说明，青少年学生心理资本问卷的效度指标均达到心理测量学的相关要求，说明该问卷的测量有效性良好，是测量青少年学生心理资本的一个有效工具。

第六章

青少年心理资本的发展特点研究

第一节 引 言

近年来，随着人们对心理健康关注的日益增加，青少年学生的心理资本也成了研究的热点话题。以往的研究表明，心理资本与青少年的学业成就、人际关系等方面密切相关。然而，对于青少年学生心理资本发展特点的研究仍显相对不足。青少年时期是个体身心发展的关键阶段，这一时期的心理特点具有特殊性和复杂性。他们在认知、情感、社会性等方面都经历着巨大的变化。开展青少年学生心理资本发展特点的研究具有重要意义。

首先，开展青少年学生心理资本发展特点的研究有利于促进青少年的健康成长。由于心理资本对青少年学生身心发展至关重要，通过此研究有助于我们深入认识和了解他们的心理特点与需求，进而提供有效支持与引导。

其次，开展青少年学生心理资本发展特点的研究有利于提升青少年的心理适应能力，帮助他们更好地应对各种压力与挑战，增强心理韧性。

再次，开展青少年学生心理资本发展特点的研究可以为教育工作者提供因材施教的依据，从而满足青少年的个体差异。

最后，开展青少年学生心理资本发展特点的研究还有助于挖掘青少年潜能，培养青少年的积极品质，为其未来成功奠定基础。同时，该研究还有助于预防青少年潜在的心理问题，及时发现并干预，防止不良行为和心理障碍的出现。

该研究也可以为教育政策的制定提供参考依据，使之更契合青少年心理发展需求，推动教育质量提升；帮助青少年实现自我认知，了解自身优劣，促进自我成长；让青少年更好地适应社会发展，培养良好心理素质以应对复杂社会环境。

总之，开展青少年学生心理资本发展特点的研究对于推动心理健康教育发展、促进家庭关系和谐、实现个体全面发展等方面均具有重要意义，有助于我们深入理解与关注青少年心理需求，为其健康成长与全面发展提供有力支撑。

第二节 研究目的

本研究将运用《青少年学生心理资本问卷（PCQAS）》（正式问卷）对1819名青少年学生的心理资本现状与发展特点进行大样本调查。

在研究的实施过程中，研究者将运用描述统计、平均数差异的独立样本 t 检验和方差分析（ F 检验）等方法对大样本调查数据进行统计分析，深入探讨青少年学生心理资本发展水平的总体状况，青少年学生心理资本发展水平在学段、年级、性别、政治面貌、社团成员、学生干部、家庭居住地、独生子女、获奖和学校级别等人口学变量上的差异，以便全面深入地认识和了解青少年学生心理资本的发展特点。

第三节 研究假设

基于文献分析的结果，结合青少年生活的实际，研究者在青少年学生心理资本发展特点研究部分提出以下四个研究假设。

假设一：青少年学生心理资本的总体状况良好，心理资本发展水平较高。

假设二：不同学段（初中生、高中生和大学生）的青少年学生心理资本水平存在显著差异，不同年级的青少年学生心理资本水平也存在显著差异。

假设三：青少年学生心理资本水平在性别、独生子女等人口学变量上不存在显著差异。

假设四：青少年学生心理资本水平在家庭住址、社团成员、学生干部、获奖、学校类别和政治面貌等变量上具有显著差异。

第四节 研究方法

一、研究被试

运用方便取样的方法，从福州大学、泉州师范学院、福州二中、福州华侨中学、宁都会同中学、兴国兴莲中学和瑞金二中等七所学校选取 2100 人进行正式问卷的施测。调查施测的主试人员均经过研究者的相关培训，达到相关要求后再担任主试进行现场团体施测。部分施测由研究者本人直接担任主试。团体施测时，采取班级整群抽样的方法，从初一到大四的十个年级中，每个年级各选取四个班，普通学校和重点学校各两个班级。最终，共收回有效问卷 1819 份，问卷回收的有效率为 86.62%。其中，男生 915 人，女生 904 人，研究被试的具体分布情况详见第五章的表 5-8 所示。

二、研究工具

运用《青少年学生心理资本问卷（PCQAS）》正式问卷对青少年学生进行大样本问卷调查。《青少年学生心理资本问卷（PCQAS）》正式问卷的心理测量学特征及具体情况详见《第五章青少年学生心理资本问卷的编制研究》的相关内容。

二、统计分析方法

使用 SPSS for Windows 11.5 统计软件对调查数据进行处理和统计分析。统计分析方法主要有描述性统计、平均数差异的独立样本 t 检验和方差分析（F 检验）等。

第五节 研究结果

一、青少年学生心理资本的特点

（一）总体特点

1819 名青少年学生被试在青少年学生心理资本问卷总问卷及各分问卷上得分的描述统计情况详见表 6-1 所示。

表 6-1 青少年学生心理资本问卷总问卷及各分问卷得分的描述统计表 （$N=1819$）

问卷名称	最小值（Min）	最大值（Max）	平均值（M）	标准差（SD）
希望	10	60	40.1429	9.04812
乐观	4	24	18.2540	4.09799
自信	4	24	15.7196	4.05443

续表

问卷名称	最小值（Min）	最大值（Max）	平均值（M）	标准差（SD）
韧性	4	24	17.1083	3.78504
总问卷	22	132	91.2248	16.22435

表 6-1 的数据结果显示，青少年学生心理资本总问卷的最低得分为 22 分，最高得分为 132 分，1819 名被试的总均分为 91.2248（问卷满分为 132），比问卷的理论均值 77 分高出 14.2248 分，将近高出一个标准差，这说明青少年学生的心理资本状况总体比较积极。

（二）学段发展特点

根据我国现行的教育体制，研究者将初一到大四的十个年级划分成三个不同的学段，分别是初中、高中和大学。其中，初中包含初一、初二和初三；高中包含高一、高二和高三；大学包含大一、大二、大三和大四。

三个学段的 1819 名青少年学生在青少年学生心理资本问卷总问卷上的得分分布情况详见图 6-1 所示。

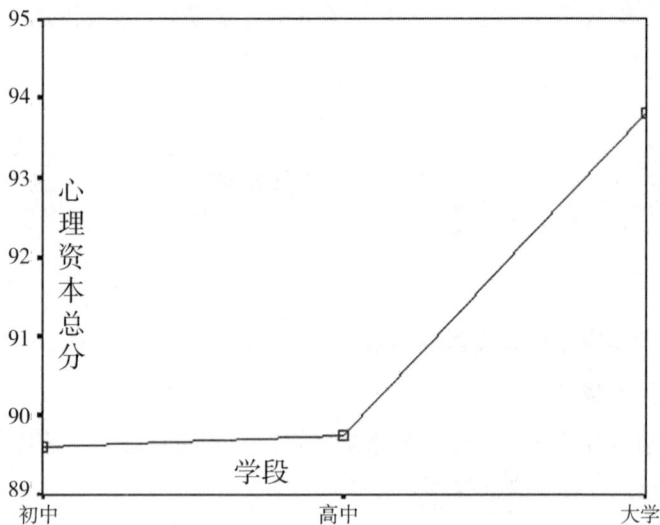

图 6-1　不同学段学生在青少年学生心理资本问卷总问卷上的得分示意图

图 6-1 的结果显示，青少年学生的心理资本水平随学段的上升而不断提升。从初中到高中，青少年学生的心理资本水平呈缓慢增长趋势；从高中到大学，青少年学生的心理资本水平则呈急速增长态势。

　　三个学段的 1819 名青少年学生在青少年学生心理资本问卷希望分问卷上的得分分布情况详见图 6-2 所示。

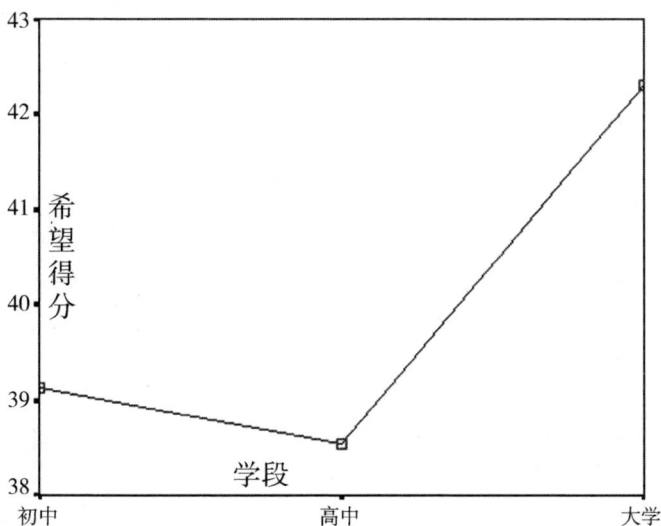

图 6-2　不同学段学生在青少年学生心理资本问卷希望分问卷上的得分示意图

　　图 6-2 的结果显示，三个学段的青少年学生中，高中生的希望水平最低，大学生的希望水平最高。三个学段青少年学生的希望水平呈大勾号（√）分布。

　　三个学段的 1819 名青少年学生在青少年学生心理资本问卷乐观分问卷上的得分分布情况详见图 6-3 所示。

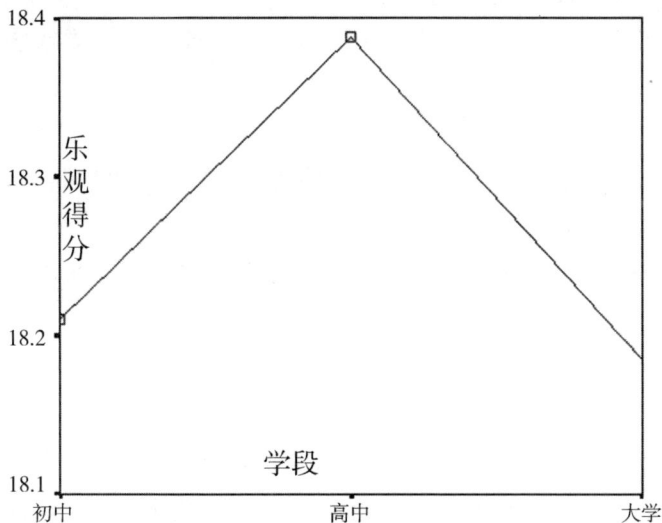

图 6-3　不同学段学生在青少年学生心理资本问卷乐观分问卷上的得分示意图

图 6-3 的结果显示，三个学段的青少年学生中，高中生的乐观水平最高，大学生的乐观水平最最低。三个学段青少年学生的乐观水平呈倒 V 字形分布。

三个学段的 1819 名青少年学生在青少年学生心理资本问卷自信分问卷上的得分分布情况详见图 6-4 所示。

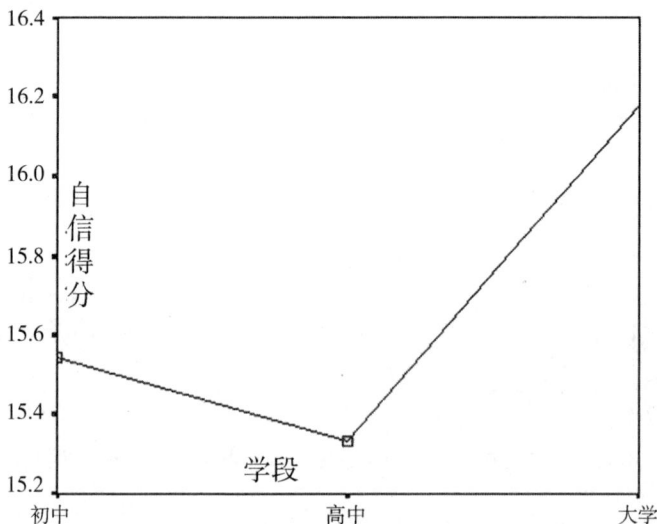

图 6-4　不同学段学生在青少年学生心理资本问卷自信分问卷上的得分示意图

图 6-4 的结果显示，三个学段的青少年学生中，高中生的自信水平最低，大学生的自信水平最高。三个学段青少年学生的自信水平呈大 V 字形分布。

三个学段的 1819 名青少年学生在青少年学生心理资本问卷韧性分问卷上的得分分布情况详见图 6-5 所示。

图 6-5 的结果显示，三个学段的青少年学生中，高中生的韧性水平最高，初中生的韧性水平最最低。三个学段青少年学生的韧性水平呈倒 V 字形分布。

（三）年级发展特点

初一到大四共十个年级的 1819 名青少年学生在青少年学生心理资本问卷总问卷上的得分分布情况详见图 6-6 所示。

图 6-6 的结果显示，青少年学生的心理资本水平从初一开始缓慢下滑，进入初二后又开始逐渐回升，进入高二年级时，形成第一个高点。此后，青少年学生的心理资本水平开始急剧下降，进入高三年级时，降至整个青少年阶段的最低点。进入大一后，青少年学生的心理资本水平急速回升，并达到整个青少年时期的最高点；之后又开始又急剧下降，进入大二时已降至与高二的心理资

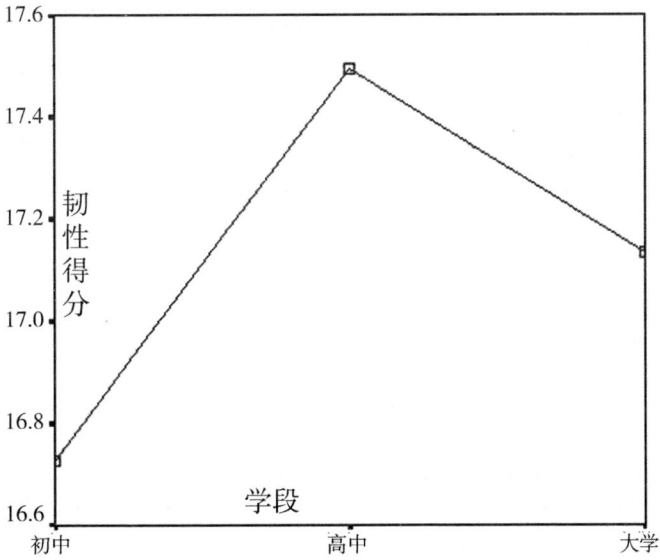

图 6-5 不同学段学生在青少年学生心理资本问卷韧性分问卷上的得分示意图

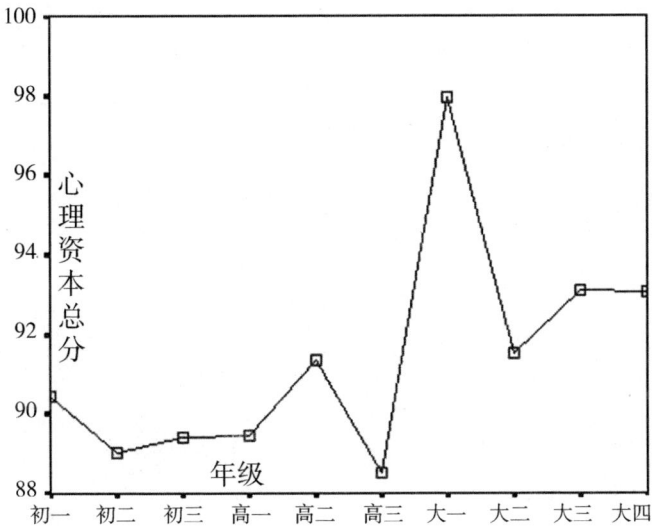

图 6-6 不同年级学生在青少年学生心理资本问卷总问卷上的得分示意图

本水平基本相当；此后又快速上升，进入大三之后，基本保持稳定。

初一到大四共十个年级的 1819 名青少年学生在青少年学生心理资本问卷希望分问卷上的得分分布情况详见图 6-7 所示。

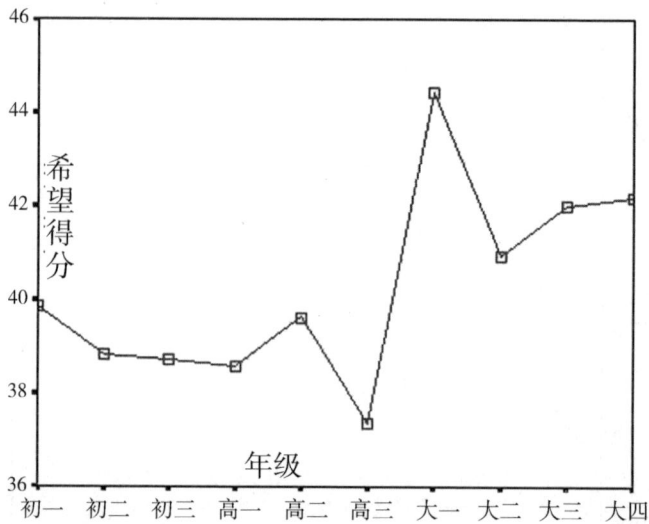

图6-7 不同年级学生在青少年学生心理资本问卷希望分问卷上的得分示意图

图6-7的结果显示，青少年学生的希望水平与总的心理资本水平发展趋势基本一致：均在高三年级降至整个青少年时期的最低点，然后又在大一时上升至整个青少年时期的最高点，并在大三之后基本保持稳定。

初一到大四共十个年级的1819名青少年学生在青少年学生心理资本问卷乐观分问卷上的得分分布情况详见图6-8所示。

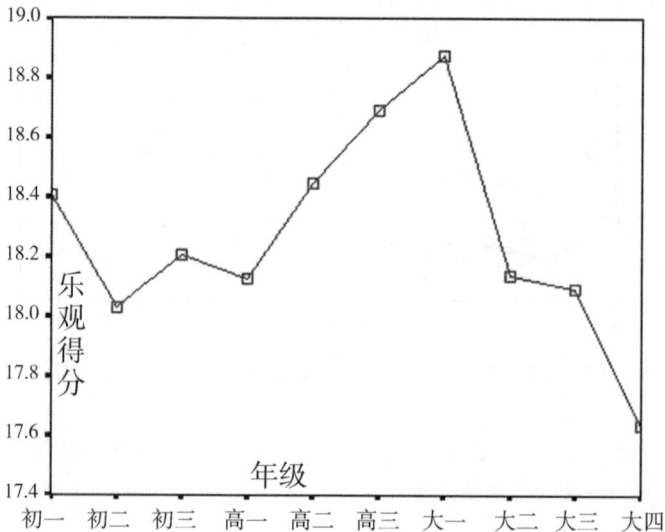

图6-8 不同年级学生在青少年学生心理资本问卷乐观分问卷上的得分示意图

　　图 6-8 的结果显示，青少年学生的乐观水平在初一到高一的四个年级中呈现交替下降和上升的发展趋势。从高一到大一的四个年级，青少年学生的乐观水平则呈现出直线上升的发展态势。进入大一时，青少年学生的乐观水平发展至整个青少年时期的最高点。此后，青少年学生的乐观水平呈现出急剧下滑的趋势，进入大四时，已经降至整个青少年时期的最低点。

　　初一到大四共十个年级的 1819 名青少年学生在青少年学生心理资本问卷自信分问卷上的得分分布情况详见图 6-9 所示。

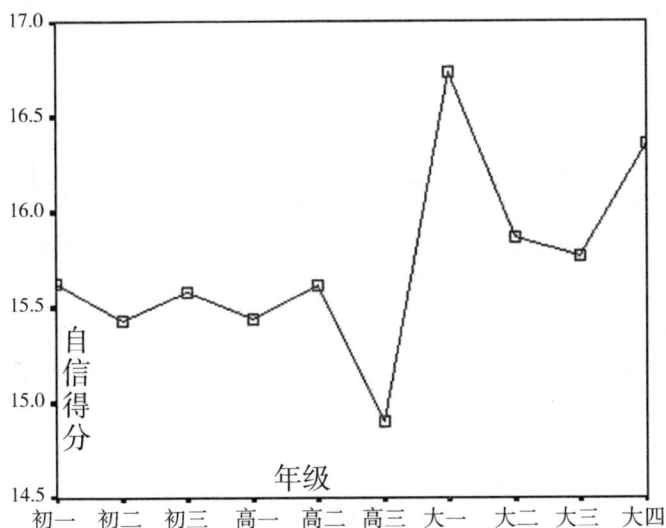

图 6-9　不同年级学生在青少年学生心理资本问卷自信分问卷上的得分示意图

　　图 6-9 的结果显示，青少年学生的自信水平在初一到高三的六个年级里呈现交替下降和上升的发展趋势，进入高三年级时，降至整个青少年时期的最低点。此后又开始直线上升，进入大一时，发展到整个青少年时期的最高点。从大一到大三，青少年学生的自信水平又呈现出急剧下滑的发展态势。大三之后，青少年学生的自信水平再次急剧上升，进入大四时，发展至整个青少年时期的第二个高点。

　　初一到大四共十个年级的 1819 名青少年学生在青少年学生心理资本问卷韧性分问卷上的得分分布情况详见图 6-10 所示。

　　图 6-10 的结果显示，青少年学生的韧性水平在初一到大一的七个年级中，除高三年级略又回落外，其他各个年级均呈现出直线向上发展的趋势。发展到大一时，形成整个青少年时期的最高点，此后又开始急剧下降。进入大二时，

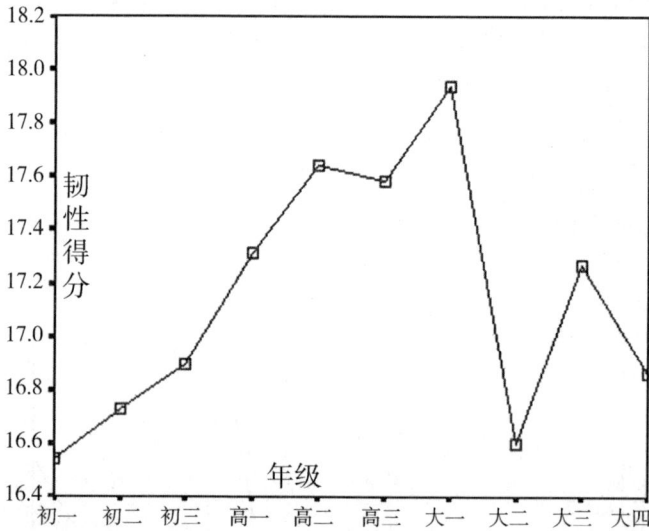

图 6-10 不同年级学生在青少年学生心理资本问卷韧性分问卷上的得分示意图

青少年学生的韧性水平已降至整个青少年时期的第二个低点，仅略高于初一年级。此后，又飞速上升，到大三时，基本达到高一年级时的韧性水平。之后，又迅速下滑，进入大四时，已经降到和初三年级时大致相当的韧性水平了。

二、青少年学生心理资本水平的差异分析

（一）不同性别的差异分析

运用平均数差异的独立样本 t 检验法对 1819 名青少年学生的心理资本水平进行不同性别变量上的差异分析。具体结果详见表 6-2 所示。

表 6-2　青少年学生心理资本水平的性别差异分析表（$N=1819$）

问卷名称	性别	平均值（M）	标准差（SD）	t	df	$Sig.$（2-tailed）
希望	男	40.0077	9.38858	−0.641	1817	0.521
	女	40.2799	8.69300			
乐观	男	18.1421	4.16817	−1.172	1817	0.241
	女	18.3673	4.02485			
自信	男	16.1301	4.11906	4.365	1817	0.000
	女	15.3042	3.94696			

问卷名称	性别	平均值（M）	标准差（SD）	t	df	Sig.（2-tailed）
韧性	男	17.5672	3.81673	5.240	1817	0.000
	女	16.6438	3.69719			
总问卷	男	91.8470	16.60411	1.646	1817	0.100
	女	90.5951	15.81495			

表6-2的结果显示，青少年学生在心理资本总问卷，希望分问卷和乐观分问卷上不存在男女性别差异，但在自信分问卷和韧性分问卷上则存在显著的性别差异，具体表现为男生得分显著高于女生（$P<0.001$）。

（二）不同学段的差异分析

根据我国现行的教育体制，研究者将初一到大四的十个年级划分成三个不同的学段，分别是初中、高中和大学。其中，初中包含初一、初二和初三；高中包含高一、高二和高三；大学包含大一、大二、大三和大四。

运用平均数差异的单因素方差分析（F检验）法对青少年学生的心理资本水平进行不同学段差异分析。具体结果详见表6-3所示。

表6-3　青少年学生心理资本水平的学段差异分析表（N＝1819）

问卷名称	组别	平方和（SS）	df	均方（MS）	F	Sig.
希望	组间	5214.131	2	2607.066	32.964	0.000
	组内	143622.705	1816	79.087		
	全部	148836.837	1818			
乐观	组间	14.279	2	7.140	0.425	0.654
	组内	30516.379	1816	16.804		
	全部	30530.659	1818			
自信	组间	242.782	2	121.391	7.437	0.001
	组内	29642.227	1816	16.323		
	全部	29885.009	1818			
韧性	组间	167.535	2	83.767	5.878	0.003
	组内	25878.130	1816	14.250		
	全部	26045.665	1818			

续表

问卷名称	组别	平方和 （SS）	df	均方 （MS）	F	Sig.
总问卷	组间	7263.811	2	3631.905	13.995	0.000
	组内	471287.226	1816	259.519		
	全部	478551.037	1818			

表 6-3 的结果显示，不同学段青少年学生在乐观分问卷上的得分不存在显著差异，但在希望分问卷、自信分问卷、韧性分问卷和心理资本总问卷上的得分均具有显著差异（$P<0.01$）。为此，研究者运用事后多重比较法对青少年学生心理资本希望分问卷、自信分问卷、韧性分问卷和心理资本总问卷的学段得分差异进行进一步分析。

希望分问卷不同学段差异的事后多重比较结果详见表 6-4 所示。

表 6-4　希望分问卷的学段差异事后分析表

（I）学段	（J）学段	均值差 （MD）（I-J）	标准误（SE）	Sig.
初中	高中	0.5853	0.55874	0.650
	大学	-3.1823**	0.48550	0.000
高中	大学	-3.7675**	0.51362	0.000

注：** = $P<0.01$

表 6-4 的结果显示，初中生与高中生在希望分问卷上的得分不存在显著差异，但初中生与大学生，高中生与大学生在希望分问卷上的得分则均具有显著差异，无论是初中生还是高中生，他们在希望分问卷上的得分均显著低于大学生。

自信分问卷不同学段差异的事后多重比较结果详见表 6-5 所示。

表 6-5　自信分问卷的学段差异事后分析表

（I）学段	（J）学段	均值差 （MD）（I-J）	标准误（SE）	Sig.
初中	高中	0.2089	0.24878	0.785
	大学	-0.6346*	0.22101	0.012
高中	大学	-0.8435**	0.23516	0.001

注：* = $P<0.05$；** = $P<0.01$

表 6-5 的结果显示，初中生与高中生在自信分问卷上的得分不存在显著差异，但初中生与大学生，高中生与大学生在自信分问卷上的得分则均具有显著差异，无论是初中生还是高中生，他们在自信分问卷上的得分均显著低于大学生。

韧性分问卷不同学段差异的事后多重比较结果详见表 6-6 所示。

表 6-6　韧性分问卷的学段差异事后分析表

（I）学段	（J）学段	均值差（MD）（I-J）	标准误（SE）	Sig.
初中	高中	−0.7673**	0.23653	0.004
	大学	−0.4063	0.20912	0.149
高中	大学	0.3609	0.21471	0.254

注：** = P<0.01

表 6-6 的结果显示，初中生与高中生在韧性分问卷上的得分具有显著差异，具体表现在高中生的韧性水平显著高于初中生；但初中生与大学生，高中生与大学生在韧性分问卷上的得分则均不存在显著差异。

心理资本总问卷不同学段差异的事后多重比较结果详见表 6-7 所示。

表 6-7　心理资本总问卷的学段差异事后分析表

（I）学段	（J）学段	均值差（MD）（I-J）	标准误（SE）	Sig.
初中	高中	−0.1512	0.99597	0.998
	大学	−4.1975**	0.87256	0.000
高中	大学	−4.0463**	0.94588	0.000

注：** = P<0.01

表 6-7 的结果显示，初中生与高中生在心理资本总问卷上的得分不存在显著差异，但初中生与大学生，高中生与大学生在心理资本总问卷上的得分则均具有显著差异，无论是初中生还是高中生，他们在心理资本总问卷上的得分均显著低于大学生。

（三）不同年级的差异分析

运用单因素方差分析（F 检验）法对青少年学生的心理资本水平进行年级差异分析。具体结果详见表 6-8 所示。

表 6-8 青少年学生心理资本水平的年级差异分析表 ($N=1819$)

问卷名称	组别	平方和（SS）	df	均方（MS）	F	Sig.
希望	组间	6945.877	9	771.764	9.839	0.000
	组内	141890.959	1809	78.436		
	全部	148836.837	1818			
乐观	组间	190.363	9	21.151	1.261	0.253
	组内	30340.295	1809	16.772		
	全部	30530.659	1818			
自信	组间	391.494	9	43.499	2.668	0.004
	组内	29493.516	1809	16.304		
	全部	29885.009	1818			
韧性	组间	372.742	9	41.416	2.918	0.002
	组内	25672.922	1809	14.192		
	全部	26045.665	1818			
总问卷	组间	12255.658	9	1361.740	5.283	0.000
	组内	466295.379	1809	257.764		
	全部	478551.037	1818			

表 6-8 的结果显示，不同年级青少年学生在乐观分问卷上的得分差异不显著，但在自信分问卷、希望分问卷、韧性分问卷和心理资本总问卷上的得分则均具有显著差异（$P<0.01$）。为此，研究者运用事后多重比较法对青少年学生心理资本希望分问卷、自信分问卷、韧性分问卷和心理资本总问卷的年级得分差异进行进一步分析。

希望分问卷年级差异的事后多重比较结果详见表 6-9 所示。

表 6-9 希望分问卷的年级差异事后分析表

年级（I）	年级（J）	均值差（MD）（I-J）	标准误（SE）	Sig.	年级（J）	均值差（MD）（I-J）	标准误（SE）	Sig.
初一	初二	1.0383	0.93415	1.000	大一	-4.5507**	0.89604	0.000
	初三	1.1347	0.91970	1.000	大二	-1.0546	0.88290	1.000
	高一	1.2917	0.95472	1.000	大三	-2.1237	0.93157	0.653
	高二	0.2374	0.99731	1.000	大四	-2.3172	0.87996	0.329
	高三	2.5165	0.95829	0.335				

续表

年级（I）	年级（J）	均值差（MD）（I-J）	标准误（SE）	Sig.	年级（J）	均值差（MD）（I-J）	标准误（SE）	Sig.
初二	初三	0.0964	0.91697	1.000	大一	-5.5891**	0.89323	0.000
	高一	0.2533	0.95208	1.000	大二	-2.0930	0.88005	0.556
	高二	-0.8009	0.99479	1.000	大三	-3.1620*	0.92887	0.033
	高三	1.4782	0.95567	0.997	大四	-3.3555**	0.87710	0.007
初三	高一	0.1569	0.93791	1.000	大二	-2.1894	0.86470	0.412
	高二	-0.8973	0.98123	1.000	大三	-3.2584*	0.91434	0.019
	高三	1.3818	0.94155	0.999	大四	-3.4519**	0.86170	0.003
	大一	-5.6855**	0.87811					
高一	高二	-1.0542	1.01413	1.000	大二	-2.3463	0.90186	0.352
	高三	1.2249	0.97579	1.000	大三	-3.4153*	0.94956	0.016
	大一	-5.8424**	0.91472	0.000	大四	-3.6089**	0.89897	0.003
高二	高三	2.2791	1.01749	0.691	大三	-2.3611	0.99237	0.557
	大一	-4.7882**	0.95909	0.000	大四	-2.5546	0.94408	0.277
	大二	-1.2921	0.94683	1.000				
高三	大一	-7.0673**	0.91846	0.000	大三	-4.6402**	0.95315	0.000
	大二	-3.5712**	0.90564	0.004	大四	-4.8337**	0.90277	0.000
大一	大二	3.4961**	0.83949	0.002	大四	2.2335	0.83639	0.302
	大三	2.4271	0.89054	0.264				
大二	大三	-1.0690	0.87732	1.000	大四	-1.2626	0.82230	0.998
大三	大四	-0.1935	0.87435	1.000				

注：$^{*}=P<0.05$；$^{**}=P<0.01$

表 6-9 的结果显示，大一学生在希望分问卷上的得分显著高于初一、初二、初三、高一、高二、高三和大二等七个年级学生的得分；大二学生在希望分问卷上的得分显著高于高三年级学生的得分；大三和大四这两个年级学生在希望分问卷上的得分均显著高于初二、初三、高一和高三这四个年级学生的得分。除此之外，其他各年级学生在希望分问卷上的得分之间均无显著差异。

自信分问卷不同年级差异的事后多重比较结果详见表 6-10 所示。

表 6-10 自信分问卷的年级差异事后分析表

年级(I)	年级(J)	均值差(MD)(I-J)	标准误(SE)	Sig.	年级(J)	均值差(MD)(I-J)	标准误(SE)	Sig.
初一	初二	0.1972	0.41011	0.631	大一	−1.1062**	0.42882	0.010
	初三	0.0402	0.40863	0.922	大二	−0.2440	0.40718	0.549
	高一	0.1905	0.40089	0.635	大三	−0.1465	0.44664	0.743
	高二	0.0112	0.42815	0.979	大四	−0.7349	0.42882	0.087
	高三	0.7187	0.43451	0.098				
初二	初三	−0.1570	0.40329	0.697	大一	−1.3034**	0.42374	0.002
	高一	−0.0067	0.39544	0.987	大二	−0.4412	0.40182	0.272
	高二	−0.1860	0.42305	0.660	大三	−0.3437	0.44176	0.437
	高三	0.5215	0.42950	0.225	大四	−0.9321*	0.42374	0.028
初三	高一	0.1504	0.39390	0.703	大二	−0.2841	0.40030	0.478
	高二	−0.0289	0.42161	0.945	大三	−0.1867	0.44038	0.672
	高三	0.6785	0.42808	0.113	大四	−0.7751	0.42230	0.067
	大一	−1.1464**	0.42230	0.007				
高一	高二	−0.1793	0.41412	0.665	大二	−0.4345	0.39240	0.268
	高三	0.5281	0.42070	0.210	大三	−0.3370	0.43321	0.437
	大一	−1.2967**	0.41482	0.002	大四	−0.9255*	0.41482	0.026
高二	高三	0.7074	0.44675	0.113	大三	−0.1577	0.45855	0.731
	大一	−1.1174*	0.44122	0.011	大四	−0.7462	0.44122	0.091
	大二	−0.2552	0.42021	0.544				
高三	大一	−1.8249**	0.44740	0.000	大三	−0.8652	0.46450	0.063
	大二	−0.9626*	0.42670	0.024	大四	−1.4536**	0.44740	0.001
大一	大二	0.8622*	0.42090	0.041	大四	0.3713	0.44188	0.401
	大三	0.9597*	0.45918	0.037				
大二	大三	0.0975	0.43903	0.824	大四	−0.4910	0.42090	0.244
大三	大四	−0.5884	0.45918	0.200				

注：* = $P<0.05$；** = $P<0.01$

表 6-10 的结果显示，大一学生在自信分问卷上的得分显著高于初一、初二、初三、高一、高二、高三、大二和大三这八个年级学生的得分；大二学生在自信分问卷上的得分显著高于高三学生的得分；大四学生在自信分问卷上的

得分显著高于初二、高一和高三这三个年级学生的得分。除此之外，其他各年级学生在自信分问卷上的得分之间均无显著差异。

韧性分问卷不同年级差异的事后多重比较结果详见表6-11所示。

表6-11 韧性分问卷的年级差异事后分析表

年级（I）	年级（J）	均值差（MD）（I-J）	标准误（SE）	Sig.	年级（J）	均值差（MD）（I-J）	标准误（SE）	Sig.
初一	初二	−0.1890	0.40565	1.000	大一	−1.3944*	0.39503	0.021
	初三	−0.3564	0.41149	1.000	大二	−0.0603	0.39268	1.000
	高一	−0.7708	0.41116	0.943	大三	−0.7312	0.40183	0.961
	高二	−1.1032	0.42261	0.347	大四	−0.3226	0.39729	1.000
	高三	−1.0452	0.43706	0.545				
初二	初三	−0.1674	0.38888	1.000	大一	−1.2055	0.37142	0.056
	高一	−0.5819	0.38853	0.999	大二	0.1286	0.36891	1.000
	高二	−0.9142	0.40063	0.650	大三	−0.5422	0.37865	0.999
	高三	−0.8563	0.41584	0.843	大四	−0.1336	0.37382	1.000
初三	高一	−0.4145	0.39462	1.000	大二	0.2960	0.37532	1.000
	高二	−0.7468	0.40654	0.956	大三	−0.3748	0.38489	1.000
	高三	−0.6889	0.42154	0.993	大四	0.0338	0.38014	1.000
	大一	−1.0381	0.37778	0.247				
高一	高二	−0.3324	0.40620	1.000	大二	0.7105	0.37496	0.935
	高三	−0.2744	0.42122	1.000	大三	0.0397	0.38454	1.000
	大一	−0.6236	0.37743	0.991	大四	0.4482	0.37979	1.000
高二	高三	0.0580	0.43240	1.000	大三	0.3720	0.39676	1.000
	大一	−0.2913	0.38987	1.000	大四	0.7806	0.39216	0.887
	大二	1.0429	0.38748	0.286				
高三	大一	−0.3492	0.40549	1.000	大三	0.3141	0.41212	1.000
	大二	0.9849	0.40320	0.496	大四	0.7226	0.40769	0.973
大一	大二	1.3341**	0.35720	0.010	大四	1.0719	0.36226	0.139
	大三	0.6633	0.36725	0.965				
大二	大三	−0.6708	0.36471	0.955	大四	−0.2623	0.35970	1.000
大三	大四	−0.5884	0.45918	0.200				

注：* = P<0.05；** = P<0.01

表 6-11 的结果显示，大一学生在韧性分问卷上的得分显著高于初一和大二这两个年级学生的得分。除此之外，其他各年级学生在韧性分问卷上的得分之间均没有显著差异。

心理资本总问卷年级差异的事后多重比较结果详见表 6-12。

表 6-12　心理资本总问卷的年级差异事后分析表

年级 （I）	年级 （J）	均值差 （MD） （I-J）	标准误 （SE）	Sig.	年级 （J）	均值差 （MD） （I-J）	标准误 （SE）	Sig.
初一	初二	1.4238	1.63068	0.383	大一	-7.5182**	1.70509	0.000
	初三	1.0230	1.62477	0.529	大二	-1.0881	1.61902	0.502
	高一	0.9955	1.59400	0.532	大三	-2.6842	1.77591	0.131
	高二	-0.8935	1.70239	0.600	大四	-2.6021	1.70509	0.127
	高三	1.9056	1.72771	0.270				
初二	初三	-0.4008	1.60355	0.803	大一	-8.9420**	1.68487	0.000
	高一	-0.4283	1.57236	0.785	大二	-2.5119	1.59771	0.116
	高二	-2.3173	1.68214	0.168	大三	-4.1080*	1.75651	0.019
	高三	0.4817	1.70776	0.778	大四	-4.0259*	1.68487	0.017
初三	高一	-0.0275	1.56623	0.986	大二	-2.1111	1.59168	0.185
	高二	-1.9165	1.67642	0.253	大三	-3.7072*	1.75103	0.034
	高三	0.8826	1.70212	0.604	大四	-3.6250*	1.67915	0.031
	大一	-8.5412**	1.67915	0.000				
高一	高二	-1.8890	1.64661	0.251	大二	-2.0836	1.56025	0.182
	高三	0.9101	1.67277	0.586	大三	-3.6797*	1.72251	0.033
	大一	-8.5137**	1.64939	0.000	大四	-3.5976*	1.64939	0.029
高二	高三	2.7991	1.77636	0.115	大三	-1.7907	1.82328	0.326
	大一	-6.6247**	1.75437	0.000	大四	-1.7085	1.75437	0.330
	大二	-0.1946	1.67084	0.907				
高三	大一	-9.4238**	1.77895	0.000	大三	-4.5898*	1.84694	0.013
	大二	-2.9936	1.69663	0.078	大四	-4.5076*	1.77895	0.011
大一	大二	6.4301**	1.67358	0.000	大四	4.9162**	1.75698	0.005
	大三	4.8340**	1.82579	0.008				
大二	大三	-1.5961	1.74568	0.361	大四	-1.5140	1.67358	0.366

续表

年级 （I）	年级 （J）	均值差 （MD） （I-J）	标准误 （SE）	Sig.	年级 （J）	均值差 （MD） （I-J）	标准误 （SE）	Sig.
大三	大四	0.0821	1.82579	0.964				

注：* = $P<0.05$；** = $P<0.01$

表6-12的结果显示，大一学生在心理资本总问卷上的得分显著高于其他九个年级学生的得分；大三、大四这两个年级学生在心理资本总问卷上的得分均显著高于初二、初三、高一和高三这四个年级学生的得分。除此之外，其他各年级学生在心理资本总问卷上的得分之间均不存在显著差异。

（四）不同家庭住址的差异分析

在本研究中，研究者将被试的家庭住址分为城镇和农村两大类。运用独立样本 t 检验法对1819名青少年学生的心理资本水平进行家庭住址变量上的差异分析。具体结果详见表6-13所示。

表6-13　青少年学生心理资本水平的家庭住址差异分析表（ $N=1819$ ）

问卷名称	家庭住址	平均值 （M）	标准差 （SD）	t	df	Sig. （2-tailed）
希望	城镇	40.1534	9.10516	0.044	1817	0.965
	农村	40.1345	9.00608			
乐观	城镇	18.4834	4.30923	2.132	1662.935	0.033
	农村	18.0677	3.91044			
自信	城镇	15.7902	4.16537	0.669	1817	0.504
	农村	15.6624	3.96326			
韧性	城镇	17.4258	3.71749	3.231	1817	0.001
	农村	16.8506	3.82149			
总问卷	城镇	91.8528	16.50911	1.488	1817	0.137
	农村	90.7151	15.97956			

表6-13的结果显示，在家庭住址变量上，青少年学生在心理资本总问卷，希望分问卷和自信分问卷上的得分均不存在显著差异，但在乐观分问卷和韧性分问卷上则存在显著差异，均表现为城镇学生得分显著高于农村学生。

（五）独生子女与否的差异分析

运用独立样本 t 检验法对1819名青少年学生的心理资本水平进行独生子女

与否变量上的差异分析。具体结果详见表6-14所示。

表6-14 青少年学生心理资本水平独生子女与否的差异分析表（N=1819）

问卷名称	独生子女	平均值（M）	标准差（SD）	t	df	Sig.（2-tailed）
希望	是	40.1070	8.90564	0.275	1817	0.783
	否	40.2375	9.42112			
乐观	是	18.1123	4.00639	2.395	1817	0.017
	否	18.6267	4.31166			
自信	是	15.6055	3.99400	1.949	1817	0.051
	否	16.0200	4.19852			
韧性	是	16.9568	3.74759	2.775	1817	0.006
	否	17.5070	3.85726			
总问卷	是	90.7815	16.00135	1.892	1817	0.059
	否	92.3912	16.75717			

表6-14的结果显示，在独生子女与否变量上，青少年学生的得分在乐观分问卷和韧性分问卷上差异显著，且均表现为非独生子女的得分显著高于独生子女。但在心理资本总问卷，希望分问卷和自信分问卷上独生与否的青少年学生得分之间则不具有显著差异。只不过，在心理资本总问卷和自信分问卷上，两者得分的差异处于显著差异的边缘。这表明，非独生子女学生在心理资本水平和自信水平方面可能略高于独生子女。

（六）社团成员与否的差异分析

运用独立样本t检验法对1819名青少年学生的心理资本水平进行社团成员与否变量上的差异分析。具体结果详见表6-15所示。

表6-15 青少年学生心理资本水平社团成员与否的差异分析表（N=1819）

问卷名称	社团成员	平均值（M）	标准差（SD）	t	df	Sig.（2-tailed）
希望	是	42.0472	9.00568	5.635	1817	0.000
	否	39.4050	8.95970			
乐观	是	18.6122	3.86779	2.404	990.496	0.016
	否	18.1152	4.17696			

问卷名称	社团成员	平均值（M）	标准差（SD）	t	df	Sig.（2-tailed）
自信	是	16.2441	4.06887	3.445	1817	0.001
	否	15.5164	4.03207			
韧性	是	17.2657	3.63880	1.104	1817	0.270
	否	17.0473	3.83983			
总问卷	是	94.1693	16.28115	4.848	1817	0.000
	否	90.0839	16.06396			

表6-15的结果显示，在社团成员与否变量上，青少年学生的得分在韧性分问卷上差异不显著，但在希望分问卷、乐观分问卷、自信分问卷和心理资本总问卷上，社团成员与否的青少年学生得分之间均存在显著差异，而且均表现为社团成员的得分显著高于非社团成员。这预示着，积极参加社团活动可能有助于提升个体的心理资本水平。

（七）学生干部与否的差异分析

运用独立样本 t 检验法对1819名青少年学生的心理资本水平进行学生干部与否变量上的差异分析。具体结果详见表6-16所示。

表6-16　青少年学生心理资本水平学生干部与否的差异分析表（$N=1819$）

问卷名称	学生干部	平均值（M）	标准差（SD）	t	df	Sig.（2-tailed）
希望	是	42.5935	8.43816	8.344	1237.827	0.000
	否	38.9724	9.09852			
乐观	是	18.9592	3.80823	5.282	1260.686	0.000
	否	17.9171	4.18918			
自信	是	16.2568	4.11881	3.921	1817	0.000
	否	15.4630	3.99960			
韧性	是	17.4558	3.57253	2.789	1243.930	0.005
	否	16.9423	3.87287			
总问卷	是	95.2653	15.84887	7.450	1817	0.000
	否	89.2949	16.05174			

表6-16的结果显示，在学生干部与否变量上，青少年学生的得分在心理资

本总问卷及其各分问卷上的得分均具有显著差异，且均表现为学生干部的得分显著高于非学生干部，这表明学生干部的心理资本水平显著优于非学生干部。

（八）不同专业的差异分析

由于中学没有设置专业划分，因此本研究仅针对大学生的心理资本状况进行专业变量上的差异分析。在本研究中，研究者将专业分为人文社科类和理工农医类两大类。运用独立样本 t 检验法对 683 名青少年学生的心理资本水平进行不同专业变量上的差异分析。具体结果详见表 6-17 所示。

表 6-17　青少年学生心理资本水平的不同专业差异分析表（$N=683$）

问卷名称	专业	平均值（M）	标准差（SD）	t	df	$Sig.$（2-tailed）
希望	人文社科类	41.9944	7.86226	-1.069	681	0.286
	理工农医类	42.6492	8.14377			
乐观	人文社科类	18.4050	3.35578	1.677	648.189	0.094
	理工农医类	17.9415	3.82079			
自信	人文社科类	15.9274	3.59119	-1.808	653.782	0.071
	理工农医类	16.4554	4.00178			
韧性	人文社科类	16.8715	3.24192	-2.104	681	0.036
	理工农医类	17.4185	3.55255			
总问卷	人文社科类	93.1983	14.56608	-1.098	681	0.273
	理工农医类	94.4646	15.58042			

表 6-17 的结果显示，在不同专业变量上，青少年学生的得分在韧性分问卷上差异显著，表现为理工农医类学生的得分显著高于人文社科类学生；但在希望分问卷、乐观分问卷、自信分问卷和心理资本总问卷上，不同专业大学生的得分则均不存在显著差异。这预示着，不同专业类别对个体心理资本水平的影响不大。

（九）获奖与否的差异分析

运用独立样本 t 检验法对 1819 名青少年学生的心理资本水平进行获奖与否变量上的差异分析。具体结果详见表 6-18 所示。

表6-18 青少年学生心理资本水平获奖与否的差异分析表 （N=1819）

问卷名称	获奖	平均值（M）	标准差（SD）	t	df	Sig.（2-tailed）
希望	是	44.2807	8.36433	10.073	1817	0.000
	否	39.0971	8.91646			
乐观	是	18.5477	4.08279	1.537	1817	0.124
	否	18.1798	4.09990			
自信	是	16.6213	3.93261	4.797	1817	0.000
	否	15.4917	4.05433			
韧性	是	17.4905	3.70486	2.167	1817	0.030
	否	17.0117	3.80021			
总问卷	是	96.9401	15.92440	7.672	1817	0.000
	否	89.7803	15.98416			

表6-18的结果显示，在获奖与否变量上，青少年学生的得分在乐观分问卷上差异不显著，但在希望分问卷、自信分问卷、韧性分问卷和心理资本总问卷上，获奖与否学生的得分之间均存在显著差异，且均表现为获过奖励学生的得分显著高于未获过奖励的学生。

（十）不同学校类别的差异分析

鉴于大学和中学在学校类别划分方面存在较大的差异，为便于进行相关研究和分析，研究者将大学和中学的类别统一划分为普通学校和重点学校两大类。运用平均数差异的独立样本 t 检验法对1819名青少年学生的心理资本水平进行不同学校类别变量上的差异分析。具体结果详见表6-19所示。

表6-19 青少年学生心理资本水平的学校类别差异分析表 （N=1819）

问卷名称	学校类别	平均值（M）	标准差（SD）	t	df	Sig.（2-tailed）
希望	普通学校	40.8932	8.96860	3.061	1817	0.002
	重点学校	39.5835	9.07093			
乐观	普通学校	18.2291	4.33388	−0.220	1573.403	0.826
	重点学校	18.2726	3.91487			
自信	普通学校	16.0541	4.12712	3.045	1817	0.002
	重点学校	15.4702	3.98310			

续表

问卷名称	学校类别	平均值 （M）	标准差 （SD）	t	df	$Sig.$ （2-tailed）
韧性	普通学校	17.4620	3.76177	3.452	1817	0.001
	重点学校	16.8445	3.78262			
总问卷	普通学校	92.6384	16.50521	3.217	1817	0.001
	重点学校	90.1708	15.93821			

表6-19的结果显示，在学校类别变量上，青少年学生在乐观分问卷上的得分不存在显著差异，但在希望分问卷、自信分问卷、韧性分问卷和心理资本总问卷上，不同学校类别学生的得分之间则存在显著差异，且均表现为普通学校学生得分显著高于重点学校学生。

（十一）不同政治面貌的差异分析

在本研究中，研究者将青少年学生的政治面貌划分为中共党员、共青团员和其他三大类。运用单因素方差分析（F检验）法对青少年学生的心理资本水平进行政治面貌差异分析。具体结果详见表6-20所示。

表6-20　青少年学生心理资本水平的政治面貌差异分析表（$N=1819$）

问卷名称	组别	平方和 （SS）	df	均方 （MS）	F	$Sig.$
希望	组间	4098.629	2	2049.315	25.712	0.000
	组内	144738.208	1816	79.702		
	全部	148836.837	1818			
乐观	组间	21.421	2	10.710	0.638	0.529
	组内	30509.238	1816	16.800		
	全部	30530.659	1818			
自信	组间	302.355	2	151.177	9.280	0.000
	组内	29582.655	1816	16.290		
	全部	29885.009	1818			
韧性	组间	26.460	2	13.230	0.923	0.397
	组内	26019.205	1816	14.328		
	全部	26045.665	1818			

问卷名称	组别	平方和（SS）	df	均方（MS）	F	Sig.
总问卷	组间	7631.812	2	3815.906	14.715	0.000
	组内	470919.225	1816	259.317		
	全部	478551.037	1818			

表6-20的结果显示，不同政治面貌青少年学生在乐观分问卷和韧性分问卷上的得分不存在显著差异，但在希望分问卷、自信分问卷和心理资本总问卷上的得分则均具有显著差异（$P<0.01$）。为此，研究者运用事后多重比较法对青少年学生在希望分问卷、自信分问卷和心理资本总问卷的得分进行政治面貌的事后差异分析。

希望分问卷、自信分问卷和心理资本总问卷政治面貌差异的事后多重比较结果详见表6-21、表6-22和表6-23所示。

表6-21　希望分问卷的政治面貌差异事后分析表

（I）政治面貌	（J）政治面貌	均值差（MD）（I-J）	标准误（SE）	Sig.
中共党员	共青团员	4.4675[**]	0.87787	0.000
	其他	6.8416[**]	0.94347	0.000
共青团员	其他	2.3742[**]	0.49428	0.000

注：[**]=$P<0.01$

表6-22　自信分问卷的政治面貌差异事后分析表

（I）政治面貌	（J）政治面貌	均值差（MD）（I-J）	标准误（SE）	Sig.
中共党员	共青团员	1.4293[**]	0.44739	0.001
	其他	1.9615[**]	0.47099	0.000
共青团员	其他	0.5322[*]	0.21795	0.015

注：[*]=$P<0.05$；[**]=$P<0.01$

表6-23　心理资本总问卷的政治面貌差异事后分析表

（I）政治面貌	（J）政治面貌	均值差 （MD）（I-J）	标准误（SE）	Sig.
中共党员	共青团员	6.9708**	1.78502	0.000
	其他	9.7667**	1.87915	0.000
共青团员	其他	2.7959**	0.86960	0.001

注：** ＝P<0.01

　　表6-21、表6-22和表6-23的结果显示，在政治面貌变量上，青少年学生的希望水平、自信水平和心理资本总水平由高到低排序依次为中共党员、共青团员和其他。其中，中共党员的希望水平、自信水平和心理资本总水平显著高于共青团员和其他，共青团员的希望水平、自信水平和心理资本总水平也显著高于其他。

第六节　分析与讨论

一、青少年学生心理资本的总体特点分析与讨论

　　总体而言，本研究1819名青少年学生被试在青少年学生心理资本问卷上的最低总得分为22分，最高总得分为132分。全体被试的平均总得分为91.2248分（标准差为16.224），超出该问卷理论均值77分将近一个标准差（超出14.224分），这说明青少年学生心理资本的总体状况比较积极，这与国内已有的心理资本调研结果基本一致①。得到这一调查结果可能的原因是因为青少年学生肩负着社会期望和家庭的重托，因而在社会舆论导向、学校教育和家庭教育等方面，人们都更倾向于对其进行正面的教育和积极的引导。此外，青少年学生正处于身心快速发展的阶段。正面的教育和积极的引导对青少年学生的成长具

① 赵正艳，臧维. BG大学教师心理资本调查研究［J］. 经济论坛，2009（7）：106-110；付立菲，张阔. 大学生积极心理资本与学习倦怠状况的关系［J］. 中国健康心理学杂志，2010，18（11）：1356-1359；张阔，付立菲，王敬欣. 心理资本、学习策略与大学生学业成绩的关系［J］. 心理学探新，2011，31（1）：47-53；曹杏田，励骅. 当代大学生心理资本的定量研究［J］. 边疆经济与文化，2011，8（1）：42-44；李林英，肖雯. 大学生心理资本的调查研究［J］. 北京理工大学学报（社会科学版），2011，13（1）：148-152.

有一定的放大作用，能对青少年学生积极心理资本的培育起到重要的促进作用。

二、青少年学生心理资本的学段与年级差异分析与讨论

在学段差异方面，青少年学生的心理资本水平随学段的上升而提高。从初中到高中，其心理资本水平呈缓慢增长趋势。从高中到大学，其心理资本水平则呈急速增长态势。进一步分析发现，大学生的心理资本水平显著高于初中生和高中生，而初中生和高中生的心理资本水平间则不具有显著差异。这与青少年学生心理的成长与发展特点是相吻合的。

然而，不同学段青少年学生在心理资本各维度上的发展趋势与心理资本的总体发展趋势并不一致。出现这种情况的原因可能是因为青少年学生正处于身心发展的失衡期，从而导致心理资本各个组成要素在这一时期的发展也具有不平衡性与动荡性的特点。

在年级差异方面，青少年学生的心理资本水平在初一到高一的四个年级中发展比较平缓，在高二到大二的四个年级中则呈现出剧烈的变化，到大三之后趋于相对稳定。与不同学段青少年学生心理资本发展特点相似，不同年级青少年学生心理资本的总体发展趋势与各个维度的发展趋势也呈现出不一致的现象，这再次说明青少年学生的心理发展在这一时期具有不平衡性与动荡性的特点。

从心理资本的总体水平看，青少年学生心理资本的发展变化轨迹与这一阶段青少年学生身心发展不平衡的特点及其学习压力密切相关。进入高二后，随着高考的日益临近，学习压力不断增加，青少年学生的心理资本水平在高二后期开始呈现下降趋势。进入高三后，随着升学压力的增大，青少年学生的心理资本水平急剧下降，跌至整个青少年时期的最低点。进入大一后，繁重的学业压力得到缓解，升学的喜悦环绕着大一新生，随之而来的是对大学生活的新鲜感和美好憧憬，这一实际使得大一学生各方面的积极心理均处于较高水平，他们的心理资本水平也因此攀升到整个青少年时期的最高点。在经历了一年的大学生活后，随着各种新鲜感的消失，学业压力、人际交往困惑等一系列问题再次出现，进而导致青少年的心理资本水平在大二时再次急剧下滑。进入大三后，随着青少年学生身心发展的日渐成熟，他们能更加理性地应对学业压力及日常生活中出现的各种问题，因而进入大三后，其心理资本水平基本保持稳定。青少年学生心理资本水平的这一发展特点意味着，从高二到大二的这个段时间是青少年学生心理资本培养的一个关键期。

三、青少年学生心理资本的性别差异分析与讨论

对青少年学生心理资本水平性别差异分析的结果表明青少年学生在心理资本总问卷，希望分问卷和乐观分问卷上不存在性别差异，这与李林英等人2011年对大学生心理资本的调查研究结果基本一致①。但在自信分问卷和韧性分问卷上，男生的得分则显著高于女生（$P<0.01$），这可能是由于中国传统文化对于女生和男生有着不同的性别刻板印象所造成的。在我国的传统文化中，人们普遍认为女性是顺从的、体贴的，男性是坚强的、勇敢的②。因而在人们的潜意识观念中，人们普遍认为，男性应该比女性拥有更多的积极心理力量。受这一潜意识观念的影响，男生在面对困难时更不容易放弃，表现出更强的韧性。在这种坚韧性的影响下，男生也就更容易取得成功，成功的体验又进一步增加了他们自信。

四、不同家庭住址对青少年学生心理资本的影响

对调查数据分析的结果显示，城镇学生和农村学生在心理资本总问卷，希望分问卷和自信分问卷上的得分均不存在显著差异，这与曹杏田等人2011年对大学生心理资本的调查研究结果基本一致③。但在乐观分问卷和韧性分问卷上，农村学生的得分则显著低于城镇学生。这可能是因为城镇学生比农村学生拥有更好的教育环境和更多的社会支持，从而使得他们在学校生活中可能更容易取得成功。与城镇学生相比，农村孩子的课外阅读面相对更窄，信息资源更缺乏，要想在竞争激烈的升学考试和就业中胜出，农村孩子就必须付出更多、更艰辛的努力。而城镇学生由于拥有更多的社会支持和更丰富的可利用资源，他们在面对各种竞争和困难的时候往往能够赢得更多的关怀和帮助，只要他们能努力坚持，重新振作起来，往往比农村学生更容易取得成功。这一社会现实就使得城镇学生更懂得坚持，在面对竞争和困境时也更乐观。因而，城镇学生在乐观分问卷和韧性分问卷上的得分显著高于农村学生。

五、独生子女与否对青少年学生心理资本的影响

对调查数据分析的结果显示，非独生子女与独生子女在心理资本总问卷，

---

① 李林英，肖雯. 大学生心理资本的调查研究 [J]. 北京理工大学学报（社会科学版），2011，13（1）：148-152.

② 徐大真. 性别刻板印象之性效应研究 [J]. 心理科学，2003，26（4）：741-742.

③ 曹杏田，励骅. 当代大学生心理资本的定量研究 [J]. 边疆经济与文化，2011，8（1）：42-44.

希望分问卷和自信分问卷上的得分均不存在显著差异，这与李林英等人2011年对大学生心理资本的调查研究结果基本一致①。但在乐观分问卷和韧性分问卷上，非独生子女的得分显著高于独生子女。这可能与独生子女是一个家庭的中心，受到家庭更多的溺爱有着一定的关系。独生子女在家庭中由于没有其他人分享家人的关爱，慢慢会演变成难以和他人进行分享。多数独生子女自小较为任性，"自我中心主义"的倾向比较突出，不太懂得关心他人，不太懂得和他人友好相处，往往不太顾及他人的想法，不善于用理智控制自己的行为。这种只考虑自己不顾及他人的做法在强调团队合作精神的今天必然要受到更多的挫折。同时，独生子女自小养成的"等、靠、要"等不良习惯又使得他们难以很好地应对所遇到的困难和挫折，从而导致其挫折承受能力更弱，结果也就更容易悲观。相反，非独生子女在家庭中有年龄相仿的兄弟姐妹与其一起分享家庭的关爱，彼此之间不知不觉中更容易养成互相关心，互相帮助的习惯，也更容易从内心深处考虑对方的感受，接受对方的不足。一般地，生活在这样的环境中，孩子会更懂得分享，便能更好地融入学校和社会。在面对挫折和困难的时候，他们就能获得更多的支持和帮助，也就更容易取得成功。因此，非独生子女的乐观水平和韧性水平要显著高于独生子女。

六、社团成员与否对青少年学生心理资本的影响

对调查数据分析的结果显示，在社团成员与否这个变量上，青少年学生的得分在韧性分问卷上不存在显著差异，但在心理资本总问卷，希望分问卷，乐观分问卷和自信分问卷上，社团成员的得分均显著高于非社团成员（$P<0.05$）。这可能与学校社团丰富了青少年学生的课余生活，陶冶了个人情操，促进了个体的综合素质有关。青少年学生正处于求知欲、好奇心旺盛的时期，其兴趣爱好十分广泛，单调枯燥的课堂学习显然无法完全满足他们的心理需要。因此，参加自己喜爱的社团对于丰富自己的课余生活，培养自己的兴趣，施展个人才华，发挥个人的特长，提升综合素质，找到心理归属感等都十分有益。在社团中，当一个成员遇到困难时，其他的成员会尽力地帮其出谋划策，使其更好地找到解决问题的办法，因而其希望水平也就更高。由于归属感得到满足，个体也就更乐意与人交往和分享，因而其乐观水平也就得到了加强。随着个体希望和乐观水平的提升，个体成功的可能性就能明显提高，成功体验的增加又有助

---

① 李林英，肖雯. 大学生心理资本的调查研究［J］. 北京理工大学学报（社会科学版），2011, 13（1）: 148-152.

于个体自信心的提升。因此，成为社团的一员，积极参加各项社团活动将有助于提高个体的心理资本水平。

七、学生干部与否对青少年学生心理资本的影响

对调查数据分析的结果显示，学生干部在心理资本总问卷及其各分问卷上的得分均显著高于非学生干部，这可能与学生干部的自身素质有关。通常，学生干部是那些在班级和学校生活中责任心强，在学业、思想和工作等方面身先士卒，起模范带头作用的学生。而要成为一名学校、同学和老师都欢迎的优秀学生干部，他们就必须具备多方面的优良素质。在学业方面，要想赢得同学的尊敬，得到老师和学校的认同，他们就必须努力学习，想方设法提高自己的学业成绩。在思想方面，作为学生各项活动和工作的领导者及组织者，他们必须具有较高的思想品质和思想觉悟，其责任意识要强，工作热情要高。在能力方面，要想出色地完成各项工作任务，他们就必须不断提高自身各方面的综合能力，包括创新能力、人际交往与沟通协调能力等。在心理素质方面，优秀的学生干部通常具有丰富的情感、坚定的意志力和广泛的兴趣，对工作中出现的各种挫折与干扰有较强的自制力，善于调整自己的情绪，能保持高度的乐观和自信。正是因为学生干部在平时的学习和工作中不断地提升自己在以上各方面的综合素质，从而使得学生干部的心理资本水平显著高于非学生干部。

八、不同专业对大学生心理资本的影响

对大学生心理资本水平专业差异的分析结果显示，不同专业大学生在心理资本总问卷、希望分问卷、乐观分问卷和自信分问卷上的得分均不存在显著差异。但在韧性分问卷上，理工农医类学生的得分显著高于人文社科类学生（$P<0.05$）。这与不同专业大学生的专业学习特点和认知方式是分不开的。一般来说，人文社科类学生更注重人文社会科学知识的学习；而理工农医类学生则更注重客观规律和知识的学习。因此，在日常的学习和研究训练中，理工农医类学生更强调对客观事实的认知。当学习或实验研究出现困难和挫折时，为了揭示事物的真相，他们需要比人文社科类学生拥有更强的意志力和坚忍不拔的毅力。此外，在认知方式方面，人文社科类学生在认知方式上偏向于场依存，而理工农医类学生偏向于场独立[1]。这种认知方式上的差异使得理工农医类学生在

---

[1]　宋广文，王瑞明．文理科大学生不同阅读特点的实验研究［J］．心理科学，2003，26（1）：151-152，139.

遇到困难和挫折时，更能够排除外在的干扰，坚持自己的主见，勇敢地面对挫折，解决困难。因而理工农医类学生的韧性水平要显著高于人文社科类学生。

九、获奖与否对青少年学生心理资本的影响

对调查数据分析的结果显示，在获奖与否变量上，青少年学生在乐观分问卷上的得分不存在显著差异，这表明获奖与否并不是影响个体乐观与否的决定性因素。但在心理资本总问卷，希望分问卷，自信分问卷和韧性分问卷上，获过奖励学生的得分均具显著高于没有获过奖励的学生（$P<0.05$）。这可能是因为奖励作为一种对个体心理和行为进行控制的外部工具，往往能增加良好行为再次发生的概率，因而能够对青少年学生的积极心理产生连串反应。奖励作为教师在学校教育教学活动中的一种常用手段，对学生的心理和行为可以产生一种正向引导和积极激励作用。奖励的积极作用主要表现在它能满足学生的心理需要，使学生产生愉快的情绪体验，感受到成功的喜悦，感受到教师对自己的爱护和器重，并因此而产生信赖教师的情感，提高自尊和自信，更加积极向上。对青少年学生来说，奖励对其心理发展可能会产生深层次的影响，形成关于个体行为与结果关系的信念，唤起学生主体内部的自我强化机制，激发潜力，从而使学生更努力地追求更高的目标，进而形成对自己行为负责的行为模式。因此，获过奖励的学生，其心理资本的总体水平要显著高于没有获过奖励的学生。

十、不同学校类别对青少年学生心理资本的影响

对调查数据分析的结果显示，青少年学生的乐观水平在学校类别变量上的差异不显著。但在心理资本总问卷、希望分问卷、自信分问卷和韧性分问卷上，重点学校学生的得分则显著高于普通学校的学生（$P<0.05$）。这可能与重点学校拥有比普通学校更好的师资、教学条件和教学质量有关，也和重点学校学生的学风、校风更加积极向上有着密不可分的关系。此外，能升入重点学校的学生，其自身的综合素质往往也更高。由于重点学校的学生在入学时就拥有更为优秀的成绩，受到更多的社会赞许，因而，当重点学校的学生在学习和生活中遇到困难时，他们可以得到更多的社会支持，从而找到更多的资源来帮助自己克服困难。而来自家庭、学校以及社区等的社会支持是青少年阶段心理健康发展非常重要的外部保护性因素。因此，重点学校学生的希望水平和韧性水平比普通学校的学生更高。此外，社会舆论普遍认为重点学校的学生比普通学校的

学生更聪明、更有进取心、将来会有更好的前途。这种刻板印象对青少年学生自我意识的形成和健康发展有着重要影响，这使得重点学校的学生更有自信。因此，重点学校学生的整体心理资本水平明显高于普通学校的学生。

十一、不同政治面貌对青少年学生心理资本的影响

对青少年学生心理资本水平政治面貌差异分析的结果显示，不同政治面貌青少年学生在乐观分问卷和韧性分问卷上的得分不存在显著差异，但在心理资本总问卷、希望分问卷和自信分问卷上的得分则均具有显著差异（$P<0.01$）。进一步分析显示，中共党员的心理资本水平、希望水平和自信水平显著高于共青团员和其他政治面貌的学生，共青团员的心理资本水平、希望水平和自信水平显著高于其他政治面貌的学生。这可能与入团和入党的条件和要求有关。入团和入党都要求青少年学生在思想上积极、进步，在学习、生活和工作中起先锋模范带头作用。因此，能成功入团和入党的学生，大都具有较高的思想觉悟，较强的学习能力和解决问题的能力，其综合素质在同龄人中显得更加突出。当遇到问题和困难时，他们更加自信，能努力寻找问题解决的办法。因此，共青团员和中共党员的心理资本水平要显著高于其他政治面貌的学生。另外，虽然共青团员和中共党员都是青少年学生中的先锋和模范，但中共党员又是从共青团员中脱颖而出的更加优秀的成员。相对而言，中共党员学生在思想觉悟、学习能力等综合素质方面又更胜一筹。因此，中共党员学生的心理资本水平要明显高于共青团员学生。

第七节 研究小结

经过对青少年学生心理资本发展特点的系统分析，本研究得到以下三个研究结论：

第一，青少年学生心理资本总问卷的最低分为 22 分，最高分为 132 分，总均分为 91.2248，明显高于 77 分的理论均值。这说明青少年学生总体的心理资本水平较高，总体心理资本状况比较积极。

第二，青少年学生心理资本水平在学段、年级、家庭住址、社团成员、学生干部、获奖、学校类别和政治面貌等人口学变量上存在显著差异。

第三，青少年学生心理资本水平在性别、独生子女和专业等变量上的差异不显著。

第七章

生活事件对青少年心理资本的影响研究

第一节 引 言

从第六章青少年心理资本发展特点研究的结果可知，青少年学生心理资本水平在学段、年级、家庭住址、社团成员、学生干部、获奖、学校类别和政治面貌等人口学变量上均呈现出显著的差异。那么，究竟是什么因素影响了青少年学生心理资本的发展呢？

在当今社会中，青少年正处于人生发展的关键阶段，他们面临着各种各样的生活事件。这些生活事件可以是积极的，如获得奖励、参加有益的活动等；也可以是消极的，如家庭变故、学习压力、人际冲突等。无论是哪种类型的生活事件，都可能对青少年的心理资本产生深远的影响。

心理资本是个体在成长与发展过程中所表现出来的积极心理力量，涵盖自信、乐观、希望、坚韧等关键要素。对于青少年而言，良好的心理资本不但有助于他们应对生活中的挑战与困难，还对他们的健康成长和全面发展有着举足轻重的作用。

然而，在实际生活中，青少年可能要面对来自家庭、学校、社会等多方面的生活事件，例如家庭变故、学习压力、人际冲突等等。这些事件可能给他们的心理带来较大冲击，影响他们的心理资本水平。为此，我们需要对青少年学生心理资本的影响因素进行研究。

众所周知，青少年是个体身心发展的失衡期。生理上的快速成熟使青少年产生成人感，但青少年心理发展的相对滞后性又使其心理仍处于半成熟状态。青少年的这种心理成人感和半成熟现状之间的矛盾使得他们在面对现实中的各类生活事件时更易于产生应激反应，进而导致青少年在面对各类生活事件时可能遭遇较高的应激水平①。来自家庭、学校、社会等多方面的生活事件都可能成为青少年心理发展过程中的应激事件。而对于多数时间在家庭和学校中度过、心理发展仍然处于半成熟状态的青少年学生来说，应激事件必然会对他们心理的成长与发展带来重大影响②。作为个体成长和发展过程中表现出来的一种积极心理潜能，心理资本当然也会受到各类生活事件的影响。鉴于此，我们不禁要问：对于青少年学生来说，生活事件对其心理资本的影响究竟怎样？哪些生活事件对其心理资本的影响更为突出？面对这些问题，我们无法从现有的研究文献和相关资料中找到明确的答案。因此，有必要对青少年生活事件与心理资本之间的关系进行深入分析，以探究青少年生活事件对心理资本的影响及其作用机制。

　　进行生活事件对青少年心理资本影响的研究具有重要的理论与实践意义。它不仅有利于我们更好地理解青少年的心理发展，通过研究，我们能够深入探究不同生活事件对青少年心理资本的影响；同时，还能为青少年的心理健康教育、社会政策制定等提供有力支撑。期望通过此研究，能够更好地为青少年的健康成长与全面发展贡献一份力量。

第二节　研究目的

　　本研究将运用《青少年学生心理资本问卷（PCQAS）》和《青少年生活事件量表（ASLEC）》对1819名青少年学生的生活事件与心理资本进行大样本调查。

　　在研究的实施过程中，研究者将综合运用皮尔逊积差相关分析、多元线性回归等方法对大样本调查数据进行统计分析，深入分析青少年生活事件与青少年学生心理资本水平之间的关系，以便全面认识和了解青少年生活事件对青少年学生心理资本水平的影响及其作用机制。

---

①　ROBERTS C M. The Prevention of Depression in Children and Adolescents [J]. *Australian Psychologist*, 1999, 34（1）：49-57.

②　徐浩渊. 心理支持系统与社会安定的关系探讨 [J]. 中国心理卫生杂志, 1997, 11（2）：65-67.

第三节 研究假设

基于文献分析的结果，结合青少年生活的实际，研究者在青少年生活事件对青少年学生心理资本的影响研究部分提出以下两个研究假设。

假设一：青少年生活事件各分量表及总量表与青少年学生心理资本问卷各分问卷及总问卷之间呈显著负相关关系。

假设二：青少年生活事件对青少年学生的心理资本水平具有显著的负向预测作用。

第四节 研究方法

一、研究被试

运用方便取样的方法，从福州大学、泉州师范学院、福州二中、福州华侨中学、宁都会同中学、兴国兴莲中学和瑞金二中等七所学校选取 2100 人进行大样本问卷调查。调查施测的主试人员均经过研究者的相关培训，达到相关要求后再担任主试进行现场团体施测。部分施测由研究者本人直接担任主试。团体施测时，采取班级整群抽样的方法，从初一到大四的十个年级中，每个年级各选取四个班，普通学校和重点学校各两个班级。最终，共收回有效问卷 1819 份，问卷回收的有效率为 86.62%。其中，男生 915 人，女生 904 人，研究被试的具体分布情况详见第五章的表 5-8 所示。

二、研究工具

运用《青少年学生心理资本问卷（PCQAS）》和《青少年生活事件量表（ASLEC）》对青少年学生进行大样本问卷调查。《青少年学生心理资本问卷（PCQAS）》和《青少年生活事件量表（ASLEC）》的心理测量学特征及具体情况详见《第三章第五节研究工具》的相关内容。

三、统计分析方法

使用 SPSS for Windows 11.5 统计软件对研究数据进行处理和统计分析。统计分析方法主要有皮尔逊积差相关分析和多元线性回归分析等。

第五节 研究结果

一、青少年生活事件与青少年学生心理资本之间的相关分析

运用皮尔逊积差相关分析法进行青少年生活事件各分量表及总量表与青少年学生心理资本问卷各分问卷及总问卷间的相关分析。具体结果详见表 7-1 所示。

表 7-1 青少年生活事件与青少年心理资本之间的相关分析结果表 ($N=1819$)

量表名称	希望	乐观	自信	韧性	心理资本总问卷
人际关系	-0.265 **	-0.225 **	-0.246 **	-0.192 **	-0.311 **
学习压力	-0.340 **	-0.225 **	-0.337 **	-0.193 **	-0.376 **
受惩罚	-0.215 **	-0.164 **	-0.205 **	-0.143 **	-0.246 **
丧失	-0.124 **	-0.131 **	-0.175 **	-0.120 **	-0.174 **
健康适应	-0.179 **	-0.195 **	-0.214 **	-0.150 **	-0.238 **
其他	-0.249 **	-0.263 **	-0.263 **	-0.176 **	-0.312 **
生活事件总量表	-0.306 **	-0.259 **	-0.317 **	-0.212 **	-0.365 **

注：** $=P<0.01$

表 7-1 的数据结果显示，青少年生活事件各分量表及总量表与青少年学生心理资本问卷各分问卷及总问卷之间均呈显著的负相关关系。

二、青少年生活事件对青少年学生心理资本的预测作用

为了进一步考察青少年生活事件与其心理资本之间的关系，研究者以被试在青少年生活事件六个分量表（人际关系、学习压力、受惩罚、丧失、健康适应和其他）上的得分作为自变量，以被试在青少年学生心理资本问卷上的总得分作为因变量，以青少年学生心理资本问卷上的 9 个人口学变量（分别为年级、性别、社团成员、政治面貌、家庭住址、学生干部、独生子女、学校类型和获奖）作为控制变量，运用强迫进入变量法进行多元线性回归分析。

鉴于 9 个人口学变量（分别为年级、性别、社团成员、政治面貌、家庭住

址、学生干部、独生子女、学校类型和获奖）均为类别变量，为方便进行回归分析，研究者在回归分析前将其转化成了虚拟变量。具体操作如下：性别变量上，男生以女生为参照组；年级变量上，初二至大四的九个年级以初一为参照组；政治面貌变量上，中共党员、共青团员以其他为参照组；社团成员变量上，社团成员以非社团成员为参照组；学生干部变量上，学生干部以非学生干部为参照组；家庭住址变量上，城镇以农村为参照组；独生子女变量上，独生子女以非独生子女为参照组；获奖变量上，获奖以未获奖为参照组；学校类型变量上，重点学校以普通学校为参照组。多元线性回归分析的具体结果详见表7-2所示。

表7-2　青少年生活事件对青少年心理资本的多元回归分析表（$N=1819$）

变量		β	t	$Sig.$	变量	β	t	$Sig.$
控制变量	男	0.070	3.100**	0.002	初二	−0.015	−0.523	0.601
	中共党员	0.067	2.478*	0.013	初三	0.013	0.451	0.652
	共青团员	0.028	1.002	0.317	高一	−0.014	−0.444	0.657
	社团成员	0.035	1.465	0.143	高二	0.018	0.611	0.541
	学生干部	0.099	4.422**	0.000	高三	0.017	0.554	0.580
	城镇	0.020	0.723	0.470	大一	0.030	0.955	0.340
	独生子女	0.000	−0.015	0.988	大二	−0.099	−3.091**	0.002
	获奖	0.135	6.036**	0.000	大三	−0.056	−1.927	0.054
	重点学校	0.006	0.197	0.844	大四	−0.073	−2.298*	0.022
自变量	人际关系	−0.097	−3.181**	0.001	丧失	0.052	1.896	0.058
	学习压力	−0.253	−8.158**	0.000	受惩罚	−0.037	−1.264	0.206
	健康适应	0.007	0.234	0.815	其他	−0.108	−3.600**	0.000
F		20.208**						
R^2		0.213						
调整后的 R^2		0.202						

注：** $=P<0.01$；* $=P<0.05$

表7-2的数据结果显示，在控制了9个人口学变量（分别为年级、性别、社团成员、政治面貌、家庭住址、学生干部、独生子女、学校类型和获奖）的效应后，青少年生活事件能显著负向预测青少年学生的心理资本水平，青少年生活事件可以解释青少年学生心理资本20.2%的变异量。在青少年生活事件量表的六个分量表中，健康适应、丧失和受惩罚这三个因子对青少年学生心理资

本水平的预测力不显著；仅有人际关系、学习压力和其他这三个因子能够显著预测青少年学生的心理资本水平，且均为负向预测作用（$F = 20.208$，$P < 0.01$；$\beta = -0.097$，$P < 0.01$；$\beta = -0.253$，$P < 0.01$；$\beta = -0.108$，$P < 0.01$）。

根据多元线性回归分析的具体结果，研究者得出了青少年生活事件对青少年学生心理资本影响的作用路径示意图。具体结果详见图7-1所示。

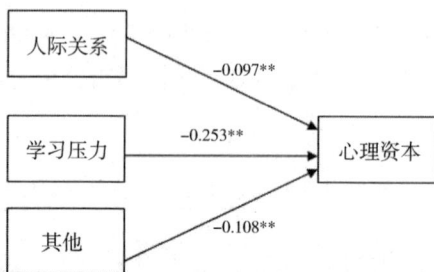

图7-1 青少年生活事件对青少年学生心理资本的回归路径图

图7-1的数据结果显示，人际关系、学习压力和其他这三个因子均能显著地负向预测青少年学生的心理资本水平，其预测系数分别是：-0.097^{**}、-0.253^{**}和-0.108^{**}。

第六节 分析与讨论

青少年生活事件与青少年学生心理资本的皮尔逊积差相关分析结果显示，青少年生活事件各分量表及总量表与青少年学生心理资本问卷各分问卷及总问卷间均呈显著负相关关系。为进一步探究两者的关系，研究者进行了青少年生活事件与青少年学生心理资本关系的多元线性回归。多元线性回归分析的结果显示，在对人口学变量的影响作用加以控制的情况下，青少年生活事件中的健康适应、丧失和受惩罚这三个因子无法对青少年学生的心理资本进行有效预测；但青少年生活事件中的人际关系、学习压力和其他这三个因子均能对青少年学生的心理资本进行显著的预测（$F = 20.208$，$P < 0.01$）。这可能是因为，一方面随着医疗卫生水平的提高，家长和学校都比较重视青少年学生的身体锻炼和营养状况，这使得当代青少年学生普遍具有较好的身体素质，对许多身体疾病都有了较好的预防措施和较强的抵抗力。因此，健康适应问题对多数青少年学生心理的正常发展影响不大。另一方面，青少年学生正值人生的上升时期，其父

母大多处于年富力强的中年期，因而青少年学生较少遭遇亲人去世等丧失性事件，即便出现一些丧失性事件，大多也由正值中年的父母全权负责处理。因此，丧失因子也没有对青少年学生的心理资本水平带来不利的影响。另外，由于教育观念的转变，现代家庭教育和学校教育都更重视对学生的积极引导，而很少运用惩罚的方式对学生进行教育。因此，受惩罚因子对青少年学生的心理资本水平也没有明显的影响。

然而，人作为一种社会性群居动物，人际关系的质量对个体情绪、生活、学习和工作都有很大的影响。青少年时期正经历叛逆期，他们由先前对家人的极度依赖开始逐渐走向自主自立。他们渴望得到别人的接纳和尊重，希望找到知心朋友，建立起友好、和谐的人际关系。因此，人际关系因子对青少年学生的心理资本具有明显的预测作用。另外，由于青少年学生的主要任务是学习，学习成绩的高低直接影响到家长和教师对他们的评价。因此，学习压力对青少年学生的心理资本水平也有显著的影响。此外，家庭经济、家庭矛盾等其他的一些重要应激性生活事件对个体心理的正常发展也有着重要的影响。因此，青少年生活事件中的其他因子也对其心理资本水平具有显著的预测作用。

第七节　研究小结

经过对青少年生活事件与青少年学生心理资本关系的系统分析，本研究得到以下两个研究结论：

第一，青少年生活事件量表（ASLEC）各分量表及总量表与青少年学生心理资本问卷（PCQAS）各分问卷及总问卷之间呈显著负相关关系。

第二，在控制了诸如年级、性别、社团成员、政治面貌、家庭住址、学生干部、独生子女、学校类型和获奖等 9 个人口学变量影响的情况下，青少年生活事件中的人际关系、学习压力和其他这三个因子对青少年学生的心理资本水平具有显著的负向预测作用，而健康适应、丧失和受惩罚这三个因子则无法显著地对青少年学生心理资本水平进行预测。

第八章

青少年心理资本、应对方式与
心理健康的关系研究

第一节 引 言

当今社会，青少年的心理健康成了备受关注的议题。青少年阶段是人生发展的关键时期，他们面临着各式各样的挑战和变化。青少年的心理健康状况对他们的成长和未来发展具有至关重要的影响。近年来，因为各种心理问题而导致的青少年学生暴力事件、自杀事件不断涌现。诸多调查研究显示，青少年学生心理问题的检出率较高，达到 10%～30%，且有增加的态势①。为了有效提升青少年学生的心理健康水平，诸多学者都提出了一些行之有效的青少年学生心理健康干预对策，但这些干预对策大多是从家庭、学校和社会三个方面进行分析而提出的宏观性建议②，很少有人从挖掘青少年学生自身的积极心理潜能，增

---

① 师保国，雷雳．近十年内地青少年心理健康研究回顾［J］．中国青年研究，2007（10）：
  23-27；经承学，王琳琳，方栓锋，等．广西壮族自治区青少年心理健康状况调查［J］．
  实用儿科临床杂志，2008，23（23）：1833-1835；王宏，汪洋．重庆库区中学生心理健康与生活事件的关系研究［J］．中国学校卫生，2008，29（6）：485-487；李丽．西北地区农村中学生心理健康调查［J］．中国校医，2008，22（2）：188-190；辛自强，张梅．1992年以来中学生心理健康的变迁：一项横断历史研究［J］．心理学报，2009，41（1）：69-78；陈永进，卢康健，巫田森．重庆市农村青少年心理健康状况调查研究［J］．中国健康心理学杂志，2010，18（5）：615-618；吴翠平，娄晓民，梁利花，等．河南省农村青少年心理健康现状［J］．中国学校卫生，2011，32（2）：172-174.
② 吕建军．浅谈青少年心理健康教育的重要性［J］．学周刊，2011（33）：87；雷泓霈．
  "20%青少年心理健康堪忧"呼唤心理型家长［J］．观察与思考，2011（4）：11；刘琪，星一．青少年心理健康状况的现状及对策［J］．海军总医院学报，2011，24（1）：39-41；萧玲．青少年心理健康问题的表现、成因及干预［J］．中国校外教育，2011（19）：7.

强其心理免疫力方面进行研究。事实上，个体自身的积极心理潜能就像是身体的免疫系统一样，能有效抵制各种心理问题和心理疾病的侵袭，从而增强个体的心理健康水平。

研究发现，心理资本作为一种积极心理力量，有助于个体预防和抵制各种心理问题和心理疾病，对个体的身心健康均能起到积极的促进作用①。青少年学生正处于身心发展的动荡时期，心理资本正是他们调动自身积极心理资源以应对各种心理困惑和现实问题的重要心理力量。拥有良好的心理资本能够帮助青少年更有效地应对困难与挫折，提升心理适应能力。

同时，作为应激与心理健康之间的重要中介因素，应对方式对个体的心理健康水平也有着重要的影响作用②。应对方式是个体在遭遇压力和困难时所采取的行为和思维策略。不同的应对方式必然会对心理健康产生不一样的影响。

那么，青少年学生的心理资本状况是否能够对其心理健康水平进行有效的预测？心理资本是如何对个体的心理健康带来影响的？其影响机制具体是怎样的？应对方式在心理资本与心理健康的关系中扮演什么角色？清楚地回答这些问题对于积极开展青少年学生心理健康教育具有重要的参考意义。因此，进行青少年学生心理资本、应对方式与心理健康关系的研究具有重要的理论和实践价值。通过深入系统的研究，可以为青少年的心理健康教育提供科学依据，为青少年的成长和发展提供有力支持。

第二节　研究目的

本研究将运用《青少年学生心理资本问卷（PCQAS）》《症状自评量表（SCL-90）》和《简易应对方式问卷（SCSQ）》对 1819 名青少年学生的心理资本、应对方式与心理健康进行大样本调查。

在研究的实施过程中，研究者将综合运用皮尔逊积差相关分析、多元线性回归、中介效应检验和中介效应分解等方法对大样本调查数据进行统计分析，

① AVEY J B, REICHARD R J, LUTHANS F, et al. Meta-Analysis of the Impact of Positive Psychological Capital on Employee Attitudes, Behaviors, and Performance [J]. *Human Resource Development Quarterly*, 2011, 22（2）: 127-152.

② MALKOÇ A. Big Five Personality Traits and Coping Styles Predict Subjective Well-Being: A study with a Turkish Sample [J]. *Procedia Social and Behavioral Sciences*, 2011, 12（2011）: 577-581.

深入分析青少年学生心理资本、应对方式与青少年学生心理健康之间的关系，以便全面认识和了解青少年学生心理资本对青少年学生心理健康水平的影响及其作用机制。

第三节 研究假设

基于文献分析的结果，结合青少年生活的实际，研究者在青少年心理资本、应对方式与对心理健康关系研究部分提出以下四个研究假设。

假设一：青少年学生的心理资本水平能够显著地预测青少年学生的心理健康状况。

假设二：青少年学生的心理资本水平能够显著地预测青少年学生的应对方式状况。

假设三：青少年学生的应对方式状况能够显著地预测青少年学生的心理健康状况。

假设四：应对方式在青少年学生心理资本对青少年学生心理健康的预测作用中起中介变量的作用。

第四节 研究方法

一、研究被试

运用方便取样的方法，从福州大学、泉州师范学院、福州二中、福州华侨中学、宁都会同中学、兴国兴莲中学和瑞金二中等七所学校选取 2100 人进行大样本问卷调查。调查施测的主试人员均经过研究者的相关培训，达到相关要求后再担任主试进行现场团体施测。部分施测由研究者本人直接担任主试。团体施测时，采取班级整群抽样的方法，从初一到大四的十个年级中，每个年级各选取四个班，普通学校和重点学校各两个班级。最终，共收回有效问卷 1819 份，问卷回收的有效率为 86.62%。其中，男生 915 人，女生 904 人，研究被试的具体分布情况详见第五章的表5-8所示。

二、研究工具

运用《青少年学生心理资本问卷（PCQAS）》《症状自评量表（SCL-90）》和《简易应对方式问卷（SCSQ）》对青少年学生进行大样本问卷调查。《青少年学生心理资本问卷（PCQAS）》《症状自评量表（SCL-90）》和《简易应对方式问卷（SCSQ）》的心理测量学特征及具体情况详见《第三章第五节研究工具》的相关内容。

三、统计分析方法

使用 SPSS for Windows 11.5 统计软件对研究数据进行处理和统计分析。统计分析方法主要有皮尔逊积差相关分析和多元线性回归分析等。

第五节　研究结果

一、相关分析

1. 青少年学生心理资本与心理健康状况之间的相关分析

运用皮尔逊积差相关分析法进行青少年学生心理资本问卷各分问卷及总问卷与症状自评量表（SCL-90）各分量表及总量表间的相关分析。具体结果详见第五章第五节研究过程与结果的表5-22。表5-22的数据结果显示，青少年学生心理资本问卷各分问卷及总问卷与症状自评量表（SCL-90）各分量表及总量表之间都呈显著的负相关关系。

2. 青少年学生心理资本与应对方式之间的相关分析

运用皮尔逊积差相关分析法进行青少年学生心理资本问卷各分问卷及总问卷与积极应对方式、消极应对方式间的相关分析。具体结果详见表8-1所示。

表8-1　青少年学生心理资本与应对方式之间的相关分析表（$N=1819$）

量表名称	希望	乐观	自信	韧性	心理资本总分
积极应对	0.468**	0.430**	0.242**	0.402**	0.524**
消极应对	−0.185**	−0.140**	−0.268**	−0.104**	−0.230**

注：** $=P<0.01$

表8-1的数据结果显示，积极应对方式与青少年学生心理资本问卷各分问卷及总问卷之间均呈显著的正相关关系；消极对方式则与青少年学生心理资本问卷各分问卷及总问卷之间均呈显著的负相关关系。

3. 青少年学生应对方式与心理健康状况之间的相关分析

运用皮尔逊积差相关分析法进行青少年学生积极应对方式、消极应对方式与症状自评量表（SCL-90）各分量表及总量表间的相关分析。具体结果详见表8-2所示。

表8-2 青少年学生症状自评量表（SCL-90）与应对方式之间的相关分析表（$N=1819$）

量表名称	积极应对	消极应对
躯体化	-0.170 **	0.219 **
强迫	-0.188 **	0.238 **
人际敏感	-0.239 **	0.223 **
抑郁	-0.256 **	0.274 **
焦虑	-0.213 **	0.232 **
敌对	-0.192 **	0.223 **
恐怖	-0.194 **	0.199 **
偏执	-0.191 **	0.219 **
精神病性	-0.199 **	0.260 **
其他	-0.188 **	0.272 **
心理症状总分	-0.237 **	0.273 **

注：** = $P<0.01$

表8-2的数据结果显示，青少年学生积极应对方式与症状自评量表（SCL-90）各分量表及总量表之间均呈显著的负相关关系；青少年学生消极应对方式与症状自评量表（SCL-90）各分量表及总量表之间均呈显著的正相关关系。

二、青少年学生心理资本水平对心理健康状况的预测作用

为了进一步考察青少年学生心理资本水平与其心理健康状况之间的关系，研究者以被试在青少年学生心理资本问卷四个分问卷（希望、自信、乐观和韧性）上的得分作为自变量，以被试在症状自评量表（SCL-90）上的总得分作为因变量，以青少年学生心理资本问卷上的9个人口学变量（分别为年级、性别、社团成员、政治面貌、家庭住址、学生干部、独生子女、学校类型和获奖）作为控制变量，运用强迫进入变量法进行多元线性回归分析。

鉴于9个人口学变量（分别为年级、性别、社团成员、政治面貌、家庭住址、学生干部、独生子女、学校类型和获奖）均为类别变量，为方便进行回归分析，研究者在回归分析前将其转化成了虚拟变量。具体操作如下：性别变量上，男生以女生为参照组；年级变量上，初二至大四的九个年级以初一为参照组；政治面貌变量上，中共党员、共青团员以其他为参照组；社团成员变量上，社团成员以非社团成员为参照组；学生干部变量上，学生干部以非学生干部为参照组；家庭住址变量上，城镇以农村为参照组；独生子女变量上，独生子女以非独生子女为参照组；获奖变量上，获奖以未获奖为参照组；学校类型变量上，重点学校以普通学校为参照组。多元线性回归分析的具体结果详见表8-3所示。表8-3的数据结果显示，在控制了9个人口学变量（分别为年级、性别、社团成员、政治面貌、家庭住址、学生干部、独生子女、学校类型和获奖）的效应后，青少年学生的心理资本能显著预测青少年学生的心理症状水平，青少年学生的心理资本可以解释青少年学生心理症状29%的变异量。青少年学生心理资本的四个分问卷（希望、乐观、自信和韧性）均能够预测青少年学生的心理健康水平，且均为显著的负向预测作用（$F = 34.783$，$P < 0.01$；$\beta = -0.068$，$P < 0.01$；$\beta = -0.2556$，$P < 0.01$；$\beta = -0.239$，$P < 0.01$；$\beta = -0.054$ $P < 0.01$）。

表8-3 青少年学生心理资本对心理健康状况的多元回归分析表

变量		β	t	$Sig.$	变量	β	t	$Sig.$
控制变量	男	−0.019	−0.900	0.368	初二	0.030	1.112	0.266
	中共党员	0.000	0.018	0.986	初三	0.060	2.215*	0.027
	共青团员	−0.005	−0.182	0.855	高一	0.054	1.874	0.061
	社团成员	0.016	0.713	0.476	高二	0.031	1.109	0.268
	学生干部	0.031	1.446	0.148	高三	0.046	1.657	0.098
	城镇	−0.030	−1.166	0.244	大一	−0.147	−5.043**	0.000
	独生子女	−0.018	−0.730	0.465	大二	−0.117	−3.907**	0.000
	获奖	0.041	1.894	0.058	大三	−0.046	−1.670	0.095
	重点学校	−0.048	−1.771	0.077	大四	−0.092	−3.089**	0.002
自变量	希望	−0.068	−2.693**	0.007	自信	−0.239	−10.362**	0.000
	乐观	−0.255	−10.483**	0.000	韧性	−0.054	−2.143*	0.032
F		34.783**						

续表

变量	β	t	Sig.	变量	β	t	Sig.
R^2				0.299			
调整后的 R^2				0.290			

注：** $=P<0.01$；* $=P<0.05$

为了进一步考察青少年心理资本四个维度（希望、乐观、自信和韧性）是如何影响青少年学生心理健康的，究竟直接影响还是通过使用不同的应对方式来间接地影响其心理健康，研究者进行了应对方式在青少年学生心理资本对心理健康影响的中介效应检验。

三、应对方式的中介效应检验

根据温忠麟等人提出的中介效应检验程序和方法①，研究者采用依次回归技术来考察中介变量（应对方式）的中介效应。

在控制了 9 个人口学变量（分别为年级、性别、社团成员、政治面貌、家庭住址、学生干部、独生子女、学校类型和获奖）的效应后，运用强迫进入变量法进行三步多元线性回归分析。第一步：研究者以被试在青少年学生心理资本问卷四个分问卷（希望、自信、乐观和韧性）上的得分作为自变量，以被试在症状自评量表（SCL-90）上的总得分作为因变量，求出回归系数 c；第二步：研究者以被试在青少年学生心理资本问卷四个分问卷（希望、自信、乐观和韧性）上的得分作为自变量，分别以被试在积极应对方式和消极应对方式上的得分作为因变量，求出回归系数 a；第三步：研究者以被试在青少年学生心理资本问卷四个分问卷（希望、自信、乐观和韧性）、积极应对方式和消极应对方式上的得分作为自变量，以被试在症状自评量表（SCL-90）上的总得分作为因变

---

① 温忠麟，张雷，侯杰泰，等．中介效应检验程序及其应用［J］．心理学报，2004，36（5）：614-620；温忠麟，侯杰泰，张雷．调节效应与中介效应的比较和应用［J］．心理学报，2005，37（2）：268-274；卢谢峰，韩立敏．中介变量、调节变量与协变量：概念、统计检验及其比较［J］．心理科学，2007，30（4）：934-936；BARON R M，KENNY D A．The Moderator-Mediator Variable Distinction in Social Psychological Research：Conceptual，Strategic，and Statistical Considerations［J］．*Journal of Personality and Social Psychology*，1986，51（6）：1173-1182；MACKINNON D P，LOCKWOOD C M，HOFFMAN J M，et al．A Comparison of Methods to Test Mediation and Other Intervening Variable Effects［J］．*Psychological Methods*，2002，7（1）：83-104；MARSH H W，WEN Z，HAU K T．Structural Equation Models of Latent Interactions：Evaluation of Alternative Estimation Strategies and Indicator Construction［J］．*Psychological Methods*，2004，9（3）：275-300．

量，求出回归系数 b 和 c'。三步多元线性回归分析的具体结果详见表8-4所示。

表8-4 青少年学生应对方式中介效应检验结果表

变量		第一步（系数 c）	第二步（系数 a）		第三步（系数 c'/b）
		心理症状	积极应对	消极应对	心理症状
控制变量	男	−0.019	−0.029	−0.009	−0.019
	中共党员	0.000	−0.025	0.019	−0.005
	共青团员	−0.005	−0.037	−0.041	0.002
	社团成员	0.016	0.057**	0.012	0.016
	学生干部	0.031	0.047*	−0.017	0.036
	城镇	−0.030	0.042	−0.003	−0.028
	独生子女	−0.018	0.017	−0.011	−0.015
	获奖	0.041	0.028	0.042	0.033
	重点学校	−0.048	−0.028	0.058	−0.061**
	初二	0.030	0.016	−0.016	0.034
控制变量	初三	0.060*	0.060*	−0.009	0.064**
	高一	0.054	0.103**	0.089**	0.041
	高二	0.031	0.144**	0.040	0.029
	高三	0.046	0.117**	0.064*	0.038
	大一	−0.147**	0.146**	0.060	−0.153**
	大二	−0.117**	0.157**	0.096**	−0.130**
	大三	−0.046	0.117**	0.134**	−0.068**
	大四	−0.092**	0.136**	0.132**	−0.113**
自变量	希望	−0.068	0.280	−0.112**	−0.033
	乐观	−0.255**	0.226**	−0.034	−0.238**
	自信	−0.239**	−0.031	−0.238**	−0.192**
	韧性	−0.054*	0.156**	0.043	−0.056*
中介变量	积极应对				−0.044
	消极应对				0.204**
R^2		0.299	0.343	0.119	0.333
调整后的 R^2		0.290	0.335	0.108	0.324
F		34.783**	42.582**	11.017**	37.352**

注：** $=P<0.01$；* $=P<0.05$

表 8-4 中列出了各回归分析中相应的标准化回归系数 c、a、b、c'。表 8-4 的数据结果显示，在控制了诸如年级、性别、社团成员、政治面貌、家庭住址、学生干部、独生子女、学校类型和获奖等 9 个人口学变量的效应后，回归系数 c 均达到显著水平。同时，消极应对方式对青少年学生心理健康状况的影响也十分显著（$\beta = 0.204$，$P < 0.01$），说明消极应对方式对青少年学生心理健康状况的回归系数 b 非常显著；但积极应对方式对青少年学生心理健康状况的影响没有达到显著水平（$\beta = -0.004$，$P > 0.05$），说明积极应对方式对青少年学生心理健康状况的回归系数 b 不显著。

随后，研究者进行回归系数 a 的检验。表 8-4 的数据结果显示，在控制了诸如年级、性别、社团成员、政治面貌、家庭住址、学生干部、独生子女、学校类型和获奖等 9 个人口学变量的效应后，青少年学生心理资本的自信维度对积极应对方式的回归系数 a 不显著（$\beta = -0.031$，$P > 0.05$）。因此，在自信维度对青少年学生心理健康状况的回归效应检验中，停止积极应对方式的中介效应检验。

而青少年学生心理资本的希望、乐观和韧性这三个维度对积极应对方式的回归系数 a 均达到显著水平（$\beta = 0.280$，$P < 0.01$；$\beta = 0.226$，$P < 0.01$；$\beta = 0.156$，$P < 0.01$）。因此，积极应对方式在这三个维度对青少年学生心理健康状况的预测作用中是否存在中介效应需要进一步进行 Sobel 检验才能确定。Sobel 检验的计算公式①如下：

$$Z = \frac{ab}{\sqrt{s_a{}^2 b^2 + s_b{}^2 a^2}}$$

Sobel 检验的结果表明，积极应对方式在青少年学生希望、乐观和韧性对其心理健康状况影响作用的中介效应均不显著（$Z = -0.192972$，$P > 0.05$；$Z = -0.192915$，$P > 0.05$；$Z = -0.192802$，$P > 0.05$）。

在消极应对方式方面，青少年学生心理资本中的乐观和韧性两个维度对消极应对方式的回归系数 a 均不显著（$\beta = -0.034$，$P > 0.05$；$\beta = 0.043$，$P > 0.05$）。因此，需要进一步进行 Sobel 检验才能确定消极应对方式在青少年学生乐观、韧性对其心理健康状况影响中是否发挥中介效应的作用。Sobel 检验的结果表明，

---

① SOBEL M E. Asymptotic Confidence Intervals for Indirect Effects in Structural Equation Models [A]. Sociological Methodology 1982. Washington, D. C.：American Sociological Association, 1982：290-312；SOBEL M E. Direct and Indirect Effects in Linear Structural Equation Models [A]. Common Problems/Proper Solutions. Beverly Hills, CA：Sage, 1988：46-64.

消极应对方式在青少年学生乐观、韧性对其心理健康状况影响作用中的中介效应均不显著（$Z=-0.668049$，$P>0.05$；$Z=0.6930021$，$P>0.05$）。

但是，青少年学生心理资本中的希望和自信对消极应对方式的回归系数 a 均达到显著水平（$\beta=-0.112$，$P<0.01$；$\beta=-0.238$，$P<0.01$）。这表明，消极应对方式在青少年学生希望、自信对其心理健康影响作用中发挥着中介变量的作用。为此，需要检验引入中介变量（消极应对方式）后，青少年学生希望和自信水平对其心理健康状况的回归系数 c'，以确定中介变量究竟是起完全中介的作用还是部分中介的作用。检验结果发现，引入中介变量（消极应对方式）后，青少年学生希望水平对其心理健康状况的回归系数 c' 变得不显著了，表明消极应对方式在青少年学生希望水平对其心理健康状况的影响作用中发挥完全中介的作用（$\beta=-0.033$，$P>0.05$）；而引入中介变量（消极应对方式）后，青少年学生的自信水平对其心理健康状况的回归系数 c' 依然显著，说明消极应对方式在青少年学生自信水平对其心理健康状况影响作用中发挥部分中介的作用（$\beta=-0.192$，$P<0.01$）。

根据以上的分析结果，研究者得出在控制了诸如年级、性别、社团成员、政治面貌、家庭住址、学生干部、独生子女、学校类型和获奖等 9 个人口学变量的效应后，青少年学生心理资本对青少年学生心理健康影响的作用路径示意图。具体结果详见图 8-1 所示。

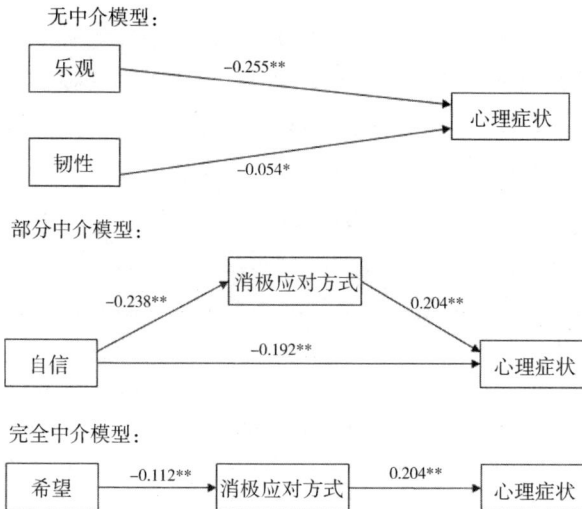

图 8-1 青少年学生心理资本对心理健康状况影响的作用路径示意图

四、中介效应的分解

根据麦金农（MacKinnon）等人的观点，可以用中介效应（$a * b$）与总效应（c）之比来衡量中介效应的相对大小①。消极应对方式在青少年学生心理资本对其心理健康状况影响作用中的中介效应分解结果详见表 8-5 所示。

表 8-5 消极应对方式在心理资本与心理健康状况关系中的中介效应分解表

中介路径	中介效应（$a * b$）	总效应（c）	中介效应/总效应
希望—消极应对方式—心理症状	−0.023	−0.068	0.34
自信—消极应对方式—心理症状	−0.049	−0.238	0.21

表 8-5 的数据结果显示，消极应对方式在青少年学生心理资本的两个维度（希望和自信）对其心理健康状况影响作用中的中介效应与总效应比分别为 0.34 和 0.21，表明消极应对方式的中介作用较大。

第六节 分析与讨论

皮尔逊积差相关分析的结果显示，青少年学生心理资本与心理健康状况之间，青少年学生心理资本与应对方式之间，青少年学生应对方式与心理健康状况之间均具有显著的相关关系。多元线性回归分析的结果显示，青少年学生心理资本中的希望、乐观、自信和韧性均能显著预测青少年学生的心理健康状况。换而言之，心理资本对个体的心理健康水平具有积极的促进作用，这与麦克默里等人的研究结果基本一致②。这可能是因为希望是一种基于内在成功感的积极动机状态，包含意愿和路径两个方面。意愿是一种动机成分，能够促使个体产生一种目标指向性的积极能量，具有启动和推动个体沿着设计的路径趋向目标

---

① MACKINNON D P, WARSI G, DWYER J H. A Simulation Study of Mediated Effect Measures [J]. *Multivariate Behavioral Research*, 1995, 30（1）：41-62.

② MCMURRAY A J, PIROLA-MERLO A, SARROS J C, et al. Leadership, Climate, Psychological Capital, Commitment, and Wellbeing in a Non-Profit Organization [J]. *Leadership and Organization Development Journal*, 2010, 31（5）：436-457; AVEY J B, REICHARD R J, LUTHANS F, et al. Meta-Analysis of the Impact of Positive Psychological Capital on Employee Attitudes, Behaviors, and Performance [J]. *Human Resource Development Quarterly*, 2011, 22（2）：127-152.

行动的作用。路径则是个体用于实现目标的路径和方法。在目标实现的进程中，当个体感知到某个路径无效时，必然会尝试其他的路径。因而，高希望水平的个体能更有效地应对各种压力性事件，从而有效地缓解各种风险因素对心理健康的影响。因此，希望是个体心理健康的一个重要预测变量。乐观作为一种重要的积极心理资源能促使个体运用积极、正面的眼光看待和评价事情的发展趋势及结果，从而避免了消极情绪带来的不良影响①。因此，乐观是心理健康的又一重要预测变量。自信是个体对自己能否有效应付各种内外环境的一种主观评价，是个体对自身能力的一种积极感受。高自信水平个体往往能够充分地发掘自身的各项积极潜能去应对学业、生活和人际交往中所遇到的各种问题，提高社会适应能力，进而有效增进个体的心理健康状况。故而，自信也是个体心理健康的一个预测变量。韧性是个体所拥有的内、外保护性因素在与压力、逆境等消极生活事件相互作用的动态过程中而获得良好适应的结果②。韧性能够促使个体发展出更多的积极情感以及更少的消极情感，进而帮助个体获得更好的人际适应和更高的生活满意度。而良好适应又是心理健康的核心本质。因此，韧性与心理健康具有共同的内在本质。韧性自然就能对心理健康起到直接的预测作用。总之，心理资本作为个体成长和发展过程中所展现出来的一种积极心理力量，有助于个体激发自身的各项心理潜能去预防和消除各种心理问题与疾病。

那么，心理资本对心理健康发生影响作用的具体方式是怎样的呢？要清楚地回答这个问题，就需要进一步确定心理资本的四个结构维度（希望、乐观、自信和韧性）对心理健康发挥作用的具体机制。皮尔逊积差相关分析的结果表

---

① FREDRICKSON B L. The Role of Positive Emotions in Positive Psychology: The Broaden-And-Built Theory of Positive Emotion [J]. *American Psychologist*, 2001, 56 (3): 218-226; VICKERS K S, VOGELTANZ N D. Dispositional Optimism as a Predictor of Depressive Symptoms Over Time [J]. *Personality and Individual Differences*, 2000, 28 (2): 259-272; 张文晋，郭菲，陈祉妍. 压力、乐观和社会支持与心理健康的关系 [J]. 中国临床心理学杂志, 2011, 19 (2): 225-227, 220.

② HAMEL G, VALIKANGAS L. The Quest for Resilience [J]. *Harvard Business Review*, 2003, 81 (9): 52-65, 131; BONANNO G A. Loss, Trauma, and Human Resilience: Have We Underestimated the Human Capacity to Thrive After Extremely Aversive Events? [J]. *American Psychologist*, 2004, 59 (1): 20-28; SHEK D. Chinese Cultural Beliefs about Adversity: Its Relationship to Psychological Well-Being, School Adjustment and Problem Behavior in Hong Kong Adolescents with and without Economic Disadvantage [J]. *Childhood*, 2004, 11 (1): 63-80; AGAIBI C E, WILSON J P. Trauma, PTSD, and Resilience: A Review of the Literature [J]. *Trauma, Violence and Abuse*, 2005, 6 (3): 195-216; FIKSEL J. Sustainability and Resilience: Toward a Systems Approach [J]. *Sustainability: Science, Practice and Policy*, 2006, 2 (2): 14-21.

明，青少年学生心理资本、应对方式与心理健康状况之间的相关关系符合中介效应分析的基本要求。中介作用分析的研究结果显示，在对 9 个人口学变量的效应进行控制后，积极应对方式在青少年学生心理资本对其心理健康状况的影响作用中均不存在中介效应，消极应对方式在乐观和韧性这两个维度对其心理健康状况的影响作用中也不存在中介效应。这说明乐观和韧性对个体心理健康状况具有直接的增益作用，乐观和韧性对个体心理健康的作用机制遵从主效应模型。

研究还显示，消极应对方式在自信和希望这两个维度对青少年学生心理健康状况的影响作用中发挥着中介变量的作用。这说明自信和希望对个体心理健康的作用机理遵从缓冲效应模型。进一步的分析显示，消极应对方式在自信对个体心理健康状况的影响作用中发挥着部分中介变量的作用，其中介效应与总效应之比为 0.21；而消极应对方式在希望对个体心理健康状况的影响作用中则发挥着完全中介变量的作用，其中介效应与总效应之比为 0.34。对以上结果的综合分析可知，自信和希望通过消极应对方式对心理健康状况产生间接作用，即自信和希望水平高的青少年学生可能会间接地通过降低消极应对方式的使用程度和频率，从而获得更高的心理健康水平。

第七节　研究小结

经过对青少年学生心理资本、应对方式和心理健康关系的系统分析，本研究得到以下六个研究结论：

第一，被试在青少年学生心理资本问卷（PCQAS）各分问卷及总问卷上的得分与被试在症状自评量表（SCL-90）各分量表及总量表上的得分之间呈显著负相关关系。

第二，被试在简易应对方式问卷（SCSQ）中的积极应对方式上的得分与被试在青少年学生心理资本问卷（PCQAS）各分问卷及总问卷上的得分之间呈显著正相关关系，与被试在症状自评量表（SCL-90）各分量表及总量表上的得分之间呈显著负相关关系。

第三，被试在简易应对方式问卷（SCSQ）中的消极应对方式上的得分与被试在青少年学生心理资本问卷（PCQAS）各分问卷及总问卷上的得分之间呈显著负相关关系，与被试在症状自评量表（SCL-90）各分量表及总量表上的得分之间呈显著正相关关系。

第四，在控制了诸如年级、性别、社团成员、政治面貌、家庭住址、学生干部、独生子女、学校类型和获奖等 9 个人口学变量效应的情况下，青少年学生心理资本的四个维度对青少年学生的心理健康状况均具有显著的预测作用。

第五，在控制了诸如年级、性别、社团成员、政治面貌、家庭住址、学生干部、独生子女、学校类型和获奖等 9 个人口学变量效应的情况下，青少年学生心理资本中的乐观和韧性这两个维度对青少年学生心理健康状况的预测作用是直接产生的。

第六，在控制了诸如年级、性别、社团成员、政治面貌、家庭住址、学生干部、独生子女、学校类型和获奖等 9 个人口学变量效应的情况下，青少年学生心理资本中的希望和自信这两个维度对青少年学生心理健康状况的预测作用则是通过应对方式的中介作用而产生的，这种中介作用主要是通过减少运用消极应对方式的使用程度和频率来降低其心理症状，进而提高其心理健康水平。

第九章

青少年心理资本的团体干预实验研究

第一节 引 言

学校心理健康教育的一个重要目标就是培养和提高青少年学生的心理健康水平。通过第八章青少年心理资本、应对方式与心理健康的关系研究，结果发现，在控制了诸如年级、性别、社团成员、政治面貌、家庭住址、学生干部、独生子女、学校类型和获奖等 9 个人口学变量影响的情况下，青少年学生心理资本的四个维度对其心理健康状况均具有显著的预测作用，它们可以解释个体心理健康状况将近 30% 的变异量。通过第二章心理资本研究文献的梳理，结果显示，心理资本是一个类状态性的心理变量，具有可管理、可开发的特点。国内外多项实证研究证明，组织员工的心理资本确实能够通过团体干预的方式进行有效管理和开发①。

然而，学校情境与组织情境差异较大，组织情境下所获得的研究结论是否适用于学校情境？这就需要研究的进一步检验。虽然有学者对心理资本微干预

---

① LUTHANS F, AVEY J B, PATERA J L. Experimental Analysis of a Web-Based Training Intervention to Develop Positive Psychological Capital [J]. *Academy of Management Learning and Education*, 2008, 7 (2): 209-221; 温磊, 七十三. 企业员工心理资本干预的实验研究 [J]. 中国健康心理学杂志, 2009, 17 (6): 672-675; LUTHANS F, AVEY J B, AVOLIO B J, et al. The Development and Resulting Performance Impact of Positive Psychological Capital [J]. *Human Resource Development Quarterly*, 2010, 21 (1): 41-67; DEMEROUTI E, EEUWIJK E V, SNELDER M, et al. Assessing the Effects of a 'Personal Effectiveness' Training on Psychological Capital, Assertiveness and Self-Awareness Using Self-Other Agreement [J]. *Career Development International*, 2011, 16 (1): 60-81.

模型对大学生的适用性进行了充分的理论探讨①，但截至目前相关的实证研究依然严重不足。那么，青少年学生的心理资本能否通过团体干预的方式得以提高呢？此外，既然心理资本在个体心理健康状况中发挥如此重要的作用，那么能否通过提高个体心理资本水平的方式来提升个体的心理健康水平呢？为此，我们需要进行青少年学生心理资本团体干预的实验研究。

第二节　研究目的

在文献分析的基础上，以路桑斯等人提出的心理资本开发微干预模型为理论依据，结合青少年生活的实际，从积极心理学的视角出发，设计出一套以青少年学生为对象，以提高青少年学生心理资本水平为目的的《青少年心理资本团体干预活动方案》。

方案制定后，研究者按照志愿参与的原则从大学生群体中招募研究对象进行青少年心理资本团体干预的实验研究。研究者依据《青少年心理资本团体干预活动方案》对实验组被试进行团体心理资本干预。同时，研究将综合运用《青少年学生心理资本问卷（PCQAS）》《症状自评量表（SCL-90）》《团体活动过程性评价问卷》《团体活动效果个人评估问卷》和《团体活动效果追踪问卷》等工具对实验对象进行实证调查，获得相关研究数据。通过对研究数据的统计分析，最终验证《青少年心理资本团体干预活动方案》的实效性，进而为青少年学生的心理辅导和心理健康教育提供具体的可操作文本。

第三节　研究假设

基于文献分析的结果，结合青少年生活的实际，研究者在青少年心理资本的团体干预实验研究部分提出以下两个研究假设。

假设一：青少年心理资本团体干预活动方案能够有效地提高青少年学生的

---

① 张烽. 人力资源开发视野下大学生心理资本培育研究 [J]. 学术交流, 2009, 25 (9)：195-197；高燕，那佳，李兆良. 提升女大学生心理资本与应对就业形势 [J]. 中国大学生就业. 2009 (1)：77-78；王加新. 优秀运动员心理资本价值分析与干预策略 [J]. 体育成人教育学刊, 2010, 26 (2)：56-59；刘带，陈尚生. 心理资本视阈下女大学生的就业心理健康教育 [J]. 韶关学院学报, 2011, 32 (5)：186-189.

心理资本水平。

假设二：青少年学生心理资本水平的提高对于提升其心理健康水平具有明显的促进作用。

第四节　研究方法

运用小组心理活动的方式，依据团体心理辅导和心理资本的相关理论与方法，对青少年学生进行心理资本的团体干预实验研究。

一、实验设计

本次团体干预实验的自变量为干预手段（实验组/对照组），青少年心理资本团体干预活动方案中的系列干预活动；因变量为青少年学生心理资本问卷（PCQAS）的得分。实验方案采用单因素被试间实验设计。

二、实验程序

实验的具体程序如下：第一，使用《青少年学生心理资本问卷（PCQAS）》筛查出心理资本得分较低的大学生，征得个人同意后，以志愿参加为原则，组成团体活动小组；第二，根据活动小组成员的时间安排情况将其分成实验组和对照组两个组别，在进行实验分组时，尽可能确保两组被试的同质性；第三，在实验研究期间，对实验组成员进行为期 8 周共计 8 次的团体心理干预活动，对对照组成员则不给予任何干预和处理；第四，通过对实验组和对照组前测与后测数据的比较分析以及干预组被试的自我报告等方式来验证青少年心理资本团体干预实验活动的有效性。

三、研究被试

在某地大学城以张贴海报的形式，招募本次团体活动的成员。团体成员的招募以被试主动报名、志愿参与为基本原则。

结果，共有 89 名大学生报名。对已报名的 89 名学生施测《青少年学生心理资本问卷（PCQAS）》和《症状自评量表（SCL-90）》，以筛选本次团体活动的成员。最终，选取《青少年学生心理资本问卷（PCQAS）》得分低于 88 分的 46 名大学生作为本次团体干预的实验被试。对 46 名大学生进行个别谈话，以筛选实验组成员。

个别谈话的内容主要包括对团体心理活动的了解程度，课余时间的安排等。经过个别谈话，对46名大学生进行实验组和对照组的划分。考虑到本次团体活动要持续8周，历时长达2个月，实验组部分被试可能会出现因某些原因中途退出的现象，因此在进行被试分组时，确定实验组被试为24人，对照组被试为22人。

在干预活动开始之后，由于时间安排等方面的冲突，先后有4名实验组被试中途退出。因此，最终实验组被试的人数为20人。本次团体心理活动最后有42名被试参加，其具体情况详见表9-1。

表9-1　青少年学生心理资本团体活动被试情况表（$N=42$）

分类	实验组		对照组	
性别	男	女	男	女
大一	4	5	3	5
大二	2	4	3	3
大三	2	2	2	3
大四	0	1	1	2
合计	8	12	9	13

四、研究工具

1.《青少年学生心理资本问卷（PCQAS）》和《症状自评量表（SCL-90）》

《青少年学生心理资本问卷（PCQAS）》和《症状自评量表（SCL-90）》的心理测量学特征及具体情况详见《第三章第五节研究工具》的相关内容。

在团体活动开始前，用这两个量表对本次团体心理活动的被试进行调查，以获取实验前测的相关数据。在团体活动结束之时，用这两个量表对本次团体心理活动的被试进行调查，以获得实验后测的相关数据。

2.《青少年心理资本团体干预活动方案》

《青少年心理资本团体干预活动方案》是由研究者在文献分析的基础上，以路桑斯等人提出的心理资本开发微干预模型为理论依据，结合青少年生活的实际，从积极心理学的视角出发，设计出的一套以青少年学生为对象，以提高青少年学生心理资本水平为目的的团体干预活动方案。

在进行活动方案的具体设计时，研究者详细参考了路桑斯等、温磊等、吴少怡、白羽、杨敏毅等和阳志平等的论文和论著。该活动方案的具体内容详见附录7。

该方案的主要内容详见表9-2所示。

表9-2 青少年心理资本团体干预活动方案内容汇总简况表

活动名称	活动目标	活动内容
一、欢聚一堂	1. 促进成员相互认识，彼此了解，创建友好、信任的团体氛围。 2. 帮助成员了解活动的主题与形式，明确团体活动的目标。 3. 建立团体活动规范，签订"团体活动协议"。	1. 扯龙尾 2. 团体活动简介 3. 滚雪球 4. 开汽车 5. 制定团体规范 6. 你猜我猜
二、敞开心扉	1. 增进成员间的信任感，加强成员的归属感和依赖感。 2. 协助成员认识基本的情绪，体验自己与他人的情绪互动。 3. 使成员感受积极情绪与消极情绪对个体行为的影响。	1. 棒打薄情郎 2. 风中劲草 3. 情绪接龙 4. 情境大考验 5. 哑口无言
三、调控情绪	1. 帮助成员认识并理解情绪ABC理论，了解情绪产生的根源。 2. 使成员明确自身存在的不合理信念。 3. 帮助成员学会运用理性情绪理论调控自己的情绪。 4. 使成员形成乐观的解释风格。	1. 造反运动 2. 故事分享之一 3. 情绪ABC 4. 故事分享之二 5. 快乐点击
四、悦纳自我	1. 协助成员客观认识自己，促进自我接纳。 2. 探索成员自信心不足的原因，学会积极归因。 3. 协助成员学会运用积极语言暗示来进行自我激励，树立自信。	1. 拥挤的公交车 2. 我是谁 3. 我的担心 4. 故事分享之三 5. 自我激励练习
五、点燃希望	1. 使成员学会树立目标意识，澄清并明确自己的目标，让目标引领自己的行为。 2. 引导成员理智分析自己的现状和不满，增强成员制定目标的基本知识。 3. 引导成员探讨实现目标的方法，提升成员的整体希望水平。	1. 给头像添嘴巴 2. 解手链 3. 故事分享之四 4. 我的愿望 5. 目标搜索
六、巧解压力	1. 创设压力情境，使团体成员体验压力。 2. 协助成员正确认识压力的本质与种类，使其能努力发挥集体智慧探讨解决问题的有效方法。 3. 协助成员学会运用放松训练的方式来减压，学会在压力情境中进行自我放松。	1. 摆渡过河 2. 齐眉棍 3. 压力知多少 4. 压力自救 5. 放松训练

活动名称	活动目标	活动内容
七、挑战挫折	1. 体验坚持所需要的耐心和毅力，培养成员的抗挫力。 2. 使成员意识到心理韧性的培养需从小事做起。 3. 使成员明白对待挫折的态度不同，结果也不一样；协助成员在面对挫折时要努力培养自己的心理韧性。 4. 引导成员学会梳理自己成长过程中可利用的资源，积极地从挫折中提升自我。	1. 举手仪式 2. 故事分享之五 3. 挫折防御机制 4. 故事分享之六 5. 我的资源。
八、轻松话别	1. 回顾团体活动过程，进行活动总结。 2. 协助成员整合所获得的资源和力量，提升心理资本，应对未来挑战。 3. 结束团体，处理离别情绪。	1. 成长三部曲。 2. 大家都来说。 3. 真情告白。

从表9-2可知，青少年心理资本团体干预活动方案共包含8个活动单元。本次团体干预实验计划每周开展一个单元的活动，每个单元计划用时150分钟。实验干预活动由研究者在一名研究生的协助下，利用周末时间进行。

3. 《团体活动过程性评价问卷》

《团体活动过程性评价问卷》由研究者在文献分析的基础上，以团体心理辅导相关理论为依据，结合本次团体干预活动的实际，设计出的一份团体干预活动过程性评价问卷。该问卷的具体内容详见附录8。

在第2、4、6个团体活动单元结束时进行施测，要求成员根据自己的真实感受对本单元团体活动的气氛、内容、自我参与程度以及团体领导者在活动中的表现进行李克特式五点评分，并对活动中的不足或问题提出自己的想法和建议。团体领导者根据团体成员在团体活动过程性评价表上的评价结果及时总结出活动中存在的问题和不足，并在下一活动单元中对问题做出说明和纠正。

4. 《团体活动效果个人评估问卷》

《团体活动效果个人评估问卷》由研究者根据团体活动效果评估的相关文献（吴秀碧，2000）改编而成，共由17道李克特式五点计分题组成。该问卷的具体内容详见附录9。该问卷由实验组成员根据自己在团体活动中积极参与和贡献的程度、团体信任与归属的程度、积极分享与回馈的程度、目标达成的程度以及将所学应用于实践的程度等五个方面的情况来对团体活动效果做出综合的评估。

在第8个团体活动单元结束时进行施测，主要目的在于从团体成员的主观感受方面评估本次团体心理干预活动的效果。

5. 《团体活动效果追踪问卷》

《团体活动效果追踪问卷》由研究者在文献分析的基础上，以团体心理辅导相关理论为依据，结合本次团体干预活动的实际，设计出一份对团体干预活动效果进行追踪调查的问卷。该问卷的具体内容详见附录10。

该问卷由研究者在团体活动结束后一个月之际，对参加团体活动的实验组被试进行追踪调查，以了解实验组被试将团体活动中学到的技巧应用于实际生活的程度，从而对团体干预活动的效果做出进一步评估。

五、统计分析方法

使用 SPSS for Windows 11.5 统计软件对实验组和对照组的研究数据进行处理和统计分析。统计分析方法主要有描述性统计、平均数差异的独立样本 t 检验和配对样本 t 检验等。

第五节　研究结果

一、对照组与实验组的前测差异比较

为了确保对照组与实验组被试的同质性，研究者采用独立样本 t 检验的方法对团体干预活动进行前对照组与实验组被试在青少年学生心理资本问卷各分问卷及总问卷和症状自评量表各分量表及总量表上的得分差异进行分析，结果详见表9-3所示。

表9-3　对照组与实验组的前测差异分析表

量表名称	对照组 ($N=22$)		实验组 ($N=20$)		t	P
	平均数	标准差	平均数	标准差		
希望	36.8636	4.34572	35.6500	5.13271	0.829	0.412
乐观	15.2273	3.61125	15.7500	1.91600	−0.577	0.567
自信	13.6364	2.21565	14.2000	1.96281	−0.869	0.390
韧性	14.5455	1.92050	15.1000	1.88903	−0.942	0.352
心理资本总分	80.2727	8.14851	80.7000	7.90137	−0.172	0.864

量表名称	对照组（N=22）		实验组（N=20）		t	P
	平均数	标准差	平均数	标准差		
躯体化	20.3636	7.86521	19.2000	6.59026	0.517	0.608
强迫	22.8636	5.80062	21.6000	7.22131	0.628	0.534
人际敏感	18.5909	5.58620	18.6500	6.64336	−0.031	0.975
抑郁	25.5000	9.10651	26.8500	8.46836	−0.496	0.623
焦虑	18.8182	6.63782	18.4000	6.17636	0.211	0.834
敌对	11.5455	3.18818	10.7000	3.26222	0.849	0.401
恐怖	11.2727	3.85674	11.6500	3.42245	−0.334	0.740
偏执	11.0455	3.57874	11.0000	4.23022	0.038	0.970
精神病性	18.9091	7.09734	17.3500	5.55617	0.787	0.436
其他	13.0000	5.35413	12.7000	4.23146	0.200	0.842
症状自评量表总分	171.9091	52.69491	168.1000	50.08929	0.240	0.812

表9-3的结果显示，团体心理干预活动前，对照组与实验组被试在青少年学生心理资本问卷的4个分问卷和总问卷以及症状自评量表的10个分量表和总量表上的得分均不存在显著差异，表明两组被试基本同质。

二、对照组前测与后测的差异比较

为了考察青少年学生在自然成长的状态下，个体的心理资本水平和心理健康状况是否会发生明显变化，研究者采用配对样本 t 检验的方法对团体干预前、后对照组被试在青少年学生心理资本问卷各分问卷及总问卷和症状自评量表各分量表及总量表上的得分差异进行分析，结果详见表9-4所示。

表9-4 对照组前测和后测的差异分析表

量表名称	前测（N=22）		后测（N=22）		t	P
	平均数	标准差	平均数	标准差		
希望	36.8636	4.34572	35.6818	5.72702	1.340	0.195
乐观	15.2273	3.61125	15.5455	2.32435	−0.404	0.690
自信	13.6364	2.21565	14.0909	2.54313	−0.934	0.361

续表

量表名称	前测（N=22）		后测（N=22）		t	P
	平均数	标准差	平均数	标准差		
韧性	14.5455	1.92050	15.0000	2.09307	-0.634	0.533
心理资本总分	80.2727	8.14851	80.3182	7.52384	-0.182	0.858
躯体化	20.3636	7.86521	19.5909	5.50895	0.393	0.698
强迫	22.8636	5.80062	20.8636	5.84967	1.926	0.068
人际敏感	18.5909	5.58620	18.2273	4.61810	0.258	0.799
抑郁	25.5000	9.10651	26.9091	7.52715	-0.731	0.473
焦虑	18.8182	6.63782	19.3636	6.03597	-0.326	0.747
敌对	11.5455	3.18818	10.5455	2.75555	1.176	0.253
恐怖	11.2727	3.85674	12.8182	3.97176	-1.409	0.173
偏执	11.0455	3.57874	10.7727	3.26499	0.378	0.709
精神病性	18.9091	7.09734	18.3182	4.69434	0.373	0.713
其他	13.0000	5.35413	13.4091	3.44562	-0.323	0.750
症状自评量表总分	171.9091	52.69491	170.8182	39.44331	0.099	0.922

表9-4的结果显示，团体干预前、后对照组被试在青少年学生心理资本问卷的4个分问卷和总问卷以及症状自评量表的10个分量表和总量表上的得分均不存在显著差异，说明在自然成长的状态下，被试的心理资本水平和心理健康状况均没有发生明显变化。

三、实验组前测与后测的差异比较

为了考察为期8周的团体心理干预活动的有效性，研究者采用配对样本 t 检验的方法对团体干预前、后实验组被试在青少年学生心理资本问卷各分问卷及总问卷和症状自评量表各分量表及总量表上的得分差异进行分析，结果详见表9-5所示。

表9-5 实验组前测和后测的差异比较分析表

量表名称	前测（N=20）		后测（N=20）		t	P
	平均数	标准差	平均数	标准差		
希望	35.6500	5.13271	41.3000	4.34196	−5.934	0.000
乐观	15.7500	1.91600	17.8500	2.00722	−3.566	0.002
自信	14.2000	1.96281	15.8500	2.83354	−2.733	0.013
韧性	15.1000	1.88903	16.3500	1.98083	−2.156	0.044
心理资本总分	80.7000	7.90137	91.3500	5.24430	−11.560	0.000
躯体化	19.2000	6.59026	15.7500	4.01150	1.941	0.067
强迫	21.6000	7.22131	18.4000	4.07043	1.791	0.089
人际敏感	18.6500	6.64336	15.1000	2.98946	2.166	0.043
抑郁	26.8500	8.46836	20.5000	4.86123	2.839	0.010
焦虑	18.4000	6.17636	14.8000	2.89464	2.389	0.027
敌对	10.7000	3.26222	8.5500	2.54383	2.312	0.032
恐怖	11.6500	3.42245	8.9500	1.76143	3.484	0.002
偏执	11.0000	4.23022	8.8000	1.76516	2.037	0.056
精神病性	17.3500	5.55617	14.5000	2.58538	1.930	0.069
其他	12.7000	4.23146	10.9000	3.05907	1.373	0.186
症状自评量表总分	168.1000	50.08929	136.2500	23.75062	2.561	0.019

表9-5的结果显示，团体干预前、后实验组被试在青少年学生心理资本问卷的4个分问卷和总问卷上的得分均有了显著的提高，说明团体心理干预活动能有效地提高个体的心理资本水平。同时，团体干预前、后实验组被试在症状自评量表的人际敏感、抑郁、焦虑、敌对、恐怖等五个分量表及总量表上的得分也发生了显著的变化，虽然在躯体化、强迫、偏执、精神病性和其他等五个分量表上的得分没有出现显著变化，但都有不同程度的降低，而且在偏执、躯体化和精神病性等维度上的变化也处在显著性水平边缘，这说明心理资本水平的提高能有效增强个体的心理健康水平。

四、对照组与实验组的后测差异比较

为了进一步考察团体干预活动的有效性，研究者采用独立样本 t 检验的方法对团体干预后对照组与实验组被试在青少年学生心理资本问卷各分问卷及总问卷和症状自评量表各分量表及总量表上的得分差异进行分析，结果详见表9-6所示。

表9-6　对照组与实验组的后测差异比较分析表

量表名称	对照组（N=22）		实验组（N=20）		t	P
	平均数	标准差	平均数	标准差		
希望	35.6818	5.72702	41.3000	4.34196	-3.554	0.001
乐观	15.5455	2.32435	17.8500	2.00722	-3.422	0.001
自信	14.0909	2.54313	15.8500	2.83354	-2.121	0.040
韧性	15.0000	2.09307	16.3500	1.98083	-2.141	0.038
心理资本总分	80.3182	7.52384	91.3500	5.24430	-5.459	0.000
躯体化	19.5909	5.50895	15.7500	4.01150	2.560	0.014
强迫	20.8636	5.84967	18.4000	4.07043	1.569	0.125
人际敏感	18.2273	4.61810	15.1000	2.98946	2.628	0.013
抑郁	26.9091	7.52715	20.5000	4.86123	3.241	0.002
焦虑	19.3636	6.03597	14.8000	2.89464	3.168	0.003
敌对	10.5455	2.75555	8.5500	2.54383	2.431	0.020
恐怖	12.8182	3.97176	8.9500	1.76143	4.142	0.000
偏执	10.7727	3.26499	8.8000	1.76516	2.465	0.019
精神病性	18.3182	4.69434	14.5000	2.58538	3.303	0.002
其他	13.4091	3.44562	10.9000	3.05907	2.485	0.017
症状自评量表总分	170.8182	39.44331	136.2500	23.75062	3.476	0.001

表9-6的结果显示，团体干预活动后对照组与实验组被试在青少年学生心理资本问卷的4个分问卷和总问卷上的得分出现了显著差异，再次说明本次团体干预活动对于提高个体心理资本水平的有效性。团体干预活动后对照组与实验组被试在症状自评量表的10个维度上的得分除在强迫维度上不存在显著差异

外，在其他 9 个维度和总量表上的得分则均出现了显著差异。这说明心理资本水平的提高对于增强个体心理健康水平的有效性。

五、实验组被试对团体活动过程性评价的评估结果

为了及时发现并纠正团体活动过程中的问题与不足，研究者在第 2、4、6 个团体活动单元结束时对实验组被试施测了团体活动过程性评价问卷。

20 名实验组成员对团体活动自我参与程度的评价结果详见表 9-7 所示。

表 9-7　实验组被试对团体活动自我参与程度的评价结果表（$N=20$）

自我参与程度	第一次测试		第二次测试		第三次测试	
	人数	百分比	人数	百分比	人数	百分比
很不满意	0	0%	1	5%	0	0%
较不满意	0	0%	2	10%	1	5%
一般	2	10%	4	20%	2	10%
比较满意	13	65%	11	55%	13	65%
非常满意	5	25%	2	10%	4	20%

表 9-7 的结果显示，由于前两个单元的团体心理活动主要以创建友好、信任的团体氛围为主，活动中心理游戏的成分较多，较少涉及个体的内部世界，因此被试的参与程度总体都较高。在第一次施测时，90% 的被试对自己的参与程度感到满意。但随着团体活动的深入，活动开始触及被试内心深处的问题，部分被试开始出现阻抗，参与程度随之下降。因此第二次施测时仅有 65% 的人对自己的参与程度感到满意。但是，随着被试对活动目标的认识和理解，其参与程度又有了提升，所以在第三次施测时，有 85% 的被试对自己的参与程度感到满意。

20 名实验组成员对团体活动气氛满意程度的评价结果详见表 9-8 所示。

表 9-8　实验组被试对团体活动气氛的评价结果表（$N=20$）

活动气氛	第一次测试		第二次测试		第三次测试	
	人数	百分比	人数	百分比	人数	百分比
很不满意	0	0%	0	0%	0	0%
较不满意	0	0%	2	10%	0	0%
一般	1	5%	4	20%	3	15%

活动气氛	第一次测试		第二次测试		第三次测试	
	人数	百分比	人数	百分比	人数	百分比
比较满意	15	75%	12	60%	13	65%
非常满意	4	20%	2	10%	4	20%

表9-8的结果显示，实验组成员对团体活动气氛满意程度的评价结果与其对自我参与程度的评价结果相类似：第一次评价时满意率较高，达到95%，第二次评价时的满意率降到了70%，第三次评价时的满意率又升高到了85%。

20名实验组成员对团体活动内容满意程度的评价结果详见表9-9所示。

表9-9　实验组被试对团体活动内容的评价结果表（$N=20$）

活动内容	第一次测试		第二次测试		第三次测试	
	人数	百分比	人数	百分比	人数	百分比
很不满意	0	0%	0	0%	0	0%
较不满意	0	0%	3	15%	1	5%
一般	4	20%	3	15%	3	15%
比较满意	12	60%	12	60%	13	65%
非常满意	4	20%	2	10%	3	15%

表9-9的结果显示，实验组成员对团体活动内容满意程度的评价结果与其对自我参与程度和对团体活动气氛满意程度的评价结果类似：第一次评价时满意率较高，达到80%，第二次评价时的满意率降到了70%，第三次评价时的满意率又上升到80%。

20名实验组成员对团体领导者满意程度的评价结果详见表9-10所示。

表9-10　实验组被试对团体活动领导者的评价结果表（$N=20$）

团体领导者	第一次测试		第二次测试		第三次测试	
	人数	百分比	人数	百分比	人数	百分比
很不满意	0	0%	0	0%	0	0%
较不满意	0	0%	0	0%	0	0%
一般	1	5%	3	15%	2	10%
比较满意	16	80%	15	75%	14	70%

团体领导者	第一次测试		第二次测试		第三次测试	
	人数	百分比	人数	百分比	人数	百分比
非常满意	3	15%	2	10%	4	20%

　　表9-10的结果显示，实验组成员对团体领导者满意程度均保持较高的评价，三次评价时的满意率均达到85%以上。这一方面固然可能存在被试讨好团体领导者的因素，但也从一个侧面说明团体领导者具备了较强的活动组织、协调和控制能力，团体成员对团体领导者的认可度较高。

六、实验组被试对团体活动效果的评估结果

　　在第8个团体活动单元结束之际，研究者对实验组被试施测了《团体活动效果个人评估问卷》，以了解团体成员对本次团体心理干预活动效果的主观评价情况。20名实验组被试在团体活动效果个人评估问卷上的评价结果详见表9-11所示。

表9-11　实验组被试对团体活动效果的评价结果表（$N=20$）

维度	很不好	不好	一般	较好	很好
积极参与和贡献程度	0%	0%	36.7%	36.7%	26.6%
信任与归属团体程度	0%	0%	11.7%	50.0%	38.3%
分享与回馈程度	0%	0%	23.7%	48.8%	27.5%
目标达成程度	0%	0%	18.7%	56.3%	25.0%
将所学用于实践的程度	0%	0%	8.4%	53.3%	38.3%

　　表9-11是各选项被选次数占该维度总被选择次数的百分比分析结果。表9-11的结果显示，在这五个维度上，"很不好"和"不好"选项的被选次数均为0，而"较好"和"很好"选项的被选次数与该维度总被选择次数的比均超过60%，表明被试对本次团体活动的评价均较为积极。其中，在"分享与回馈程度"维度，"较好"和"很好"选项的被选次数与该维度总被选择次数的比超过75%，在"目标达成程度"和"信任与归属团体程度"维度，"较好"和"很好"选项的被选次数与该维度总被选择次数的比超过80%，在"将所学用于实践的程度"维度，"较好"和"很好"选项的被选次数与该维度总被选择次数的比更是超过了90%，这有力地说明了被试从这次团体活动中的受益程度

较高，团体活动对其心理和行为的改变程度比较明显。

七、对实验组被试的追踪调查结果

在团体活动结束后一个月之际，研究者向实验组的 20 名被试发放了团体活动效果追踪问卷。该问卷由 9 个开放式问题组成，主要了解实验组被试在团体活动结束后是否能将本次团体心理活动中的训练成果迁移到现实生活中去，以及迁移的程度如何。从调查反馈的结果来看，每位成员都认真仔细地填写了调查问卷，并且对本次团体活动给予了较高的积极评价，有些成员甚至提出了希望这个团体继续进行下去的想法。很多成员都认为，在团体中自己获得了飞快地成长，两个月的时间使自己的改变要多于自己一年甚至更长时间的努力。在谈到本次团体活动给自己留下的最深刻印象时，有位成员这样写道："本次活动给我留下最深刻印象的有很多：一是我在活动中感受到自己的成长与他人的成长；二是老师您认真负责的态度；三是生动有趣的活动，让我们在活动中获得了很多的知识；四是这些知识将在我以后的生活实践中提供更好的帮助；五是通过这次的学习，我找到了使我变得更加强大的东西。"在谈到本次团体活动对个人带来的影响时，有位成员这样写道："本次团体活动让我有了很多的改变：第一，我的性格有所改变，处世态度等也有了改变，发现和室友相处得更融洽了；第二，人际关系得到了改善，曾经我总是抱怨，每天都很不满，现在换了角度去想，也学会了去体谅别人；第三，遇到问题，会去思考，从而去解决，而不是选择逃避；第四，在心情不好的时候，就会问自己原因，然后想办法让自己开心，改变不合理信念；第五，生活更有目标了，目标也更具体了，也更有信心去达成了。"在谈到是否经常将本次团体活动中所学到的经验应用于日常生活时，几乎所有的成员都给出肯定的回答。其中有位成员这样写道："这个团体让我学到很多东西啦！比如，如何控制自己的情绪，如何有效设定目标，如何建立自信等；同时，对自我的认同感也更进一步了，做事态度上也得到了很大的进步；在生活中，我也经常运用这些知识去处理一些问题。对我来说，这个团体让我真的改变了不少，很有意义。"综合这 20 名被试的反馈结果可以看出，团体成员基本上都能把自己从团体活动中学到的东西应用于自己的生活实践中，并且取得了不错的效果，说明被试已经较好地将本次团体心理活动中的训练成果迁移到现实生活中去了，再次说明本次团体活动获得了较大的成功。

第六节 分析与讨论

一、对团体干预活动效果的分析与讨论

从对调查数据的分析结果看，本次团体心理干预活动产生了明显的效果。团体干预实验中对照组与实验组被试前测和后测的差异分析结果表明，开展团体干预活动前，对照组与实验组被试的心理资本和心理健康水平不存在显著差异，但在实施团体干预活动后，实验组被试的心理资本和心理健康水平较干预前都有了显著提高，同时也显著高于对照组；而对照组被试的心理资本和心理健康水平前测与后测之间则没有发生明显变化。

从对活动结束后的追踪调查结果的分析看，每位成员都对本次团体活动给予了较高的积极评价，而且绝大多数成员都能将团体活动中学到的方法和技能积极地应用到生活的其他方面，说明本次活动产生了明显的迁移效果。

量表评估和追踪调查的结果均共同证明：本次团体心理干预活动是积极有效的。

二、对团体干预活动有效性因素的分析与讨论

本次团体干预活动之所以能产生如此显著的积极效果，主要有以下四个方面的原因：

第一，活动方案设计合理。在设计团体活动方案之前，研究者在查阅大量相关文献的基础上对团体目标、团体任务和团体功能进行了详细分析，并将本次团体活动分为四个基本阶段，分别是：团体建立与形成阶段（第一次活动），团体过渡阶段（第二次活动），团体工作阶段（第三至第七次活动）和团体结束阶段（第八次活动）。团体建立与形成阶段主要协助成员之间尽快熟悉，澄清团体目标，建立和谐信任的团体氛围，使成员形成团体归属感。团体过渡阶段主要强化成员的团体归属感，增强成员间的和谐信任关系，在此基础上逐渐把活动引向正式的训练。团体工作阶段围绕团体目标逐步展开活动，促使成员从自我探索和他人反馈中尝试解决各种问题。为了使活动循序渐进地进行，团体工作阶段遵循以下基本逻辑：先让成员学会认知调整，从而使自己能更加积极乐观地面对现实生活；在此基础上，协助成员客观地认识自己和他人，并进行

自信心的训练；在建立起自信后，协助成员形成目标意识，进行目标训练，向目标靠拢；在实现目标的过程中可能会遇到各种压力、困难和挫折，因此，需要让成员学会解压，学会积极应对困难和挫折，从而恢复挑战压力、困难和挫折的勇气。通过这样一系列的团体活动，最终达到提高成员心理资本的目的。团体结束阶段由团体领导者和成员分别对团体活动做出总结，处理好分离情绪并给予成员心理支持，引导成员积极地将团体中收获的方法和技能应用于现实生活的各个方面。为了使团体活动开展得更加顺畅，更加生动有趣，在每个团体活动单元中均加入了一定的心理游戏进行过渡。在团体活动方案制定出来后，研究者还向两位心理学专家征求意见，并根据专家的意见进行了相应的修改和调整。

第二，被试改变意愿较强。本次团体活动成员的招募遵循了被试主动报名、志愿参加的原则，这就使得最终实验组的成员对本次团体活动具有较强的积极性和较高的热情。此外，我们还运用问卷测验和个别谈话的方法对主动报名、志愿参加的人员进行了筛选。在问卷筛选方面，主要选择在《青少年学生心理资本问卷（PCQAS）》上得分处于55分到88分之间的人员，即问卷得分处于中低段的人员。在个别谈话筛选时，将时间安排不存在冲突的人员作为实验组。经过人员筛选，本次团体活动成员的改变意愿均比较强烈，这也是活动能够取得预期效果的一个重要原因。

第三，团体领导者认真负责，团体气氛和谐融洽。为了使本次团体活动能顺利有效地进行，团体领导者以认真负责的态度积极投身于每一个团体活动单元中，模范地遵守团体制定的各项团体规范，用实际行动代替言语说教，引导每一位成员积极遵守团体规范，践行自己的承诺。为了使整个活动的团体气氛自始至终都和谐融洽，在方案设计时，增加了与活动主题密切相关的心理游戏。每个活动单元都会以与该活动单元主题密切相关的心理游戏来拉开活动的序幕，着重发挥心理游戏在衔接各项活动和活跃团体气氛等方面的重要作用。在团体建立和形成阶段，为了使成员之间尽快相互熟悉和了解，研究者设计了大量生动有趣的相识和信任游戏。在团体工作阶段，每个讨论和分享的环节前，研究者都会通过一些相应的心理游戏来进行积极引导，并注意对成员的表现进行积极关注，强化其积极互动的热情，增强团体凝聚力。在团体活动结束后一个月的追踪调查中，几乎所有成员都表示对团体领导者认真负责的态度印象深刻，并表达了对团体依依不舍的情感。正是有了领导者的认真负责，有了团体成员的努力以及和谐融洽的团体氛围，本次团体活动才能取得预期的目的。

第四，活动过程监控严密。为了及时发现和纠正团体活动中存在的问题和不足，本团体共进行了三次团体活动过程性评价问卷的测试。每次测试都要求成员根据自己在本活动单元中的真实感受对活动气氛、内容、自我参与程度以及团体领导者在活动中的表现进行评价，并对活动中的不足或问题提出自己的想法和建议。团体活动过程性评价问卷的施测使得团体领导者和团体成员能及时发现活动中存在的问题和不足，并在下一次活动中加以改进和提高。此外，团体领导者还通过多种方式与团体成员进行沟通和交流。通常，在开展每个活动单元当天，领导者均会提前一个小时到达活动地点，以便对需要个别咨询的成员进行咨询和交流。另外，在活动之初，我们还建立了一个供成员进行日常沟通和交流的QQ群。领导者每周都会将一些与活动主题相关的警句、文章、漫画和视频上传到群共享中，供每位成员自由下载和学习。这些措施使得团体成员不仅能在活动之中，而且也能在活动之外有所收获，从而促进了活动效果的产生。

第七节　研究小结

通过对对照组与实验组被试在团体活动前后施测《青少年学生心理资本问卷（PCQAS）》和《症状自评量表（SCL-90）》的结果分析，以及对实验组被试施测《团体活动过程性评价问卷》《团体活动效果个人评估问卷》和《团体活动效果追踪问卷》的结果分析，本研究得到以下两个研究结论：

第一，青少年心理资本团体干预活动方案能够有效地提高青少年学生的心理资本水平。

第二，青少年学生心理资本水平的提高对于提升其心理健康水平具有明显的促进作用。

第十章

研究反思

第一节　创新之处

一、对青少年学生心理资本进行了明确的界定

"心理资本"一词最早由经济学家戈德史密斯于1997年正式提出，是指那些能够影响个体生产效率的心理特征，主要包括个体的自我知觉、工作态度、伦理取向和对生活的一般看法。随着积极心理学和积极组织行为学的兴起，心理资本一词被引入心理学研究领域。2002年，路桑斯等人提出了以人的积极心理力量为核心的积极心理资本概念。2007年，路桑斯等人对心理资本进行了重新定义，他指出，心理资本是个体在成长和发展过程中表现出来的一种积极心理构想。许多心理学家和组织行为学家都对组织情境中个体的心理资本以及心理资本对组织绩效、组织承诺等组织行为的关系进行了深入的研究。但截至目前，很少有人对学校情境中青少年学生的心理资本进行研究。然而，心理资本既然是个体成长和发展过程中表现出来的积极心理力量，那么无论是组织情境中的工作人员还是学校情境中的青少年学生都是应该具备的。因此，学校情境中青少年学生的心理资本也应该是值得我们研究的。为此，研究者从心理资本的普遍性出发，根据前人对心理资本的论述，结合青少年学生的实际，将青少年学生心理资本定义为青少年学生在学习与生活过程中表现出来的一种有助于提高其学习绩效与生活满意度的类状态积极心理力量。

二、探查了青少年学生心理资本的结构，编制了青少年学生心理资本问卷，并对青少年学生心理资本的发展特点进行了研究

本研究不仅对青少年学生心理资本的概念进行了明确的界定，探索了青少年学生心理资本的基本结构，而且还严格按照心理测量学的标准与程序编制了适用于青少年学生的心理资本测量问卷。经相关检验，青少年学生心理资本问卷具有良好的心理测量学特征，是测量青少年学生心理资本稳定可靠且有效的工具，并进一步验证了青少年学生心理资本四因素结构学说的正确性。

此外，本研究还在成功编制青少年学生心理资本问卷的基础上，对青少年学生心理资本的总体状况及其发展特点进行了相关实证研究，并得出了一些有价值的研究结论。

三、探明了青少年生活事件对心理资本的影响，明确了心理资本对心理健康的作用机制

从理论上说，心理资本作为一种潜在的积极心理力量，其影响因素非常多。但对生活范围相对狭窄的青少年学生来说，生活事件的应激对他们心理成长与发展的影响更大。因此，本研究考查了青少年生活事件对其心理资本的影响作用。研究发现青少年生活事件中的人际关系因子、学习压力因子和其他因子对其心理资本具有显著的预测作用，而健康适应因子、丧失因子和受惩罚因子对其心理资本则不具有显著的预测作用。

此外，心理资本是一种积极的心理力量，积极心理力量必然有助于个体预防和抵制各种心理疾病的侵袭，从而促进个体的身心健康。然而，心理资本对心理健康的作用机制究竟怎样，至今尚不明确。本研究考查了青少年学生心理资本、应对方式和心理健康三者之间的关系，发现心理资本对心理健康的预测作用部分遵从直接效应模型，部分遵从中介效应模型。

四、以大学生为例，对青少年学生进行了心理资本的团体干预实验研究

心理资本是一个可以被有效管理和开发的心理变量。本研究通过严密设计的心理资本团体干预活动方案对大学生进行了为期8周的团体心理干预实验研究。结果表明，团体心理资本干预活动对提高大学生的心理资本和心理健康具有明显的促进作用。心理资本团体干预研究的成功进一步验证了心理资本具有可开发的特点，同时，也为青少年学生的心理健康教育提供了可参考的框架。

第二节　不足及未来的研究方向

通过系统深入的分析，本研究初步探明了青少年学生心理资本的结构、发展特点、青少年生活事件与青少年学生心理资本之间的关系，青少年心理资本与应对方式和心理健康之间的关系及作用机制，得出了一些有价值的结论，但也存在一些需要改进和继续探索的地方。

一、样本的代表性有待于进一步提高

在问卷编制、心理资本发展特点和相关因素的研究中，我们只对福州、泉州和赣州三个地区的两千多名青少年学生进行了取样，虽然样本的容量较大，但其代表性显然不够理想。如果研究能从我国的西部地区取到相应的样本，将使研究样本的代表性更有说服力。

另外，在青少年心理资本团体干预研究中，研究者只对大学生进行了心理资本的团体干预研究，而且实验组被试的年级分布不均衡，主要集中在大一和大二两个年级。未来的研究需要对初中生和高中生进行心理资本团体干预的相关实验研究，以进一步检验青少年心理资本团体干预活动方案的有效性。

二、对青少年学生心理资本的发展特点进行纵向追踪研究

本研究主要采用横断研究设计对不同年级青少年学生的心理资本发展特点进行了系统研究。但在发展心理学的研究中，追踪研究设计才能更系统、更准确地描述和反映个体心理的发展历程，从而全面地把握个体在不同时期心理发展变化的趋势。因此，要全面系统地掌握青少年学生心理资本的发展特点，比较青少年学生心理资本在各个年级的发展变化规律，追踪研究将是未来研究的一个方向。

三、开展心理资本和其他相关因素的关系研究

心理资本作为个体成长和发展过程中表现出来的一种积极心理力量，其影响因素是多方面的，既包括个体生理与心理特征方面的因素，也包括家庭、同伴群体、生活事件、社区和文化等环境因素。在本研究中，研究者只分析了青少年生活事件对青少年学生心理资本的影响。未来还需要研究家庭、同伴群体

和文化等环境因素对青少年学生心理资本的影响。此外，在心理资本与结果变量的关系研究方面，本研究只探讨了青少年学生心理资本与心理健康的关系。未来还需要对青少年学生心理资本与其他心理与行为变量如主观幸福感、自尊等的关系进行深入的探讨和研究。

第十一章

研究结论

本研究运用质与量相结合的方法对青少年学生心理资本的结构、特点、相关因素及团体干预进行了实证研究。通过理论探讨、问卷调查和团体干预实验研究，本研究得到以下结论：

第一，青少年学生心理资本是一个四因素结构的概念。理论分析和开放式问卷调查与个别访谈的研究结果表明，青少年学生心理资本的结构包含希望、乐观、自信和韧性等四个维度。

第二，青少年学生心理资本问卷具有较高的信度和效度，可以作为了解和研究青少年学生心理资本可靠且有效的测评工具。该问卷共由22道题组成，可分为希望、乐观、自信和韧性等四个维度。其中，希望维度包含10道题，乐观、自信和韧性维度各包含4道题。该问卷的内部一致性系数为0.9058，分半信度为0.8825，四周后的重测信度为0.878。探索性因素分析和验证性因素分析的结果表明，青少年学生心理资本问卷具有良好的结构效度。该问卷与症状自评量表（SCL-90）的10个分量表及总量表之间均呈显著负相关关系，说明该问卷测量的是个体的积极心理力量；该问卷与青少年学生的学业成绩呈显著正相关关系，说明该问卷测量到的积极心理力量对学生的学业绩效具有明显的增益性，能显著提升个体的行为绩效；这表明青少年学生心理资本问卷具有良好的效标效度。

第三，总体而言，青少年学生的心理资本水平较高。1819名青少年学生在青少年学生心理资本问卷上的总均分为91.2248分，高于77分的理论平均值，说明青少年学生的总体心理资本状况比较积极。

第四，在心理资本的学段发展特点方面，研究显示，随着学段的升高，青少年学生的心理资本水平不断提高。在心理资本的年级发展特点方面，研究显示，从初一到高二，青少年学生的心理资本水平处于缓慢发展阶段；到高三时，心理资本水平跌入青少年时期的最低谷；到大一时又迅速回升，发展至青少年时期的最高峰；到大三之后逐渐趋于稳定。

第五，青少年学生的心理资本水平在家庭住址、社团成员、学生干部、获奖、学校类别和政治面貌等人口学变量上存在显著差异；但在性别、独生子女和专业等人口学变量上的差异不显著。

第六，在控制了人口学变量的效应后，青少年生活事件中的人际关系、学习压力和其他这三个因子对青少年学生心理资本具有显著的负向预测作用，而健康适应、丧失和受惩罚这三个因子对青少年学生心理资本的预测作用则不显著。

第七，在控制了人口学变量的效应后，青少年学生心理资本的四个维度对个体的心理健康水平均具有显著的预测作用。进一步研究发现，乐观和韧性两个维度对青少年学生心理健康水平的预测作用是直接产生的，而希望和自信两个维度对青少年学生心理健康水平的预测作用则是通过应对方式的中介作用而产生的，这种中介作用主要是通过减少个体运用消极应对方式的程度和频率来降低其心理症状，以提高其心理健康水平。

第八，青少年心理资本团体干预活动方案能够有效地提高青少年学生的心理资本水平；同时，心理资本水平的提高对于增进个体的心理健康水平也具有明显的促进作用。

青少年学生心理资本开放式调查问卷

指导语：这是一个关于"学生积极心理"的社会调查，所得结果仅为研究之用，请您认真、如实作答，谢谢您的配合。请您在答题之前先将以下信息填好。

年级：_____

现在请您尽可能详细地回答以下四个问题，不要遗漏任何一题。

1. 请回顾过去一年的学校生活，在这一年中，最令您满意的三件事情是什么？

2. 您认为是哪些积极心理促成了这三件令您满意事情的发生？（请尽可能多地列出来）

3. 在这三件令您满意的事情发生后，您出现了哪些积极的心理？（请尽可能多地列出来）

4. 在以上（指第2、3两题）您所提到的积极心理中，您认为哪些是可以通过后天培养而获得的？

附录2

青少年学生心理资本问卷·初测问卷

指导语：下面有一些句子，它们描述了你目前是如何看待自己的。当你阅读每个句子时，请考虑它与你的实际情况相符合的程度，并在每个句子后最符合你真实情况的那个数字上打"√"，注意不要漏答。谢谢你的合作！其中，各数字所代表的含义如下："①"代表"完全不符合"，"②"代表"大部分不符合"，"③"代表"有点不符合"，"④"代表"有点符合"，"⑤"代表"大部分符合"，"⑥"代表"完全符合"。

符合的程度　　　　　　　题目内容	完全不符合	大部分不符合	有点不符合	有点符合	大部分符合	完全符合
1. 我对我的学习能力很有信心。	①	②	③	④	⑤	⑥
2. 为了实现我的目标，我正在努力地学习。	①	②	③	④	⑤	⑥
3. 我对我的学习始终抱乐观的态度。	①	②	③	④	⑤	⑥
4. 我可以迅速地从惊吓中恢复正常状态。	①	②	③	④	⑤	⑥
5. 我是个意志坚强的人。	①	②	③	④	⑤	⑥
6. 我总能看到事物好的一面。	①	②	③	④	⑤	⑥
7. 我能够灵活地调整完成学习任务的方法。	①	②	③	④	⑤	⑥
8. 我觉得自己在班级中是有影响力的。	①	②	③	④	⑤	⑥
9. 我相信天生我才必有用。	①	②	③	④	⑤	⑥
10. 我擅长采取多种方法来实现学习目标。	①	②	③	④	⑤	⑥
11. 我相信任何事物都会有积极的一面。	①	②	③	④	⑤	⑥
12. 糟糕的经历会使我一蹶不振。	①	②	③	④	⑤	⑥
13. 我能较快地走出失败的阴影。	①	②	③	④	⑤	⑥
14. 在做事之前，我总会先想到失败。	①	②	③	④	⑤	⑥
15. 我能想出许多办法来达到自己设定的目标。	①	②	③	④	⑤	⑥

续表

符合的程度 题目内容	完全 不符合	大部分 不符合	有点 不符合	有点 符合	大部分 符合	完全 符合
16. 我对我的前途有把握。	①	②	③	④	⑤	⑥
17. 我有一套学好课程的方法。	①	②	③	④	⑤	⑥
18. 我乐于解决学习中遇到的问题。	①	②	③	④	⑤	⑥
19. 遇到挫折后，我仍然能保持愉快的心情。	①	②	③	④	⑤	⑥
20. 我会尽最大的努力去解决学习中遇到的难题。	①	②	③	④	⑤	⑥
21. 当我在学习中遇到困难时，我常不知所措。	①	②	③	④	⑤	⑥
22. 在学习上遇到问题时，我总是积极地寻找解决的办法。	①	②	③	④	⑤	⑥
23. 我会积极主动地完成我的学习任务。	①	②	③	④	⑤	⑥
24. 面对糟糕的结果，我也能坦然地接受。	①	②	③	④	⑤	⑥
25. 我相信我能处理好一些突然发生的事情。	①	②	③	④	⑤	⑥
26. 我是个开心快乐的人。	①	②	③	④	⑤	⑥
27. 受到老师批评后，我仍然能心平气和地安心学习。	①	②	③	④	⑤	⑥
28. 我能合理地安排好时间进行学习。	①	②	③	④	⑤	⑥
29. 我的生活充满乐趣。	①	②	③	④	⑤	⑥
30. 面对学习中不确定的结果，我总是往好的方面想。	①	②	③	④	⑤	⑥
31. 面对挫折，我会坚持不懈地努力奋斗。	①	②	③	④	⑤	⑥
32. 我经常觉得自己比不上班上其他的同学。	①	②	③	④	⑤	⑥
33. 我总是能达到自己所确定的目标。	①	②	③	④	⑤	⑥
34. 我相信我能学好各门课程。	①	②	③	④	⑤	⑥
35. 我相信我有能力完成老师布置的作业。	①	②	③	④	⑤	⑥
36. 我会付出必要的努力去维持与同伴之间融洽的关系。	①	②	③	④	⑤	⑥
37. 学习中遇到的困难并不能使我放弃努力。	①	②	③	④	⑤	⑥
38. 学习再苦再累，我也会坚持下去。	①	②	③	④	⑤	⑥

续表

符合的程度　　　　　　　　题目内容	完全不符合	大部分不符合	有点不符合	有点符合	大部分符合	完全符合
39. 生活就是这么无奈，我再怎么努力都是没用的。	①	②	③	④	⑤	⑥
40. 我擅长处理交往中所产生的矛盾。	①	②	③	④	⑤	⑥
41. 我对自己的学习有明确的计划和安排。	①	②	③	④	⑤	⑥
42. 我觉得生活是美好的。	①	②	③	④	⑤	⑥
43. 学习中不管遇到多少困难，我都会努力前进。	①	②	③	④	⑤	⑥
44. 在学习上，我常有一种力不从心的感觉。	①	②	③	④	⑤	⑥
45. 我认为任何问题都有多种不同的解决办法。	①	②	③	④	⑤	⑥
46. 只要我努力，我就能解决大多数难题。	①	②	③	④	⑤	⑥
47. 遇到失败，我就容易灰心丧气。	①	②	③	④	⑤	⑥
48. 我是一个热情而开朗的人。	①	②	③	④	⑤	⑥

附录3

青少年学生心理资本问卷·正式问卷

指导语：下面有一些句子，它们描述了你目前是如何看待自己的。当你阅读每个句子时，请考虑它与你的实际情况相符合的程度，并在每个句子后最符合你真实情况的那个数字上打"√"，注意不要漏答。谢谢你的合作！其中，各数字所代表的含义如下："①"代表"完全不符合"，"②"代表"大部分不符合"，"③"代表"有点不符合"，"④"代表"有点符合"，"⑤"代表"大部分符合"，"⑥"代表"完全符合"。

符合的程度　　　　　　题目内容	完全不符合	大部分不符合	有点不符合	有点符合	大部分符合	完全符合
1. 我乐于解决学习中遇到的问题。	①	②	③	④	⑤	⑥
2. 我是个快乐的人。	①	②	③	④	⑤	⑥
3. 在学习中遇到困难时，我常不知所措。	①	②	③	④	⑤	⑥
4. 我可以迅速地从惊吓中恢复正常状态。	①	②	③	④	⑤	⑥
5. 我会尽最大的努力去解决学习中遇到的难题。	①	②	③	④	⑤	⑥
6. 我的生活充满乐趣。	①	②	③	④	⑤	⑥
7. 我经常觉得自己比不上班上其他的同学。	①	②	③	④	⑤	⑥
8. 我能较快地走出失败的阴影。	①	②	③	④	⑤	⑥
9. 在学习上遇到问题时，我总是积极地寻找解决的办法。	①	②	③	④	⑤	⑥
10. 我觉得生活是美好的。	①	②	③	④	⑤	⑥
11. 在学习上，我常有一种力不从心的感觉。	①	②	③	④	⑤	⑥
12. 遇到挫折后，我仍然能保持良好的心态。	①	②	③	④	⑤	⑥
13. 我会积极主动地完成我的学习任务。	①	②	③	④	⑤	⑥
14. 我是一个热情、开朗的人。	①	②	③	④	⑤	⑥

续表

题目内容 ＼ 符合的程度	完全不符合	大部分不符合	有点不符合	有点符合	大部分符合	完全符合
15. 遇到失败，我就容易灰心丧气。	①	②	③	④	⑤	⑥
16. 面对糟糕的结果，我也能坦然地接受。	①	②	③	④	⑤	⑥
17. 我会合理地安排好学习的时间。	①	②	③	④	⑤	⑥
18. 我总是能达到自己所确定的目标。	①	②	③	④	⑤	⑥
19. 我能想办法学好各门课程。	①	②	③	④	⑤	⑥
20. 我对自己的学习有明确的计划和安排。	①	②	③	④	⑤	⑥
21. 面对问题，我会想办法解决。	①	②	③	④	⑤	⑥
22. 学习中不管遇到多少困难，我都会想办法克服。	①	②	③	④	⑤	⑥

附录4

简易应对方式问卷

指导语：以下列出的是当你在生活中受到挫折打击，或遭遇到困难时可能采取的态度和做法。请你仔细阅读每一项，然后在右边选择回答："不采取"为"0"，"偶尔采取"为"1"，"有时采取"为"2"，"经常采取"为"3"，请在最适合你本人情况的数字上打"√"。

遇到挫折打击时可能采取的态度和方法	不采取	偶尔采取	有时采取	经常采取
1. 通过工作学习或一些其他活动解脱	0	1	2	3
2. 与人交谈，倾诉内心烦恼	0	1	2	3
3. 尽量看到事物好的一面	0	1	2	3
4. 改变自己的想法，重新发现生活中什么重要	0	1	2	3
5. 不把问题看得太严重	0	1	2	3
6. 坚持自己的立场，为自己想得到的斗争	0	1	2	3
7. 找出几种不同的解决问题的方法	0	1	2	3
8. 向亲戚朋友或同学寻求建议	0	1	2	3
9. 改变原来的一些做法或自己的一些问题	0	1	2	3
10. 借鉴他人处理类似困难情景的办法	0	1	2	3
11. 寻求业余爱好，积极参加文体活动	0	1	2	3
12. 尽量克制自己的失望、悔恨、悲伤和愤怒	0	1	2	3
13. 试图休息或休假，暂时把问题（烦恼）抛开	0	1	2	3
14. 通过吸烟、喝酒、服药和吃东西来解除烦恼	0	1	2	3
15. 认为时间会改变现状，唯一要做的便是等待	0	1	2	3
16. 试图忘记整个事情	0	1	2	3
17. 依靠别人解决问题	0	1	2	3

遇到挫折打击时可能采取的态度和方法	不采取	偶尔采取	有时采取	经常采取
18. 接受现实，因为没有其他办法	0	1	2	3
19. 幻想可能会发生某种奇迹改变现状	0	1	2	3
20. 自己安慰自己	0	1	2	3

附录5

症状自评量表（SCL-90）

指导语：下面列出了有些人可能会有的病痛或问题，请仔细阅读每一条，然后根据最近一星期以内，下列问题影响你或使你感到苦恼的程度，在每题后的五个选项中选择最合适你的一项，划一个"√"。请不要漏掉问题。其中，各数字所代表的含义如下："①"代表"从无"，"②"代表"轻度"，"③"代表"中度"，"④"代表"偏重"，"⑤"代表"严重"。

症状＼影响或苦恼程度	从无	轻度	中度	偏重	严重
1. 头痛	①	②	③	④	⑤
2. 神经过敏，心中不踏实	①	②	③	④	⑤
3. 头脑中有不必要的想法或字句盘旋	①	②	③	④	⑤
4. 头昏或昏倒	①	②	③	④	⑤
5. 对异性的兴趣减退	①	②	③	④	⑤
6. 对旁人责备求全	①	②	③	④	⑤
7. 感到别人能控制您的思想	①	②	③	④	⑤
8. 责怪别人制造麻烦	①	②	③	④	⑤
9. 忘记性大	①	②	③	④	⑤
10. 担心自己的衣饰整齐及仪态的端正	①	②	③	④	⑤
11. 容易烦恼和激动	①	②	③	④	⑤
12. 胸痛	①	②	③	④	⑤
13. 害怕空旷的场所或街道	①	②	③	④	⑤
14. 感到自己的精力下降，活动减慢	①	②	③	④	⑤
15. 想结束自己的生命	①	②	③	④	⑤
16. 听到旁人听不到的声音	①	②	③	④	⑤

续表

症状　　　　　　　影响或苦恼程度	从无	轻度	中度	偏重	严重
17. 发抖	①	②	③	④	⑤
18. 感到大多数人都不可信任	①	②	③	④	⑤
19. 胃口不好	①	②	③	④	⑤
20. 容易哭泣	①	②	③	④	⑤
21. 同异性相处时感到害羞不自在	①	②	③	④	⑤
22. 感到受骗、中了圈套或有人想抓住您	①	②	③	④	⑤
23. 无缘无故地突然感到害怕	①	②	③	④	⑤
24. 自己不能控制地大发脾气	①	②	③	④	⑤
25. 怕单独出门	①	②	③	④	⑤
26. 经常责怪自己	①	②	③	④	⑤
27. 腰痛	①	②	③	④	⑤
28. 感到难以完成任务	①	②	③	④	⑤
29. 感到孤独	①	②	③	④	⑤
30. 感到苦闷	①	②	③	④	⑤
31. 过分担忧	①	②	③	④	⑤
32. 对事物不感兴趣	①	②	③	④	⑤
33. 感到害怕	①	②	③	④	⑤
34. 我的感情容易受到伤害	①	②	③	④	⑤
35. 旁人能知道您的想法	①	②	③	④	⑤
36. 感到别人不理解	①	②	③	④	⑤
37. 感到人们对您不友好，不喜欢您	①	②	③	④	⑤
38. 做事必须做得很慢以保证做得正确	①	②	③	④	⑤
39. 心跳得很厉害	①	②	③	④	⑤
40. 恶心或胃部不舒服	①	②	③	④	⑤
41. 感到比不上他人	①	②	③	④	⑤
42. 肌肉酸痛	①	②	③	④	⑤
43. 感到有人在监视您、谈论您	①	②	③	④	⑤
44. 难以入睡	①	②	③	④	⑤

续表

影响或苦恼程度 症状	从无	轻度	中度	偏重	严重
45. 做事必须反复检查	①	②	③	④	⑤
46. 难以做出决定	①	②	③	④	⑤
47. 怕乘电车、公共汽车、地铁或火车	①	②	③	④	⑤
48. 呼吸有困难	①	②	③	④	⑤
49. 一阵阵发冷或发热	①	②	③	④	⑤
50. 因为感到害怕而避开某些东西、场合或活动	①	②	③	④	⑤
51. 脑子变空了	①	②	③	④	⑤
52. 身体发麻或刺痛	①	②	③	④	⑤
53. 喉咙有梗塞感	①	②	③	④	⑤
54. 感到前途没有希望	①	②	③	④	⑤
55. 不能集中注意	①	②	③	④	⑤
56. 感到身体的某一部分软弱无力	①	②	③	④	⑤
57. 感到紧张或容易紧张	①	②	③	④	⑤
58. 感到手或脚发重	①	②	③	④	⑤
59. 想到死亡的事	①	②	③	④	⑤
60. 吃得太多	①	②	③	④	⑤
61. 当别人看着您或谈论您时感到不自在	①	②	③	④	⑤
62. 有一些不属于您自己的想法	①	②	③	④	⑤
63. 有想打人或伤害他人的冲动	①	②	③	④	⑤
64. 醒得太早	①	②	③	④	⑤
65. 必须反复洗手，点数目或触摸某些东西	①	②	③	④	⑤
66. 睡得不稳不深	①	②	③	④	⑤
67. 有想摔坏或破坏东西的冲动	①	②	③	④	⑤
68. 有一些别人没有的想法或念头	①	②	③	④	⑤
69. 感到对别人神经过敏	①	②	③	④	⑤
70. 在商店或电影院等人多的地方感到不自在	①	②	③	④	⑤
71. 感到任何事情都很困难	①	②	③	④	⑤
72. 一阵阵恐惧或惊恐	①	②	③	④	⑤

症状　　　　　　　影响或苦恼程度	从无	轻度	中度	偏重	严重
73. 感到在公共场合吃东西很不舒服	①	②	③	④	⑤
74. 经常与人争论	①	②	③	④	⑤
75. 单独一人时神经很紧张	①	②	③	④	⑤
76. 别人对您的成绩没有做出恰当的评价	①	②	③	④	⑤
77. 即使和别人在一起也感到孤单	①	②	③	④	⑤
78. 感到坐立不安心神不定	①	②	③	④	⑤
79. 感到自己没有什么价值	①	②	③	④	⑤
80. 感到熟悉的东西变成陌生或不像是真的	①	②	③	④	⑤
81. 大叫或摔东西	①	②	③	④	⑤
82. 害怕会在公共场合昏倒	①	②	③	④	⑤
83. 感到别人想占您的便宜	①	②	③	④	⑤
84. 为一些有关性的想法而很苦恼	①	②	③	④	⑤
85. 您认为应该因为自己的过错而受到惩罚	①	②	③	④	⑤
86. 感到要很快把事情做完	①	②	③	④	⑤
87. 感到自己的身体有严重问题	①	②	③	④	⑤
88. 从未感到和其他人很亲近	①	②	③	④	⑤
89. 感到自己有罪	①	②	③	④	⑤
90. 感到自己的脑子有毛病	①	②	③	④	⑤

附录6

青少年生活事件量表

指导语：过去 12 个月内，你和你的家庭是否发生过下列事件？请仔细阅读下列每一个项目，如某事件发生过，请根据该事件给你造成的苦恼程度在相对应的括号（）里打个"√"；如果某事件未发生，请在事件"未发生"栏内的括号（）里打个"√"就可以了。

生活事件名称	未发生	发生过，对你影响的程度				
		没有	轻度	中度	重度	极重
1. 被人误会或错怪	（　）	（　）	（　）	（　）	（　）	（　）
2. 受人歧视冷遇	（　）	（　）	（　）	（　）	（　）	（　）
3. 考试失败或不理想	（　）	（　）	（　）	（　）	（　）	（　）
4. 与同学或好友发生纠纷	（　）	（　）	（　）	（　）	（　）	（　）
5. 生活习惯（饮食、休息等）明显变化	（　）	（　）	（　）	（　）	（　）	（　）
6. 不喜欢上学	（　）	（　）	（　）	（　）	（　）	（　）
7. 恋爱不顺利或失恋	（　）	（　）	（　）	（　）	（　）	（　）
8. 长期远离家人不能团聚	（　）	（　）	（　）	（　）	（　）	（　）
9. 学习负担重	（　）	（　）	（　）	（　）	（　）	（　）
10. 与老师关系紧张	（　）	（　）	（　）	（　）	（　）	（　）
11. 本人患急重病	（　）	（　）	（　）	（　）	（　）	（　）
12. 亲友患急重病	（　）	（　）	（　）	（　）	（　）	（　）
13. 亲友死亡	（　）	（　）	（　）	（　）	（　）	（　）
14. 被盗或丢失东西	（　）	（　）	（　）	（　）	（　）	（　）
15. 当众丢面子	（　）	（　）	（　）	（　）	（　）	（　）
16. 家庭经济困难	（　）	（　）	（　）	（　）	（　）	（　）
17. 家庭内部有矛盾	（　）	（　）	（　）	（　）	（　）	（　）

续表

生活事件名称	未发生	发生过,对你影响的程度				
		没有	轻度	中度	重度	极重
18. 预期的评选(如三好学生)落空	( )	( )	( )	( )	( )	( )
19. 受批评或处分	( )	( )	( )	( )	( )	( )
20. 转学或休学	( )	( )	( )	( )	( )	( )
21. 被罚款	( )	( )	( )	( )	( )	( )
22. 升学压力	( )	( )	( )	( )	( )	( )
23. 与人打架	( )	( )	( )	( )	( )	( )
24. 遭父母打骂	( )	( )	( )	( )	( )	( )
25. 家庭给你施加学习压力	( )	( )	( )	( )	( )	( )
26. 意外惊吓,事故	( )	( )	( )	( )	( )	( )
27. 其他令你苦恼的事件	( )	( )	( )	( )	( )	( )

附录7

青少年心理资本团体干预活动方案

该方案共包含八个单元的活动，每周一个单元，耗时约 150 分钟。团体活动将在一名研究生的协助下，由研究者利用周末进行开展。

团体名称：

"提升心理资本，应对未来挑战"心理干预团体。

团体目标：

1. 通过团体心理训练活动，使团体成员养成乐观的解释风格，培养其乐观的心态。

2. 帮助团体成员更加客观地认识自己，悦纳自我，树立自信。

3. 协助团体成员学会制定合理的目标，并学会寻找实现目标的途径。

4. 提高团体成员在实现目标过程中应对挫折和困难的技能；最终提升团体成员的心理资本水平。

团体规范：

1. 准时参加每一个团体活动单元，不迟到，不早退；在活动期间，手机关机或调至静音或震动状态。

2. 遵循保密原则，保守团体秘密，不与团体外的任何人讲述、讨论发生在团体内的任何事情；尊重团体中的每一位成员，团体交流时不对任何成员进行人身攻击。

3. 全身心地投入每一项团体活动中，真诚地表达自己的真实想法和感受，不敷衍了事。

4. 认真积极地按要求完成团体布置的各项任务，努力将团体活动中所思所想所学应用到日常生活中去。

5. 认真遵守团体协商一致的其他要求和规定。

团体性质：

封闭性、成长式、结构式团体。

成员对象：

在校大学生。

成员数量：

20-30 人（以最终的具体参与人数为准）。

成员招募方式：

通过宣传海报进行招募，成员主动报名、志愿参与。

活动次数：

八次。

活动地点：

某高校团体心理活动室。

团体效果评价方式：

1. 量表测验；

2. 成员主观自我评价。

第一单元：欢聚一堂

一、活动目标：

1. 促进团体成员相互认识，彼此了解，创建友好、信任的团体氛围。

2. 帮助团体成员了解活动的主题与形式，明确团体活动的目标。

3. 建立团体活动规范，签订"团体活动协议"。

二、活动方式：

心理游戏；讨论与分享。

三、准备材料：

白纸条 4 根，一个大塑料袋，白纸 4 张，签字笔 4 支，便条簿 1 本（最少含有 48 张便条纸）。

四、活动过程：

（一）活动 1：扯龙尾。

1. 目的：

活跃团体气氛。

2. 器材：

白纸条 4 根。

3. 操作程序：

（1）将团体成员平均分成 4 组。

（2）每组成员按照由矮到高的顺序排成一个列，组员要将双手放在前面那人的肩膀上，形成一条龙。在每组最后一人的背上用双面胶粘上一根白色纸条，作为尾巴。

（3）游戏开始时，每组的龙头（最前面的那个组员）要去捉住其他组龙尾的白色纸条，而每个龙尾（最后面的那个组员）则要闪避，尽量不让其他龙头捉到本组龙尾的白色纸条。整个过程，队列不得断开，组员的双手不得离开前面成员的肩膀。

（4）如果捉到另一组龙尾的白色纸条，则两组会合成一组，变成一条长龙，游戏继续进行，直到 4 个组组合成为一条长龙为止；排在长龙最后面的那一组就是最后的胜利者。

（二）活动 2：团体活动主题、形式和目标简介。

1. 目的：

帮助团体成员了解活动的主题与形式，明确团体活动的目标。

2. 操作程序：

（1）由团体领导者向团体成员简单介绍本次团体活动的主题、形式和目标。

（2）让全体成员对本次活动的形式和目标进行讨论，最终达成共识。

（三）活动 3：滚雪球。

1. 目的：

让互不相识的成员相互认识。

2. 操作程序：

（1）让全体成员围成一个大圆圈，每个成员与自己右边的成员组成一组，两两相互自我介绍（介绍内容必须包括姓名，专业，家乡，爱好及性格特点等）。家乡的地名说到县或区的名字为止。

（2）接着相邻的两个组进行合并，组成 4 人一组，每人给另外两位新朋友介绍自己刚才认识的朋友（此时不做自我介绍，介绍的内容与第一步基本相同）。然后 4 人自由交谈几分钟，彼此进一步相互熟悉。

（3）两个 4 人小组进行合并，组成一个 8 人小组。最后的两个 4 人小组分别加入另外两个 8 人小组中去，最终形成两个 12 人小组。每组组员用一句话进行自我介绍（介绍的内容与第一步基本相同，小组人数的分配和合并操作可以根据实际参与团体活动人数进行相应的调整）。

（4）两个 12 人小组面对面站立（具体人数以实际参与团体活动的人数为准，具体操作可进行相应调整），由左边第一个组员开始向另一组介绍本组的其他 11 位成员（此时不做自我介绍，介绍的内容与第一步基本相同）。介绍完后，该成员便走到该组的最后一个位置站立。以此类推，直至每个组员将本组成员介绍了一遍为止，这样每个组员都将被介绍 11 次。如果某位成员在介绍过程中出现卡壳现象，则本组其他成员须协助其完整、准确地进行表达。

（四）活动4：开汽车。

1. 目的：

活跃团体气氛，增进团体成员之间的感情。

2. 操作程序：

（1）由活动2所得出的家乡地名作为成员的代号（如果地点有重复，则用其家乡所在地的乡镇或村的名称作为代号）。

（2）游戏开始后，假设其中一位来自霞浦，而另一位来自屏南，则来自霞浦的成员要说："开呀开呀开汽车，霞浦的汽车马上就要开了。"此时，全体成员要一起问："往哪开？"来自霞浦的成员说"往屏南开"。于是，那位代表屏南的组员就要马上反应，并接着说"屏南的汽车马上就要开了"。此时，全体成员要一起问："往哪开？"再由这位成员选择另外的游戏对象，说："往**地方开。"如果某位成员稍有迟疑，没有及时反应过来就算输。

（五）活动5：制定团体规范。

1. 目的：

使团体成员有一个共同遵守的团体规范，明确自己在团体中的责任与义务，营造一个安全信任的团体气氛。

2. 器材：

每人至少一张纸，一支笔。

3. 操作程序：

（1）将团体成员平均分成4组。

（2）以小组为单位对本次团体活动的规范进行讨论，并将讨论的最终结果写在纸上。

（3）待各小组均完成后，由每一小组选派一名代表将本组的讨论结果向全体成员做一个介绍。

（4）引导团体成员形成一个最终大家都共同遵守的团体规范，形成团体协议，让全体成员进行签字确认。

（六）活动6：你猜我猜。

1. 目的：

活跃气氛，打破僵局。

2. 器材：

一个大塑料袋，一本便条簿。

3. 操作程序:

（1）给每个成员发一张便条纸，让他们在这张便条纸上针对其他任意一位成员写下一个为什么的问题（如张三的头发为什么这么黑）。写完后，将便条纸对折 4 次，丢入塑料袋中。

（2）每位成员轮流从塑料袋中抽签，抽取一张写有问题的便条纸（如果抽到自己写的就丢回去重新抽取）。

（3）待所有成员抽取完后，再给每个成员发一张便条纸，让他们在这张便条纸上随意写出一个回答手中问题的答案（答案以"因为……"开头）。写完后，将便条纸对折 4 次，丢入塑料袋中，带有问题的便条纸则自己留着。

（4）每个人轮流地进行下面的活动，先念出自己手中便条纸上的问题，然后从塑料袋中抽取一张带有答案的便条纸，并念出来（如果抽到自己写的就丢回去重新抽取）。

第二单元：敞开心扉

一、活动目标：

1. 增进团体成员间的信任感，加强团体成员的归属感和依赖感。

2. 协助团体成员认识基本的情绪，体验自己与他人的情绪互动。

3. 使团体成员感受积极情绪与消极情绪对个体行为的影响。

二、活动方式：

心理游戏；情境表演；讨论与分享。

三、准备材料：

废旧报纸卷成的纸棒 1 根。

四、活动过程：

（一）活动 1：棒打薄情郎。

1. 目的：

活跃团体气氛，检验成员间相互了解的程度，增进团体凝聚力。

2. 器材：

废旧报纸卷成的纸棒 1 根。

3. 操作程序：

（1）全体成员围坐成一圈，选出一名成员作为执棒者，站在圈中央，由他面对的成员开始大声喊出本团体一个成员的姓名并说出在第一单元中了解到的该成员的相关信息。

（2）执棒者迅速走到那个被叫的人面前，此时，被叫的人应迅速说出另一位成员的姓名及相关信息。如果说不出来，执棒者就应给其当头一棒，然后由他执棒，重复前面的游戏。

分享：你运用了什么方法记住他人？你是否通过寻找他人特点的方式记住别人？你是否能找出其他成员的一些共同点？

（二）活动2：风中劲草。

1. 目的：

使团体成员学会如何信任及支持他人，并从活动中建立个人在团体中的责任感；增进团体成员彼此之间的信任感，加强团体成员的归属感和依赖感。

2. 操作程序：

（1）将全体成员分成两个组，让每组成员围成一个圆圈站立，选出一名成员扮演"小草"，站在圆圈中央。

（2）将全体成员的眼镜、手表、小刀、钥匙、手机等一些尖利、易碎和危险品拿出，放在远离游戏圆圈的桌上。

（3）"小草"双手抱在胸前，合并双脚，闭上眼睛，身体绷直，往下倒。"小草"倒下之前必须先问："我要倒下去了，你们准备好了吗？"当全体组员回答"准备好了"时，"小草"就可以选择任何方向倒下去。

（3）"小草"倒向哪个方向，站在该方向的组员就要在"小草"倒在自己身上之前伸出双手把"小草"轻轻地推向另一个方向。无论发生什么情况，哪怕要用自己的身体垫在地上，托住"小草"的组员都必须想尽办法让"小草"不要倒在地上。每一位组员都必须做一次"小草"。

分享：在这个游戏中，你是第几个做"小草"的？为什么不是/是第一个？在这个游戏中，你感受到什么了？在游戏中，最难的地方是什么？下次该如何改进？在游戏中，你感觉团队的合作精神怎样，是否有信任感？

（三）活动3：情绪接龙。

1. 目的：

让团体成员认识基本的情绪。

2. 操作程序：

（1）全体成员围坐成一圈，相邻五到七人组成一个组，共四组。给出四种基本情绪："愤怒""快乐""悲伤""恐惧"。请各组进行讨论，选出该组想要代表的一种心情（不可与其他组重复）。如，第一组代表愤怒，第二组代表快乐等。

（2）游戏开始后，当团体领导者念出数字1的时候，第一组就必须说出一个和愤怒同义或近义的词，并且不可重复，以此类推。如果任何一组未能在3秒内按要求做出回答就算失败。

（四）活动4：情境大考验。

1. 目的：

让团体成员体验并表现出相应的情绪。

2. 操作程序：

（1）全体成员围坐成一圈，相邻五到七人组成一个组，共四组。给出四种情境：

第一，这次期末考试的成绩很不理想，明天必须将成绩单交给父母签字。此时，我觉得……

第二，前两天和一个特别要好的朋友吵架了，这几天他都避开我；这几天我们也没说话，课后也没在一起玩。这时，我觉得……

第三，今天晚上要和一位一年没见面的好朋友一起吃饭。现在，我觉得……

第四，自己得了一等奖学金，而最要好的朋友则没有拿到奖学金，中午要和他一起吃饭。此刻，我觉得……

（2）给每组分配一种情境，请各组进行讨论当自己遇到此种情境时自己会有什么样的想法和情绪。

（3）要求小组成员之间进行讨论的同时，思考该如何进行表演才能将这种情绪准确无误地表达出来，使其他成员能够清楚地理解。

（4）请每组的组员（或派代表）到圆圈中央进行模拟表演，将该组所代表的情绪表达出来。每组的表演时间为5分钟。

分享：表演小组成员认为该情境表演想要表达的是什么情绪？如何运用外在的行为进行情绪表达？其他小组成员对该情境所要传达的情绪是否有不同的想法？你们认为表演小组的成员是否成功传达了他们想要传达的情绪？

（五）活动5：哑口无言。

1. 目的：

考察团体成员通过非语言的方式理解他人感受的能力，增强成员间的情感交流，促进其相互了解。

2. 操作程序：

（1）全体成员围坐成一圈，然后闭上眼睛好好回忆一下这一周所发生的事情，并确定这一周自己主要的心情和感受：是疲惫、兴奋、还是焦虑、烦闷？

（2）每位成员用手势、表情或体态语言将自己这一周的主要心情表达出来（不能使用语言），让其他成员猜测其动作及表情所反映的情绪是什么。

（3）被猜者说明他人的猜测是否准确，如果不准确则简要说明理由。

分享：通过你的观察，你是否清楚地理解了他人想要传达的情绪和感受？如果有人猜中了你的心情，你有什么样的感受？当其他人误解了你所要传达的情绪时，你的感受是怎样的？

第三单元：调控情绪

一、活动目标：

1. 帮助团体成员认识并理解情绪 ABC 理论，了解不良情绪产生的根源。

2. 使团体成员明确自身存在的不合理信念。

3. 帮助团体成员学会运用理性情绪理论调控自己的情绪。

4. 使团体成员形成乐观的解释风格。

二、活动方式：

心理游戏；故事讲解；讨论与分享。

三、准备材料：

每人一份非理性观念检验表；每人一份"情绪调节连线题"题目。

四、活动过程：

（一）活动1：造反运动。

1. 目的：

打破僵局，活跃团体气氛。

2. 操作程序：

（1）全体成员围坐成一圈，团体领导者站在圈中央。

（2）当团体领导者说"右"时，则全体成员将左手伸出；当团体领导者说"左"时，则全体成员将右手伸出；当团体领导者说"前"时，则全体成员将双手向后伸出；当团体领导者说"后"时，则全体成员将双手向前伸出；当团体领导者说"上"时，则全体成员将双手手掌朝下；当团体领导者说"下"时，则全体成员将双手手掌朝上。

（3）团体领导者在发出口令的同时，仔细观察全体成员的动作，一旦发现有人犯错就立即宣判该成员出局。坚持到最后的成员为胜利者。

分享：当你被宣判/没被宣判出局时，你的心情怎样？之后你有做相应的调整吗？如何调整的？

（二）活动2：故事分享：智子疑邻。

1. 目的：

使成员学会区分事实和臆想之间的差异，使成员体会事实和臆想对个体心理和行为的影响。

2. 操作程序：

（1）故事讲解：从前，有一个叫张三的人，他家有一把锋利无比的斧头。有一天，张三准备去上山砍柴。但他四处寻找，都未能发现他家的斧子。于是，他脑海里闪过一个念头：斧子一定是被隔壁的李四偷去了。一想到这，张三气愤极了。但苦于没有确凿的证据，张三不敢任意声张。于是，他开始仔细观察李四的一举一动。他发现，李四最近的表现不太正常，从神态到举动，李四怎么看都像是那个偷斧子的人。几天后，不经意间，张三在自家的一个角落里找到了那把斧子。此时，张三再次观察李四的言行举止，结果他发现李四怎么看都不像是偷斧子的人。

分享：在这个故事中，事实是什么？臆想（认知）又是什么？事实和臆想（认知）之间的区别是什么？事实和臆想（认知）给张三的心理和行为带来了什么样的结果？你从这个故事中得到了什么启示？

（1）请团体成员每人列举出一个"当事实和臆想不相吻合时，对心理和行为带来影响"的事例。要求他们对事例进行分析。

（三）活动 3：情绪 ABC。

1. 目的：

使团体成员认识并理解情绪 ABC 理论，了解不良情绪产生的根源；帮助团体成员明确自身存在的不合理信念，协助团体成员学会通过调节认知来调控自己的情绪。

2. 准备材料：

每位成员一份非理性观念检验表。

3. 操作程序：

（1）由活动 2 所得出的启示引入情绪 ABC 理论。由团体领导者详细介绍情绪 ABC 理论。

（2）让每位成员填写非理性观念检验表。讲解评分标准：选"是"得 2 分，选"否"得 1 分。得分越高，说明非理性观念越多，在现实生活中就越容易发生情绪困扰，就越会觉得心情不舒畅。得分越低，说明非理性观念就越少，就越不容易发生情绪困扰，心情就会更舒畅。

（3）分析这些非理性观念，总结出不合理信念的三大基本特征：绝对化要求；过分化概括；糟糕之极。

（4）要求每一位成员列举一个曾经使自己产生情绪困扰的例子，并运用情绪 ABC 理论对其进行分析。

讨论：以后遇到情绪困扰时该如何应对？

（四）活动4：故事分享：他是怎么死的。

1. 目的：

帮助团体成员学会处理各种不良的情绪，以乐观的态度对待生活。

2. 操作程序：

（1）故事讲解：1965年9月7日，在美国纽约进行了一场激烈的世界台球冠军争夺赛。比赛开始后，路易斯一路顺利，遥遥领先于其他对手，因此他十分得意。只要再得几分，路易斯便可以登上冠军的宝座了。然而，正当路易斯全力以赴地进行比赛时，意想不到的事情发生了：一只苍蝇落在了台球上。此刻，路易斯并没有太在意。他一挥手就将苍蝇赶走了。正当他俯下身准备击球时，这只可恶的苍蝇又落到台球上了。在观众的一片笑声中，路易斯再一次挥手将这只苍蝇赶走了。这一次路易斯的情绪受到了一点影响。他显得有些不耐烦。然而，这只苍蝇就好像故意跟他作对似的。路易斯一回到台面，苍蝇也就跟着飞了回来。这惹得在场观众忍不住大笑了起来。路易斯的情绪大受影响。他终于失去了理智和冷静，愤怒地用球杆去击打苍蝇。不幸的是，在路易斯用球杆击打苍蝇的时候不小心碰到了桌上的台球。结果被裁判判为击球，从而失去了一轮的机会。本以为败局已定的对手约翰见状勇气大增。他沉着冷静地应战，最终赶上并超过了路易斯，夺得了本次比赛的冠军。路易斯则沮丧地离开了赛场。第二天早上，人们在河里发现了他的尸体。路易斯投河自尽了。

分享：在这个故事中，路易斯经历了哪些情绪？你认为是什么导致路易斯的死亡？你从这个故事中得到了什么启示？

总结：不良的情绪会使我们变得冲动，变得消极，甚至使我们做出一些不合常理的事情。因此，我们要坚决地把不良情绪和负性情绪赶走，使自己变得乐观起来。

（2）讨论：的确，生活需要快乐。有一句话说得好，那就是"快乐是一天，不快乐也是一天，为什么不快快乐乐地过好每一天呢"。如何快乐起来呢？事实上，我们每个人都有自己快乐的秘方。下面，让我们一起来思考一下，当我们在生活中遭遇不良情绪时，我们可以使用哪些方法来调节自己的情绪，使自己快乐起来。

总结：处理方法主要有：第一，注意转移法。当遭遇负性情绪时，尽可能地进行一些与当前情绪不相关的活动（如打球，下棋，看电影，听音乐或出去散散步等），以便将自己的注意力从当前的活动中转移出去。第二，情感宣泄法。当遭遇负性情绪时，在合适的场合，可以将这种负性情绪通过合适的途径及时发泄出来。如大哭一场，向亲友倾诉一番，进行一次剧烈的体育运动，默默地将这一经历写下来。第三，理智控怒法。当遭遇负性情绪时，主动地运用理智的力量来控制不良情绪产生的力量，尽量地使自己快乐起来。如自我安慰、自我暗示、心理换位、认知改变等。

（五）活动5：快乐点击。

1. 目的：

协助团体成员理性地面对各种困境，使其形成乐观的解释风格。

2. 器材：

每人一份"情绪调节连线题"题目。

3. 操作程序：

（1）发给每个成员一份"情绪调节连线题"题目，要求他们进行连线作答。

（2）答案：①B，②G，③F，④E，⑤C，⑥H，⑦D，⑧A。

（3）讨论：通过这份测试题，当你再次遭遇负性情绪时，你会怎么做？在今后的生活中，如果你遇到困难或挫折时，你会努力使自己更加积极乐观吗？你会运用什么办法使自己积极乐观起来？

第四单元：悦纳自我

一、活动目标：

1. 协助团体成员客观地认识自己，促进自我接纳。

2. 探索团体成员自信心不足的原因，学会积极归因。

3. 教会团体成员如何运用积极语言暗示来进行自我激励，树立自信。

二、活动方式：

心理游戏；故事讲解；讨论与分享。

三、准备材料：

2个三张废旧报纸连成的圆纸筒，2卷胶带，每人至少3张A4纸，1支笔。

四、活动过程：

（一）活动1：拥挤的公交车。

1. 目的：

活跃团体气氛，使成员能全身心地投入即将进行的团体活动中。

2. 器材：

用三张废旧报纸连成的圆纸筒2个，胶带2卷。

3. 操作程序：

（1）将团体成员平均分成2组，每组人数均等。

（2）在地板上各画出一条起点和终点线，中间当作公交车的行进路线。

（3）团体领导者说"开始"后，各组的几个队员（人数不限）将圆纸筒套在腰间，从起点开始出发，跑向终点，然后再由终点跑回起点。

（4）跑回起点后，取出圆纸筒，交给还没坐上"公交"的其他成员，重复前面的动作。

（5）在整个比赛过程中，任何时候，只要圆纸筒出现破裂，纸筒内的人员都要停下，先将圆纸筒用胶带修理好之后方可继续进行比赛。最快完成的一组获胜。

（二）活动2：我是谁。

1. 目的：

强化团体成员的自我认识，促进自我接纳。

2. 器材：

一人一张 A4 纸，一人一支笔。

3. 操作程序：

（1）发给每位成员一张纸和一支笔。要求每位成员在 10 分钟左右的时间内用"我是一个 ＊＊＊ 的人"的句式写出 20 句描述自己的句子。

（2）写完后，让成员将自己所写的 20 句话进行如下归类：（1）身体状况类（如年龄、身高、体型等）；（2）情绪状况类；（3）才能状况类；（4）社会关系类（如与他人关系等）。看看成员的自我描述是否涵盖了这四大类，从而判断其对自我的认识是否全面。

（3）要求成员对自己所写的 20 句话进行积极与消极分类。如果该句为积极倾向，则在其后用加号"+"表示。如果该句为消极倾向，则在其后用减号"-"表示。分完类后，数数自己的加号"+"与减号"-"的数量，以判断其对自我接纳的程度。

（4）讨论：如果你的加号"+"比减号"-"多，这就说明你是一个自信的人。那么，请说说你的自信主要来自哪些方面？如果你的减号"-"比加号"+"多，这就表明你是一个不自信的人。那么，请说说你不自信的根源是什么？真实情况是怎样的？是否有改善的办法？你是一个容易受他人评价影响的人吗？如何进行改正？

（三）活动3：我的担心。

1. 目的：

探索成员不自信的原因。

2. 器材：

一人一张 A4 纸，一人一支笔。

3. 操作程序：

（1）发给每位成员一张纸和一支笔。要求成员认真思考 5 分钟，然后将自己平时担心的事情写下来，写得越多越好。

（2）将团体成员分成 4 组。要求每位成员在小组内交流自己所担心的事情，要求分享充分，仔细分析出担心的原因。并找出小组成员担心最多的事情。

（3）每个小组选派一位代表讲出本小组成员提到担心最多的事情，并分析其原因。

（4）讨论：是什么使我们对事情做出这样的归因？

（5）讲解归因方式的相关知识，让成员检视自己以往的归因方式。

（6）协助成员对自己所列出的担心事项进行重新思考和认识，试着用乐观的归因方式进行重新分析，看看有什么不同。

（四）活动 4：故事分享：罗森塔尔实验。

1. 目的：

使团体成员领悟积极的自我暗示可以使自己保持良好的心态，激发自身的潜能，促使自己努力去实现自己预定的目标，从而提高自信。

2. 操作程序：

（1）故事讲解：1968 年，美国心理学家罗森塔尔来到一所乡村小学，在一至六年级各选三个班的儿童进行了一场煞有其事的"预测未来发展测验"。测验结束后，他没有看测验结果便随机地从参加测试的学生中挑选出 20% 的学生作为优等生。并告诉他们的老师说这些孩子很有潜力，将来可能比其他学生更有出息。8 个月后，罗森塔尔再次来到这所学校。结果发现，他随机指定的那些学生的成绩有了显著的提高。同时，教师对这些学生的评语也显著好于其他学生。

分享：在这个故事中，为什么随机选出的学生会在之后表现得更加优秀，得到更多的好评？你从这个故事中得到了什么启示？

总结：心理学家通过这种"权威"的积极暗示，调动了老师对这批学生的积极情感，坚定了老师对这批学生热切的期望。正是这种期望激发了学生的自信心和潜能，从而使这批学生更加努力地朝向所期望的目标努力拼搏。因此，在日常生活中，我们可以通过积极暗示的方式来进行自我激励，从而树立自信。

（2）讨论：在日常生活中，你是否经历过或听说过同样的事例？是什么使你或事例中的主人公表现得更加出色？

（五）活动 5：自我激励练习。

1. 目的：

使团体成员养成运用积极语言进行自我暗示的习惯，从而提高自信心。

2. 器材：

一人一张 A4 纸，一人一支笔。

3. 操作程序：

（1）发给每位成员一张纸和一支笔。要求成员认真思考 5 分钟，然后在纸上写出几句比赛前（或考试前，表演前）经常运用的自我暗示语句。

（2）要求每位成员对自己所写的暗示语句进行分析，判断哪些是积极暗示，哪些是消极暗示。对消极暗示语句进行转换，将其转换成积极暗示。如，"别紧张"→"沉着、冷静、放松"；"千万别失误"→"全力以赴、一定能做好"；"别去想输赢和结果"→"尽量做到自己最好的"。

（3）和团体成员一起探讨如何将积极自我暗示运用到日常生活中去，从而变得更加自信。

第五单元：点燃希望

一、活动目标：

1. 使团体成员学会树立目标意识，澄清并明确自己的目标，让目标引领自己的行为。

2. 引导团体成员理智分析自己的现状和不满，增强成员制定目标的基本知识。

3. 引导团体成员探讨实现目标的方法，提升团体成员的整体希望水平。

二、活动方式：

心理游戏；故事讲解；讨论与分享。

三、准备材料：

印有缺少嘴巴人头像的纸 8 张，铅笔 4 支，一人一张 A4 纸，一人一支笔。

四、活动过程：

（一）活动 1：给头像添嘴巴。

1. 目的：

引导团体成员初步认识到目标的重要性和意义，让成员在游戏中领悟到树立明确目标的意识，让目标引领自己的行为。

2. 器材：

印有缺少嘴巴人头像的纸 8 张，铅笔 4 支。

3. 操作程序：

（1）向全体成员出示 4 张印有缺少嘴巴人头像的纸，邀请四位成员蒙上眼睛为这四个头像添上嘴巴。

（2）向全体成员出示另外 4 张印有缺少嘴巴人头像的纸，让这四位成员取下眼罩，为这四个头像添上嘴巴。

（3）请全体成员仔细观察这四对前后两次画嘴巴的结果，请全体成员判断，前后两次画嘴巴的结果是否相同。请全体成员讨论为什么同一个人前后两次所画的结果会有如此大的差距？

总结：因为第一次画时，我们蒙上了眼睛，看不到纸上的头像。而第二次画时，我们没有蒙上眼睛，能看见纸上的头像。所以，两次所画的结果截然不同。如果将画嘴巴比作是我们做事时的目标，那么，你从这个游戏中能提炼出关于目标与行为之间关系的什么道理？

（二）活动2：解手链。

1. 目的：

强化团体成员齐心协力解决问题的心态，使团体成员学会在困境面前冷静处理问题的能力。

2. 操作程序：

（1）全体成员围成一圈（视情况确定是否需要分2组进行），面向圆心站立。

（2）让每一位成员先举起右手，握住自己对面那个人的右手；然后举起自己的左手，握住另一个人的左手，形成一张错综复杂的网。

（3）要求大家在不松开手的情况下把这张错综复杂的网解开。

（4）告诉大家，这张网一定可以解开，答案会有两种：一种是一个大圈，另一种则是两个套着的环。

（5）待问题解决后讨论以下问题：刚开始时，你的感觉怎样？思路是否很混乱？当解开一点以后，你的想法是否发生了变化？当问题最后得到解决时，你是否很开心？在解开这张网的过程中，你学到了什么？

（三）活动3：故事分享：摘苹果。

1. 目的：

协助团体成员学会合理地制定个人的活动目标，使它成为自己行为的动力；使团体成员领悟到有效地达到目标的一些方法。

2. 操作程序：

（1）故事讲解：从前有一个很有理想的年轻人。一天，他去拜访一位德高望重的智者，以寻求获取成功的秘诀。当时，智者正在自己的果园里采摘苹果。智者看了看这位年轻人，没有说什么。只是吩咐年轻人帮助自己将高挂在树梢的一颗又红又大的苹果摘下来。年轻人的个子并不矮，尽管他很努力，但他仍然无法摘到那颗硕大的苹果。于是，年轻人有些沮丧，面露难色。此时，智者对他说："年轻人，为什么不跳起来试试呢？"年轻人人听了智者的话之后，跳了一次，没有摘到；跳了第二次，仍然没有摘到。之后，年轻人稍微休息了一下，并调整了自己的情绪。接着，他猛然奋力地一跳，那颗又红又大的苹果就轻松地握在他的手里了。在摘到苹果的那一刻，年轻人心中突然一亮。他终于明白，智者是在通过实际行动告诉他：一个人要想取得成功，就必须学会跳起来采摘哪些看起来似乎高不可取的"苹果"；只有这样，我们才可能尝到成功的滋味。

（2）讨论：这个故事告诉了我们什么道理？你从这个故事中得到了什么启示？

总结：这个故事说明，一个人要想获得最后的成功，就应该努力去实现哪些需要奋力跳起来才能够得着的目标。跳起来摘苹果其实是为自己设置一个又一个更高目标，是不断地自我超越，永不懈怠，永不满足，始终保持良好的状态，坚定意志，执着地向更高的目标前进。跳起来摘苹果是为自己设置更高的目标，但这并不意味着盲目地、不切实际地好高骛远，沉湎于空谈。相反，跳起来摘苹果需要脚踏实地，一步一个脚印地努力去实现目标。

（3）讨论：在大学的几年时间里，你想拥有什么样的苹果呢？你为自己设定了合适的目标吗？怎样的目标才算是合适的？

（四）活动4：我的愿望。

1. 目的：

使团体成员能理智地分析自己的现状和不满，学会理性地确立合理的愿望和目标。

2. 器材：

一人一张 A4 纸，一人一支笔。

3. 操作程序：

（1）发给每位成员一人一张白纸和一支笔。要求他们在纸上写下自己目前的各种愿望和目标。

（2）让全体成员看看自己的愿望和目标，并将它们按照"对自己的愿望和目标"和"对他人的愿望和目标"分成两类，用不同的符号标记出来。

（3）引导团体成员讨论以下两个问题：是改变自己更容易还是改变他人更容易？在日常生活中，你想的和你所做的是改变自己呢还是改变他人？成功了吗？

（4）总结：把改变的希望寄托在改变别人身上的人，就如同把开启成功的钥匙交到了别人手上。我们的生活将被别人牵着鼻子走，从而永远地失去前进的目标。只有把改变的希望寄托在自己身上的人，才能够自己掌控自己的命运，最终获得成功。

（五）活动5：目标搜索。

1. 目的：

协助成员学会澄清并明确自己的目标，使目标引领自己的行为。使团体成员在制定目标时懂得区分主次，进而集中精力实现自己的主要目标。

2. 器材：

一人一张A4纸，一人一支笔。

3. 操作程序：

（1）发给每位成员一人一张白纸和一支笔。要求他们在纸上写出自己近期内要完成的五件重要的事情（可以是学习、旅游、交友各方面的事情）。

（2）假设你目前有些特殊的事情要做，你必须在这五件事情中划去两项，请想象一下你此刻的心情是怎样的？你会划掉哪两项？

（3）接着又发生了一些意外情况，你必须再次划掉其中的一项，此刻你的心情又是怎样的呢？现在，意外情况再次发生，你还必须划去其中的一项，你会做出怎样的决定呢？

（4）看看你手里的这张纸，现在，只剩下最后一件事情了，这就是你近期内最想做的，对你来说最重要的事情，这就是你目前的主要奋斗目标。下面，请大家再思考以下几个问题：你是不是一定要实现这个目标？这个目标是合适的吗？你目前具备实现这个目标的条件吗？在实现目标时遇到困难你会努力克服吗？

（5）总结：合适的目标是跳一跳就能够得着的，不是高不可攀的。高不可攀的目标对我们的行为没有指导作用，甚至会起反作用。目标的实现要有一个明确的期限。没有明确期限的目标容易造成拖延，形成拖拉的习惯。

第六单元：巧解压力

一、活动目标：

1. 创设压力情境，使团体成员体验压力。

2. 协助团体成员正确认识压力的本质与种类，使其能努力发挥集体智慧探讨解决问题的有效方法。

3. 教会团体成员运用放松训练的方式来减压，学会在压力情境中进行自我放松。

二、活动方式：

心理游戏；故事讲解；讨论与分享。

三、准备材料：

废旧报纸 4 张，一人一张印有 6 个大小不等圆圈的 A4 纸，一人一支笔。

四、活动过程：

（一）活动 1：摆渡过河。

1. 目的：

活跃团体气氛，使团体成员体验压力。

2. 器材：

废旧报纸 4 张。

3. 操作程序：

（1）将团体成员分成 2 组，每组人数均等，每组发给两张报纸。

（2）在地板上各画出一条起点和终点线，代表河的两岸，中间代表一条大河。

（3）各组的全体成员站在起点线前，所有成员均须踩着报纸从起点走到终点，途中任何一位成员的脚都不能落地。如有落地，则同船的成员须从起点重新开始。

（4）到达终点后，须有一名成员踩着报纸返回起点去搭载其他组员。每次摆渡过河的人数由各小组自己决定，全组成员最先到达终点的小组获胜。在比赛进行过程中，领导者不断地给各个小组制造压力。

（5）落后的小组须接受处罚，表演节目：天旋地转：在起点闭眼，左转三圈，右转三圈，然后睁开眼睛，摆渡到终点。

（6）讨论：在准备比赛时，你是否感受到压力？那是一种什么样的感觉？在比赛中，当你所在的小组处于领先（落后）时，有压力吗？你的感觉是怎样的？如果因为你的速度偏慢，影响了整个团队的速度，你是否感受到压力，你的感受如何？从这个活动中，你获得了什么启示？

（二）活动 2：齐眉棍。

1. 目的：

创造压力情境，使团体成员在体验压力的同时，努力思考应对压力的策略。

2. 器材：

四根用废旧报纸制成的长约 1.5 米的纸管。

3. 操作程序：

（1）将团体成员平均分成 4 组。

（2）每个小组发给一根纸管，每人用右手食指托起纸管，放到每组个头最矮的成员眉毛位置。

（3）要求小组成员一起将纸管放到地面上，要求在整个过程中不能进行言语交流，只能说"停"和"下"两个字。任何成员的手指不能离开纸管，如有离开，则从头再来。

（4）四个小组同时进行，用比赛的方式来决出胜负。在比赛进行过程中，领导者不断地给各个小组制造压力。

（5）最后完成的两个小组需接受处罚，表演节目：①模仿秀：模仿一位自己熟悉的明星或某种动物的动作或声音。②走猫步：头顶放置3本书，模仿模特走台，从起点走到终点，转一圈，然后返回起点，如果书掉下来，则从头再来。

（6）讨论：在面对压力时，你们的反应怎样？是否平静下来体察自己的情绪？应对压力的有效方式是什么？在这个过程中，你想到了生活中的那些场景？

（三）活动3：压力知多少。

1. 目的：

探讨压力的来源，了解压力的管理方法。

2. 器材：

一人一张印有6个大小不等圆圈的A4纸，一人一支笔。

3. 操作程序：

（1）发给每位成员一人一张印有6个大小不等圆圈的白纸和一支笔。要求他们在每个圆圈内写下最近生活或学习中的各种压力事件。其中，大圆圈代表大压力，小圆圈代表小压力。

（2）将团体成员平均分成4组，讨论以下问题：你的压力来源主要有哪些？每个圆圈给你的感觉是什么？压力很重时，你的身体感觉怎样？你是如何处理这些压力的？

（3）每组选出一名代表汇报本组讨论的结果。

（四）活动4：压力自救。

1. 目的：

协助团体成员在面对压力时，尝试运用积极应对的方式来取代消极应对的方式。

2. 操作程序：

（1）让每个成员再次来看看活动3中的压力源，让每位成员写出面对这些压力时自己已经采取了哪些应对的方式。

（2）然后由成员判断这些应对的方式中，哪些是积极应对，哪些是消极应对。

（3）讨论：当运用积极应对的方式时，这些压力事件解决的情况如何？当运用消极应对的方式时，这些压力事件解决的情况又是怎样？

（4）要求每位成员将自己的消极应对方式转换成积极的应对方式。

（五）活动5：放松训练。

1. 目的：

通过紧张和放松的对比，体验肌肉放松的感觉，学会在压力情境中进行自我放松。

2. 操作程序：

（1）清肺呼吸：首先，微闭双眼，深吸一口气，尽可能地吸入一大口空气；其次，屏住呼吸，默数1到5；然后，慢慢地把气呼出，直到全部呼出。呼气时，体验这种放松的感觉。

（2）肌肉放松训练：让全体成员以放松的姿势坐好，伸出右手，握住右拳，努力捏紧，保持这种紧张感，慢慢地从1数到5，然后慢慢松开右拳，体验这种放松的感觉。

（3）重复第二步的放松过程，同时配合清肺呼吸。捏紧拳头时，深吸一口气，屏住呼吸，慢慢地从1数到5，松开拳头时，慢慢地把气呼出，直至全部呼出。

（4）让每位成员继续这一模式，将这种放松运动扩展到全身，从头部、脸部、手臂到腹部、腰部，臀部，腿部和双脚。

（5）讨论：当一个人的肌肉处于放松状态时，他还会感到紧张吗？当面对压力情境时，你是否愿意进行这样的放松方式？为什么？

第七单元：挑战挫折

一、活动目标：

1. 使团体成员体验坚持所需要的耐心和毅力，培养团体成员的抗挫力。

2. 使团体成员意识到心理韧性的培养需从小事做起。

3. 使团体成员明白对待挫折的态度不同，结果也就不一样；协助团体成员在面对挫折时要努力培养自己的心理韧性。

4. 引导团体成员学会梳理自我成长过程中可利用的资源，积极地从挫折中提升自我。

二、活动方式：

心理游戏；故事讲解；讨论与分享。

三、准备材料：

一人一张A4纸，一人一支笔。

四、活动过程：

（一）活动1：举手仪式。

1. 目的：

使团体成员体验坚持所需要的耐心和毅力，培养团体成员的抗挫力；同时，使团体成员意识到心理韧性的培养需从小事做起。

2. 操作程序：

（1）让团体成员按体操队形站立，要求每位成员的两只手臂放在胸前，举平，身体不能晃动，坚持10分钟，比比看谁能坚持到最后。

（2）讨论：在刚开始时，你有什么感受？当时间过了5分钟时，你的感受发生了什么变化？当你坚持到最后时，你有何感想？在坚持的过程中，你是否遇到困难？你是如何克服这些困难的？这个游戏对你的学习和生活有什么启示？

总结：平举双手是一件极为平常的事情，但如果要我们连续平举10分钟，我们就开始感觉酸痛。如果举一上午呢？举一天呢？实际上，我们举手的姿势没有变化，但举得越久，就越觉得难受。这就像我们承受的挫折和压力一样，如果我们一直把压力放在身上，不进行休息或调整，那么到最后就会觉得压力越来越重，越来越难以承受。如果我们适时地进行放松和调整，那么我们就能举得更久。因此，我们需要对压力进行管理。在面对压力时，我们应该学会自我调节。与压力共舞，我们将会变得更有忍耐力，将会更有作为。

（二）活动2：故事分享：鸡蛋、石头和皮球的遭遇。

1. 目的：

使团体成员明白对待挫折的态度不同，结果也就不一样；协助团体成员在面对挫折时要努力培养自己的心理韧性。

2. 操作程序：

（1）故事讲解：一枚鸡蛋从桌上掉了下去，它悲伤地哭道："这下完了，我这个倒霉的鸡蛋。我怎么就这么倒霉呀？"接着，它就粉身碎骨，壮烈牺牲了。一块石头从桌上掉了下去，它愤怒地大喊大叫："居然敢和我作对？你硬，我比你更硬！"于是，它狠狠地砸向地面。结果，它把地面砸出了一个大洞，但同时它自己也深陷其中无法自拔。它气急败坏，但却无能为力。一只皮球从桌上掉了下去，它既没有粉身碎骨也没有深陷泥潭。它砸得越猛反而弹得更高，然后它又轻巧地换了一个姿势，在地上打了个滚，就又蹦蹦跳跳地跑了。

（2）讨论：这个故事告诉了我们什么道理？你从这个故事中得到了什么启示？

总结：鸡蛋、石头和皮球的遭遇反映了日常生活中人们对待困难和挫折的不同态度。有的人一遇到困难和挫折就一败涂地，再也站不起来了；有的人一遇到困难和挫折就暴跳如雷，破罐子破摔，最终自寻灭亡；有的人尽管遭遇困难和挫折，但他们却能轻轻一笑，马上恢复平静，继续前进。事实上，面对困难和挫折，人们总是可以想办法进行摆脱的。我们可以选择人生的任何一个时刻作为重新振作的开始。从这个意义上来讲，跌倒了并不叫失败，跌倒了爬不起来或者不爬起来才是真正意义上的失败。

（3）讨论：请回顾你过去应对困难和挫折的方式，它与鸡蛋、石头和皮球哪一者更像？通过这个故事，今后你再遇到困难和挫折时，你会怎样应对？

（三）活动3：挫折防御机制。

1. 目的：

增进团体成员对挫折防御机制的认识，协助成员学会运用积极的防御机制应对困难和挫折。

2. 操作程序：

（1）自我防御机制知识讲解：当个体遭遇困难和挫折时，个体的内心就会产生紧张和焦虑。如果紧张和焦虑长期得不到解决，紧张和焦虑就会累积起来，最终把人压垮，从而导致"人格崩溃"。为了减轻紧张和焦虑，同时也为防止人格崩溃，个体的内心世界就会自动地派生出一些自我保护措施，这就叫自我防御机制。它常带有自欺欺人的性质，但个体又意识不到，故可以起到缓解内心冲突，减轻焦虑，消除紧张的作用。常见的自我防御机制有：压抑、投射、合理化、否认、反向、认同和升华等（对每一种防御机制进行简单讲解）。升华是一种最有建设性的、积极的防御机制。著名心理学家弗洛伊德曾对一些著名的历史人物进行分析，认为他们的成就都与升华密切相关。于是他认为升华是人类积极从事科学文化事业的根本动力。

（2）请回顾你过去应对困难和挫折的方式，它们分别属于哪种？今后再次遇到困难和挫折时，你会倾向于使用哪种防御机制？为什么？

（四）活动4：故事分享：周杰伦的故事。

1. 目的：

协助团体成员养成不断努力，永不放弃的精神。

2. 操作程序：

（1）故事讲解：著名歌星周杰伦早年因父母离异，从小就由母亲一人抚养成人。小学时，他开始对音乐情有独钟。于是，母亲省吃俭用凑钱为他买了一架钢琴。高中毕业后，他没有考上大学，不得不去餐馆当服务生。在此期间，他被老板骂过，甚至被扣过薪水。但他一直都没有放弃对音乐的追求。偶然的一次机会，使他成了台湾乐坛明星吴宗宪音乐公司的音乐制片助理。这期间，他开始不停地写歌。结果都被吴宗宪搁置在一旁，有的甚至被当面扔进垃圾篓里。但是，周杰伦并没有泄气，他仍然一如既往地写歌。可是，由于他写的歌太稀奇，太古怪，很多歌手都不愿意唱他写的歌。终于有一天，吴宗宪抛给他一个机会：10 天之内写出 50 首歌，再从中挑出 10 首，自己演唱，发行属于自己的专辑。于是，他没日没夜，废寝忘食地拼命写歌。终于，他的第一张专辑问世了。就是这张专辑立即轰动了整个歌坛。从此，周杰伦一夜成名。

（2）讨论：周杰伦的故事给了你什么启示？听完周杰伦的故事，今后你会如何面对困难和挫折？

（五）活动 5：我的资源。

1. 目的：

引导团体成员学会梳理自己成长过程中可利用的资源，积极地从挫折中提升自我。

2. 器材：

一人一张 A4 纸，一人一支笔。

3. 操作程序：

（1）发给每位成员一人一张白纸和一支笔。

（2）引导团体成员思考在自己成长的道路上，当遇到困难和挫折时，有哪些可利用的资源，并将这些资源写在纸上。

（3）引导团体成员在团体内分享各自可利用的资源。分享时，注意倾听他人的资源，看别人的资源自己是否也有。如果有，但刚才没写下来，则听到其他成员的分享时将其补充到自己的资源里去。

（4）讨论：我们可利用的资源是不是很多？我们以前是否注意到这些资源？应该怎样对这些资源加以充分利用，以便促进我们更好地发展？

第八单元：轻松话别

一、活动目标：

1. 回顾团体活动过程，进行活动总结。

2. 协助团体成员体验成长的不易，整合所获得的资源和力量，提升心理资本，应对未来挑战。

3. 结束团体，处理离别情绪。

二、活动方式：

心理游戏；讨论与分享。

三、准备材料：

每人一张粘着双面胶的白纸，每人一支笔；离别歌曲若干首。

四、活动过程：

（一）活动1：成长三部曲。

1. 目的：

活跃团体气氛，使团体成员体验成长的不易。

2. 操作程序：

（1）全体成员蹲在一个大圈子里，此时大家都为丑小鸭。每只丑小鸭只能寻找和自己相同级别的成员猜拳，胜出者成长为中鸭。中鸭成半蹲状，失败者继续作为丑小鸭蹲着。

（2）没有成长的丑小鸭只能继续寻找同为丑小鸭的成员进行猜拳。成长的中鸭可以寻找同等级别的中鸭进行猜拳。

（3）继续这种模式。丑小鸭胜出为中鸭，中鸭胜出成长为大鸭。大鸭可以直立，并继续和其他大鸭进行猜拳。

（4）大鸭猜拳胜出后，作为最终的胜利者，站到团体领导者的背后，成长为小天鹅，结束成长。

（5）分享：请顺利成长的成员谈谈自己在本游戏中的感受是什么。请最后仍然为丑小鸭的成员谈谈自己的感受。这个游戏对你有什么启示？

（二）活动2：大家都来说。

1. 目的：

对本次团体活动进行回顾和总结，协助成员检视自己完成目标的程度，整合所获得的资源和力量，明确新的目标和希望。聆听其他成员的分享，从中获取新的启示。

2. 操作程序：

（1）团体领导者和全体成员围坐成一个大圆圈，由团体领导者对前面的七次活动做简单的回顾和总结，对成员的进步表示肯定和祝贺

（2）要求全体成员依次轮流发言。谈谈自己在这次团体活动的表现、收获和感想。

（三）活动3：真情告白。

1. 目的：

处理离别情绪，给予彼此真诚的祝福。

2. 器材：

每人一张粘着双面胶的白纸，每人一支笔；离别歌曲若干首。

3. 操作程序：

（1）团体领导者播放离别音乐，请大家围坐成一个大圈，双眼微闭，静默30秒。请团体成员在脑海里呈现一下在这次团体活动中各自最难忘的一个片段。

（2）全体成员站立，在每位成员的背上粘上一种白纸。让大家请求每位成员在自己背上的白纸上写下一句祝福的话或建议，可以署名，也可以不署名。

（3）写完后，请全体成员围坐成一个大圈，双眼微闭，想一想成员都会给自己写下什么样的祝福，什么样的建议。

（4）拿下背上的白纸，仔细阅读成员的祝福和建议。分享读后的感想，感谢成员的真诚。

附录8

团体活动过程性评价问卷

指导语：下面有一些句子，它们描述了你对本次团体活动的感受。请考虑它们与你的实际情况相符合的程度，并在每个句子后最符合你真实感受的数字上打"√"。其中："①"代表"很不满意"，"②"代表"较不满意"，"③"代表"一般"，"④"代表"比较满意"，"⑤"代表"非常满意"。

符合的程度 题目内容	很不满意	较不满意	一般	比较满意	非常满意
1. 我对今天的团体活动气氛感到	①	②	③	④	⑤
2. 我对今天的团体活动内容感到	①	②	③	④	⑤
3. 我对自己在今天活动中的参与程度感到	①	②	③	④	⑤
4. 我对团体领导者在今天活动中的表现感到	①	②	③	④	⑤

在今天的活动中，我最大的收获是：

其他问题或建议：

附录9

团体活动效果个人评估问卷

指导语：下面有一些句子，它们描述了你对本次团体活动的感受。当你阅读每个句子时，请考虑它与你的实际情况相符合的程度。其中，各数字所代表的含义如下："①"代表"很不好"，"②"代表"不好"，"③"代表"一般"，"④"代表"较好"，"⑤"代表"很好"。请在每个句子后最符合你真实情况的那一个数字上打"√"。

符合的程度 题目内容	很不好	不好	一般	较好	很好
1. 我参与这次团体的程度	①	②	③	④	⑤
2. 我认为我作为团体成员积极和贡献的程度	①	②	③	④	⑤
3. 我愿意在团体中冒险的程度	①	②	③	④	⑤
4. 我信任团体中其他成员的程度	①	②	③	④	⑤
5. 我信任领导者的程度	①	②	③	④	⑤
6. 团体活动刺激我去思考我的问题，我的生活经历及我可能要做出的某些决定的程度	①	②	③	④	⑤
7. 团体活动使我情绪感动的程度，或协助我回忆生活中与情绪有关的事件的程度	①	②	③	④	⑤
8. 在团体中我关心其他成员的程度	①	②	③	④	⑤
9. 活动中我愿意分享个人想法和感受的程度	①	②	③	④	⑤
10. 活动中我个人目标的明确程度	①	②	③	④	⑤
11. 活动令我愿意积极实践新行为的程度	①	②	③	④	⑤
12. 我认为团体的目标导向及动力程度	①	②	③	④	⑤
13. 我认为团体的凝聚力和团结的程度	①	②	③	④	⑤
14. 我愿意给团体中他人回馈的程度	①	②	③	④	⑤
15. 我愿意无自我防备的接受他人回馈的程度	①	②	③	④	⑤

续表

题目内容　　　　　符合的程度	很不好	不好	一般	较好	很好
16. 我认为这个团体提供给我改变自己所希望改变的个人生活力量的程度	①	②	③	④	⑤
17. 我认为团体令我增强心理素质的程度	①	②	③	④	⑤

附录10

团体活动效果追踪问卷

1. 本次团体心理活动给你留下最深刻的印象是什么？

2. 通过这次团体心理活动，你有了哪些收获？

3. 本次团体心理活动对你个人的生活带来了哪些影响？

4. 在这次团体心理活动中学习到的各种方法中，哪种对你的影响最为深远？为什么？

5. 本次团体活动结束后，你问过自己哪些问题？

6. 在团体心理活动中所学到的经验是否被你经常运用于你的日常学习和生活中？

7. 当你想在现实生活中完成你在团体内所做的决定或改变时，你遇到过困难吗？你是怎样督促自己克服的？

8. 请说说这个团体对你的意义。

9. 请谈谈你对这个团体的看法。

参考文献

一、中文文献

（一）著作

［1］白羽．改变心力：团体心理训练与潜能激发［M］．杭州：浙江文艺出版社，2006．

［2］林嵩．结构方程模型原理及 AMOS 应用［M］．武汉：华中师范大学出版社，2008．

［3］汪向东，王希林，马弘．心理卫生评定量表手册（增订版）［M］．北京：中国心理卫生杂志社，1999．

［4］吴明隆．结构方程模型：AMOS 的操作与应用［M］．重庆：重庆大学出版社，2009．

［5］吴少怡．大学生团体辅导与团体训练［M］．济南：山东大学出版社，2010．

［6］吴秀碧．团体辅导的理论与实务［M］．台北：品高图书出版社，2000．

［7］阳志平．积极心理学团体活动课操作指南［M］．北京：机械工业出版社，2010．

［8］杨敏毅，鞠瑞利．团体心理游戏设计与案例［M］．太原：希望出版社，2010．

（二）期刊

［1］白丽英，郑新夷，刘微，等．心理资本研究述评［J］．福州大学学报（哲学社会科学版），2010（5）：79-82．

［2］杨锐．本土心理资本对职业生涯发展影响的实证研究［J］．商业现代化，2009（21）：98-102．

［3］边俊士，井西学，庄娜．症状自评量表（SCL-90）在心理健康研究中应用的争议［J］．中国健康心理学杂志，2008，16（2）：231-233．

［4］曹鸣岐．论人力资源管理视野中的心理资本［J］．职业时空，2006（24）：5-6.

［5］曹杏田，励骅．当代大学生心理资本的定量研究［J］．边疆经济与文化，2011，8（1）：42-44.

［6］陈桂兰．贫困生心理资本与心理健康的关系研究［J］．学校党建与思想教育，2009（30）：82-83.

［7］陈树林，李陵江．SCL-90信度效度检验和常模的再比较［J］．中国神经精神疾病杂志，2003，29（5）：323-327.

［8］陈永进，卢康健，巫田森．重庆市农村青少年心理健康状况调查研究［J］．中国健康心理学杂志，2010，18（5）：615-618.

［9］付立菲，张阔．大学生积极心理资本与学习倦怠状况的关系［J］．中国健康心理学杂志，2010，18（11）：1356-1359.

［10］韩丹．高校大学新生心理资本开发研究［J］．中国成人教育，2011（2）：71-73.

［11］高旭，毛志雄，周忠革．临床症状自评量表在心理健康评中的误区［J］．中国心理卫生杂志，2006，20（10）：684-686.

［12］高燕，那佳，李兆良．提升女大学生心理资本与应对就业形势［J］．中国大学生就业，2009（1）：77-78.

［13］高越明．青少年生活事件量表测量目标结构空间的研究［J］．中国高等医学教育，2006（10）：88-90.

［14］高越明．青少年生活事件量表在医学专科生中的验证性因素分析［J］．中华医学教育杂志，2006，26（4）：36-39.

［15］关培兰，罗东霞．女性创业者积极心理资本与创业发展［J］．经济管理，2009，31（8）：81-88.

［16］郝明亮．心理资本前因变量研究［J］．重庆科技学院学报（社会科学版），2010（11）：93-95.

［17］何世平．"资本"概念说［J］．经济问题，1993，15（10）：21-22.

［18］胡烨妃，骆宏．心理资本在学习领域中的研究进展［J］．中国校外教育，2010（8）：4-5.

［19］黄海艳．基于心理资本的员工主动离职倾向研究［J］．南京审计学院学报，2009，6（3）：7-10.

［20］蒋建武，赵曙明．心理资本与战略人力资源管理［J］．经济管理，2007（9）：55-58.

[21] 蒋苏芹, 苗元江. 心理资本—积极心理学研究 [J]. 赣南师范学院学报, 2010 (1): 108-113.

[22] 解亚宁. 简易应对方式量表信度和效度的初步研究 [J]. 中国临床心理学杂志, 1998, 6 (2): 114-115.

[23] 金华, 吴文源, 张明园. 中国正常人SCL-90评定结果的初步分析 [J]. 中国神经精神疾病杂志, 1986, 12 (5): 260-263.

[24] 经承学, 王琳琳, 方栓锋, 等. 广西壮族自治区青少年心理健康状况调查 [J]. 实用儿科临床杂志, 2008, 23 (23): 1833-1835.

[25] 柯江林, 孙健敏, 李永瑞. 心理资本: 本土量表的开发及中西比较 [J]. 心理学报, 2009, 41 (9): 875-888.

[26] 柯江林, 孙健敏, 石金涛, 等. 人力资本、社会资本与心理资本对工作绩效的影响: 总效应、效应差异及调节因素 [J]. 管理工程学报, 2010, 24 (4): 29-35, 47.

[27] 雷泓霈. "20%青少年心理健康堪忧" 呼唤心理型家长 [J]. 观察与思考, 2011 (4): 11.

[28] 李林英, 肖雯. 大学生心理资本的调查研究 [J]. 北京理工大学学报 (社会科学版), 2011, 13 (1): 148-152.

[29] 李永文, 陈龙, 马煊, 等. 对不同工人群体SCL-90的元分析 [J]. 中国临床心理学杂志, 2004, 12 (3): 299-302.

[30] 李育辉, 张建新. 大连市中学生的生活事件调查及与心理健康的关系 [J]. 中国临床心理学杂志, 2007, 15 (4): 383-386.

[31] 李珍华, 李遵清. 生活事件对抑郁性神经症患者身心健康的影响 [J]. 国际护理学杂志, 2011, 30 (5): 662-665.

[32] 林卫, 汪文新, 毛宗福. SCL-90量表应用于农村五保老人的信度和效度 [J]. 公共卫生与预防医学, 2006, 17 (4): 52 55.

[33] 刘带, 陈尚生. 心理资本视阈下女大学生的就业心理健康教育 [J]. 韶关学院学报, 2011, 32 (5): 186-189.

[34] 刘恒, 张建新. 我国中学生症状自评量表 (SCL-90) 评定结果分析 [J]. 中国心理卫生杂志, 2004, 18 (2): 88-100.

[35] 刘琪, 星一. 青少年心理健康状况的现状及对策 [J]. 海军总医院学报, 2011, 24 (1): 39-41.

[36] 刘贤臣, 刘连启, 杨杰, 等. 青少年生活事件量表的编制与信度效度测试 [J]. 山东精神医学, 1997 (1): 15-19.

［37］刘贤臣，刘连启，杨杰，等．青少年生活事件量表的信度效度检验［J］．中国临床心理学杂志，1997（1）：34-36.

［38］刘彦民，夏哲浩．森林游憩研究的文献计量分析［J］．北京林业大学学报（社会科学版），2014，13（4）：40-44.

［39］卢谢峰，韩立敏．中介变量、调节变量与协变量：概念、统计检验及其比较［J］．心理科学，2007，30（4）：934-936.

［40］吕建军．浅谈青少年心理健康教育的重要性［J］．学周刊，2011（33）：87.

［41］骆宏，赫中华．466名护士心理资本与职业倦怠及离职意愿的关系［J］．中华护理杂志，2010，45（10）：933-935.

［42］潘清泉，周宗奎．贫困大学生心理资本、应对方式与心理健康的关系［J］．中国健康心理学杂志，2009，17（7）：844-846.

［43］黄竞．浅析知识型员工的心理资本培养策略［J］．长沙大学学报，2010，24（6）：29-30.

［44］萧玲．青少年心理健康问题的表现、成因及干预［J］．中国校外教育，2011（19）：7.

［45］邱圣晖．高校图书馆员的职业倦怠与心理资本干预［J］．湖南医科大学学报（社会科学版），2009，11（3）：84-85.

［46］曾凡．人力资本及资本范畴的重新界定［J］．江西社会科学，2010（12）：233-237.

［47］张烽．人力资源开发视野下大学生心理资本培育研究［J］．学术交流，2009，25（9）：195-197.

［48］任俊，叶浩生．积极：当代心理学研究的价值核心［J］．陕西师范大学学报（哲学社会科学版），2004，33（4）：106-111.

［49］邵建平，张建平．基于心理资本理论的X型团队构建与开发机理研究［J］．科学学与科学技术管理，2008（8）：173-176.

［50］师保国，雷雳．近十年内地青少年心理健康研究回顾［J］．中国青年研究，2007（10）：23-27.

［51］宋广文，王瑞明．文理科大学生不同阅读特点的实验研究［J］．心理科学，2003，26（1）：151-152，139.

［52］宋中英．论社会资本概念的分类及其意义［J］．齐鲁学刊，2011（1）：95-99.

［53］滕少霞．心理资本、组织气候与员工工作态度关系的实证研究［J］．

统计与决策，2010（4）：88-90.

[54] 田喜洲. 积极心理资本及其在旅游业人力资源管理中的应用 [J]. 旅游科学，2008（2）：57-60.

[55] 田喜洲. 我国企业员工心理资本结构研究 [J]. 中国地质大学学报（社会科学版），2009，9（1）：96-99.

[56] 田喜洲，谢晋宇. 企业员工心理资本结构维度的关系研究 [J]. 北京理工大学学报（社会科学版），2010，12（2）：56-58.

[57] 田喜洲，谢晋宇. 心理资本对接待业员工工作态度与行为的影响效应与机理 [J]. 软科学，2010，24（5）：111-114.

[58] 田喜洲，谢晋宇. 组织支持感对员工工作行为的影响：心理资本中介作用的实证研究 [J]. 南开管理评论，2010，13（1）：23-29.

[59] 王长义，王大鹏，赵晓雯，等. 结构方程模型中拟合指数的运用与比较 [J]. 现代预防医学，2010，37（1）：7-9.

[60] 王崇德. 期刊作者的量化研究 [J]. 情报科学，1998（5）：369-373.

[61] 王宏，汪洋. 重庆库区中学生心理健康与生活事件的关系研究 [J]. 中国学校卫生，2008，29（6）：485-487.

[62] 王极盛，李焰，赫尔实. 中学生 SCL-90 信度、效度检验与常模建立 [J]. 中国心理卫生杂志，1999，13（1）：9-11.

[63] 王加新. 优秀运动员心理资本价值分析与干预策略 [J]. 体育成人教育学刊，2010，26（2）：56-59.

[64] 王雁飞，朱瑜. 心理资本理论与相关研究进展 [J]. 外国经济与管理. 2007，29（5）：32-39.

[65] 王征宇. 症状自评量表（SCL-90）[J]，上海精神医学，1984，2（2）：68-70.

[66] 魏荣，黄志斌. 企业科技创新团队心理资本结构及开发路径 [J]. 中国科技论坛，2008（11）：62-66.

[67] 温磊，七十三. 企业员工心理资本干预的实验研究 [J]. 中国健康心理学杂志，2009，17（6）：672-675.

[68] 温磊，七十三，张玉柱. 心理资本问卷的初步修订 [J]. 中国临床心理学杂志，2009，17（2）：148-150.

[69] 温忠麟，侯杰泰，马什赫伯特. 结构方程模型检验：拟合指数与卡方准则 [J]. 心理学报，2004，36（2）：186-194.

[70] 温忠麟，侯杰泰，张雷. 调节效应与中介效应的比较和应用 [J]. 心

理学报，2005，37（2）：268-274.

[71] 温忠麟，张雷，侯杰泰，等. 中介效应检验程序及其应用 [J]. 心理学报，2004，36（5）：614-620.

[72] 沃建中，孙慧明.《青少年心理健康素质调查表》归因风格分量表的编制 [J]. 心理与行为研究，2006，4（2）：90-94.

[73] 吴翠平，娄晓民，梁利花，等. 河南省农村青少年心理健康现状 [J]. 中国学校卫生，2011，32（2）：172-174.

[74] 吴庆松，游达明. 员工心理资本、组织创新氛围和技术创新绩效的跨层次分析 [J]. 系统工程，2011，29（1）：69-77.

[75] 西北地区农村中学生心理健康调查 [J]. 中国校医，2008，22（2）：188-190.

[76] 肖雯，李林英. 大学生心理资本问卷的初步编制 [J]. 中国临床心理学杂志，2010，18（6）：691-694.

[77] 谢华，戴海崎. SCL-90 量表评价 [J]. 精神疾病与精神卫生，2006，6（2）：156-159.

[78] 许萍. 心理资本：概念、测量及其研究进展 [J]. 经济问题，2010（2）：34-38.

[79] 江玲. 心理资本与员工组织公民行为关系研究 [J]. 中国商贸，2010（8）：62-63.

[80] 辛自强，张梅. 1992年以来中学生心理健康的变迁：一项横断历史研究 [J]. 心理学报，2009，41（1）：69-78.

[81] 徐大真. 性别刻板印象之性别效应研究 [J]. 心理科学，2003，26（4）：741-742.

[82] 徐浩渊. 心理支持系统与社会安定的关系探讨 [J]. 中国心理卫生杂志，1997，11（2）：65-67.

[83] 许滋宁，朱湘竹，周雪萍，等. 心理测验在我国中学生心理健康评价中的应用现状 [J]. 江苏预防医学，2006，17（4）：82-84.

[84] 杨健，蓝海林. 心理资本理论及其研究新进展 [J]. 科技管理研究，2010（2）：132-134.

[85] 衣新发，侯宁，刘钰，等. 铁路司乘人员心理资本特征研究 [J]. 铁道劳动安全卫生与环保，2010，37（2）：76-79.

[86] 于兆良，孙武斌. 团队心理资本的开发与管理 [J]. 科技管理研究，2011，31（2）：157-160.

[87] 张红芳, 吴威, 杨畅宇. 论心理资本的维度与作用机制 [J]. 西北大学学报 (哲学社会科学版), 2009, 39 (6): 52-56.

[88] 张宏如. 心理资本对工作绩效影响的实证研究 [J]. 江西社会科学, 2010 (12): 228-232.

[89] 张洪博. 房地产经纪人心理资本分析 [J]. 黑河学刊, 2010 (1): 41-42.

[90] 张阔, 付立菲, 王敬欣. 心理资本、学习策略与大学生学业成绩的关系 [J]. 心理学探新, 2011, 31 (1): 47-53.

[91] 张阔, 张赛, 董颖红. 积极心理资本: 测量及其与心理健康的关系 [J]. 心理与行为研究, 2010, 8 (1): 58-64.

[92] 张文晋, 郭菲, 陈祉妍. 压力、乐观和社会支持与心理健康的关系 [J]. 中国临床心理学杂志, 2011, 19 (2): 225-227, 220.

[93] 张有奎. 马克思的 "资本" 概念及其哲学解读 [J]. 西南师范大学学报 (人文社会科学版), 2005, 31 (4): 5-9.

[94] 赵简, 张西超. 工作压力与工作倦怠的关系: 心理资本的调节作用 [J]. 河南师范大学学报 (自然科学版), 2010, 38 (3): 139-143.

[95] 赵西萍, 杨晓萍. 复杂工作环境下心理资本的研究 [J]. 科技管理研究, 2009, 29 (6): 409-411.

[96] 赵正艳, 臧维. BG 大学教师心理资本调查研究 [J]. 经济论坛, 2009 (7): 106-110.

[97] 郑国娟. 心本管理背景下心理资本的嵌入 [J]. 经济管理, 2008, 30 (15): 6-10.

[98] 郑日昌. 加强对新入职员工的心理健康教育, 提升员工心理资本 [J]. 中国心理卫生杂志, 2010, 24 (10): 729-730.

[99] 仲理峰. 心理资本对员工的工作绩效、组织承诺及组织公民行为的影响 [J]. 心理学报, 2007 (2): 328-334.

[100] 仲理峰. 心理资本研究评述与展望 [J]. 心理科学进展, 2007 (3): 482-487.

[101] 周丽, 高玉峰, 邱海棠, 等. 留守初中生心理健康与生活事件、应对方式的关系 [J]. 中国心理卫生杂志, 2008, 22 (11): 796-802.

[102] 朱万晶. 心理资本在企业管理中应用分析 [J]. 现代商贸工业, 2009 (24): 44-45.

（三）其他

［1］白晶，张西超．通信运营企业员工心理资本与身心健康关系的研究［A］//张文新．第十二届全国心理学学术大会论文摘要集［C］．北京：中国心理学会，2009．

［2］冯江平，孙乐岑．中国员工心理资本及其结构研究［A］//中国社会心理学会 2008 年全国学术大会论文摘要集［C］．北京：中国社会心理学会，2008．

［3］冯江平，孙乐岑．中国员工心理资本结构的实证研究［A］//张文新．第十二届全国心理学学术大会论文摘要集［C］．北京：中国心理学会，2009．

［4］惠青山，凌文辁．中国职工心理资本内容结构及其与态度行为变量关系实证研究［A］//张文新．第十二届全国心理学学术大会论文摘要集［C］．北京：中国心理学会，2009．

［5］屈艳，井维华．员工金钱心理与心理资本、工作绩效的关系研究［A］//张文新．第十二届全国心理学学术大会论文摘要集［C］．北京：中国心理学会，2009．

［6］童佳瑾，王垒．性别与创新：心理资本的中介作用［A］//张文新．第十二届全国心理学学术大会论文摘要集［C］．北京：中国心理学会，2009．

［7］魏红权，冯江平．企业员工心理资本、工作满意感、组织支持感与关系绩效关系的实证研究［A］//张文新．第十二届全国心理学学术大会论文摘要集［C］．北京：中国心理学会，2009．

［8］张玮，成龙，何贵兵．心理资本与社会资本对大学生主观幸福感和就业信心的影响研究［A］//张文新．第十二届全国心理学学术大会论文摘要集［C］．北京：中国心理学会，2009．

［9］张兴贵，王蕊．心理资本与大五人格对组织行为预测作用的比较研究［A］//中国管理现代化研究会．第四届中国管理学年会：组织行为与人力资源管理分会场论文集［C］．北京：中国科学院研究生院管理学院，2009．

［10］章倩，陈学军．学校支持感、心理资本对职业决策困难的影响分析［A］//张文新．第十二届全国心理学学术大会论文摘要集［C］．北京：中国心理学会，2009．

［11］惠青山．中国职工心理资本内容结构及其与态度行为变量关系实证研究［D］．广州：暨南大学，2009．

［12］柯江林．基于社会资本的企业 R&D 团队效能形成机制研究：以知识分享与整合为中介［D］．上海：上海交通大学，2006．

二、英文部分

（一）著作

[1] AVOLIO B J, LUTHANS F. The High Impact Leader: Moments Matter in Accelerating Authentic Leadership Development [M]. New York: Mcgraw Hill, 2006.

[2] LUTHANS F, YOUSSEF C M, AVOLIO B J. Psychological Capital: Developing the Human Competitive Edge [M]. Oxford: Oxford University Press, 2007.

（二）期刊

[1] ADLER P S, KWON S W. Social Capital: Prospects for a New Concept [J]. Academy of Management Review, 2002, 27 (1): 17–40.

[2] AGAIBI C E, WILSON J P. Trauma, PTSD, and Resilience: A Review of the Literature [J]. Trauma, Violence and Abuse, 2005, 6 (3): 195–216.

[3] ALEXANDER S, BONTIS N. Meta–Review of Knowledge Management and IC Literature: Citation Impact and Research Productivity Rankings [J]. Knowledge and Process Management, 2004, 11 (3): 185–198.

[4] ARMéNIO R, CARLA M, SUSANA L, et al. Psychological Capital and Performance of Portuguese Civil Servants: Exploring Neutralizers in the Context of an Appraisal System [J]. International Journal of Human Resource Management, 2010, 21 (9): 1531–15.

[5] AVEY J B, LUTHANS F, JENSEN S M. Psychological Capital: A Positive Resource for Combating Employee Stress and Turnover [J]. Human Resource Management, 2009, 48 (5): 677–693.

[6] AVEY J B, LUTHANS F, SMITH R M, et al. Impact of Positive Psychological Capital on Employee Well – Being over Time [J]. Journal of Occupational Health Psychology, 2010, 15 (1): 17–28.

[7] AVEY J B, LUTHANS F, YOUSSEF C M. The Additive Value of Positive Psychological Capital in Predicting Work Attitudes and Behaviors [J]. Journal of Management, 2010, 36 (2): 430–452.

[8] AVEY J B, PATERA J L, WEST B J. The Implications of Positive Psychological Capital on Employee Absenteeism [J]. Journal of Leadership & Organizational Studies, 2006, 13 (2): 42–60.

[9] AVEY J B, REICHARD R J, LUTHANS, F, et al. Meta–Analysis of the

Impact of Positive Psychological Capital on Employee Attitudes, Behaviors, and Performance [J]. Human Resource Development Quarterly, 2011, 22 (2): 127-152.

[10] AVOLIO B J, GARDNER W L, WALUMBWA F O. Unlocking the Mask: A look at the Process by Which Authentic Leaders' Impact Follower Attitudes and Behaviors [J]. Leadership Quarterly, 2004, 15 (6): 801-823.

[11] BABALOLA S S. The Role of Socio-Psychological Capital Assets on Identification with Self-Employment and Perceived Entrepreneurial Success Among Skilled Professionals [J]. Journal of Smatt Business and Entrepreneurship, 2010, 23 (2): 159-172.

[12] BARON R M, KENNY D A. The Moderator-Mediator Variable Distinction in Social Psychological Research: Conceptual, Strategic, and Statistical Considerations [J]. Journal of Personality and Social Psychology, 1986, 51 (6): 1173-1182.

[13] BECKER S. Investment in Human Capital: A Theoretical Analysis [J]. The Journal of Political Economy, 1962, 70 (5): 9-49.

[14] BECKER S, TOMES N. Human Capital and the Rise and Fall of Families [J]. Journal of Labor Economics, 1986, 4 (3): 51-90.

[15] BENTLER P M. Comparative Fit Indexes in Structural Models [J]. Psychological Bulletin, 1990, 107 (2): 238-246.

[16] BENTLER P M, BONETT D G. Significance Tests and Goodness of Fit in the Analysis of Covariance Structures [J]. Psychological Bulletin, 1980, 88 (3): 588-606.

[17] BOLLEN K A. A New Incremental Fit Index for General Structural Equation Models [J]. Sociological Methods and Research, 1989, 17 (3): 303-316.

[18] BONANNO G A. Loss, Trauma, and Human Resilience: Have We Underestimated the Human Capacity to Thrive after Extremely Aversive Events? [J]. American Psychologist, 2004, 59 (1): 20-28.

[19] BONTIS N. Assessing Knowledge Assets: A Review of the Models Used to Measure Intellectual Capital [J]. International Journal of Management Reviews, 2001 (3): 41-60.

[20] BOUDREAU J W, RAMSTAD P M. Measuring Intellectual Capital: Learning from Financial History [J]. Human Resource Management, 1997, 36 (3): 343-356.

[21] CAZA A, BAGOZZI R P, WOOLLEY L, et al. Psychological Capital and Authentic Leadership: Measurement, Gender, and Cultural Extension [J]. Asia-Pacific Journal of Business Administration, 2010, 2 (1): 53-70.

[22] COLE K, DALY A, MAK A. Good for the Soul: The Relationship Between Work, Well - Being and Psychological Capital [J]. Journal of Socio - Economics, 2009, 38 (3): 464-474.

[23] COOPER C L, MARSHALL J. Occupational Sources of Stress: A Review of the Literature Relating to Coronary Heart Disease and Mental Ill Health [J]. Journal of Occupational Psychology, 1976, 49 (1): 11-28.

[24] CULBERTSON S S, FULLAGAR C J, MILLS M J. Feeling Good and Doing Great: The Relationship Between Psychological Capital and Well-Being [J]. Journal of Occupational Health Psychology, 2010, 15 (4): 421-433.

[25] DEMERATH P, LYNCH J, DAVID M. Dimensions of Psychological Capital in a U. S. Suburb and High School: Identities for Neoliberal Times [J]. Anthropology & Education Quarterly, 2008, 39 (2): 270-292.

[26] DEMEROUTI E, EEUWIJK E V, SNELDER M, et al. Assessing the Effects of a 'Personal Effectiveness' Training on Psychological Capital, Assertiveness and Self-Awareness Using Self-Other Agreement [J]. Career Development International, 2011, 16 (1): 60-81.

[27] EDVINSSON L, SULLIVAN P. Developing a Model for Managing Intellectual Capital [J]. European Management Journal, 1996, 14 (14): 356-364.

[28] FALLER G. Positive Psychology: A Paradigm Shift [J]. Journal of Pastoral Counseling, 2001, 36 (1): 7-14.

[29] FIKSEL J. Sustainability and Resilience: Toward a Systems Approach [J]. Sustainability: Science, Practice and Policy, 2006, 2 (2): 14-21.

[30] FLOURI E, KALLIS C. Adverse Life Events and Mental Health in Middle Adolescence [J]. Journal of Adolescence, 2011, 34 (2): 371-377.

[31] FREDRICKSON B L. The Role of Positive Emotions in Positive Psychology: The Broaden - And - Built Theory of Positiveemotion [J]. American Psychologist, 2001, 56 (3): 218-226.

[32] GOLDSMITH A H, DARITY W Jr, VEUM J R. Race, Cognitive Skills, Psychological Capital and Wages [J]. Review of Black Political Economy, 1998, 26 (2): 9-21.

［33］GOLDSMITH A H, VEUM J R, DARITY W Jr. The Impact of Psychological and Human Capital on Wages ［J］. Economic Inquiry, 1997, 35（4）: 815-829.

［34］GUNEY S, AKCA F, SAHIN G. The Interrelation Between Traumatic Life Events and Mental Health in Turkish University Students ［J］. Procedia-Social and Behavioral Sciences, 2011, 12: 122-125.

［35］HAMEL G, VALIKANGAS L. The Quest for Resilience ［J］. Harvard Business Review, 2003, 81（9）: 52-65, 131.

［36］HOSEN R, SOLOVEY-HOSEN D, STERN L. Education and Capital Development: Capital as Durable Personal, Social, Economic and Political Influences on the Happiness of Individuals ［J］. Education, 2003, 123（3）: 496-513.

［37］HU L T, BENTLER P M. Fit Indices in Covariance Structure Modeling: Sensitivity to Underparameterized Model Misspecification ［J］. Psychological Methods, 1998, 3（4）: 424-453.

［38］HU L T, BENTLER P M. Cutoff Criteria for Fit Indexes in Covariance Structure Analysis: Conventional Criteria Versus New Alternatives ［J］. Structural Equation Modeling, 1999, 6（1）: 1-55.

［39］JENSEN S M, LUTHANS F. Relationship between Entrepreneurs' Psychological Capital and Their Authentic Leadership ［J］. Journal of Managerial Issues. 2006, 18（2）: 254-273.

［40］JUDGE T A, BONO J. E. Relationship of Core Self-Evaluations Traits-Self-Esteem, Generalized Self-Efficacy, Locus of Control, and Emotional Stability-With Job Satisfaction and Job Performance: A Meta-Analysis ［J］. Journal of Applied Psychology, 2001, 86（1）: 80-92.

［41］KNIGHT D J. Performance Measures for Increasing Intellectual Capital ［J］. Strategy & Leadership, 1999, 27（2）: 22-27.

［42］LARSON M, LUTHANS F. Potential Added Value of Psychological Capital in Predicting Work Attitudes ［J］. Journal of Leadership & Organizational Studies, 2006, 13（1）: 45-62.

［43］LUTHANS F, YOUSSEF C M. Human, Social and Now Positive Psychological Capital Management: Investing in People for Competitive Advantage ［J］. Organizational Dynamics, 2004, 33: 143-160.

［44］LUTHANS F, AVEY J B, AVOLIO B J, et al. Psychological Capital Development: Toward a Micro-Intervention ［J］. Journal of Organization Behavior,

2006, 27 (3): 387-393.

[45] LUTHANS F, AVEY J B, AVOLIO B J, et al. The Development and Resulting Performance Impact of Positive Psychological Capital [J]. Human Resource Development Quarterly, 2010, 21 (1): 41-67.

[46] LUTHANS F, AVEY J B, PATERA J L. Experimental Analysis of a Web-Based Training Intervention to Develop Positive Psychological Capital [J]. Academy of Management Learning & Education, 2008, 7 (2): 209-221.

[47] LUTHANS F, AVEY J B, SMITH R C, et al. More Evidence on the Value of Chinese Workers' Psychological Capital: A Potentially Unlimited Competitive Resource? [J]. The International Journal of Human Resource Management, 2008, 19 (5): 818-827.

[48] LUTHANS F, AVOLIO B J. The " Point" of Positive Organizational Behavior [J]. Journal of Organizational Behavior, 2009, 30 (2): 291-307.

[49] LUTHANS F, AVOLIO B J, AVEY J B, et al. Positive Psychological Capital: Measurement and Relationship with Performance and Satisfaction [J]. Personnel Psychology, 2007, 60 (3): 541-572.

[50] LUTHANS F, AVOLIO B J, WALUMBWA F O, et al. The Psychological Capital of Chinese Workers: Exploring the Relationship with Performance [J]. Management and Organization Review, 2005, 1 (2): 249-271.

[51] LUTHANS F, CHURCH A H. Positive Organizational Behavior: Developing and Managing Psychological Strengths [J]. Academy of Management Executive, 2002, 16 (1): 57-72.

[52] LUTHANS F, LUTHANS K W. LUTHANS B C. Positive Psychological Capital: Beyond Human and Social Capital [J]. Business Horizons, 2004, 47 (1): 45-50.

[53] LUTHANS F, NORMAN S M, AVOLIO, B. J, et al. The Mediating Role of Psychological Capital in the Supportive Organizational Climate-Employee Performance Relationship [J]. Journal of Organizational Behavior, 2008, 29 (2): 219-238.

[54] LUTHANS F, YOUSSEF C M. Human, Social and Now Positive Psychological Capital Management: Investing in People for Competitive Advantage [J]. Organizational Dynamics, 2004, 33 (2): 143-160.

[55] LUTHANS K W, JENSEN S M. The Linkage between Psychological Capital and Commitment to Organizational Mission: A Study of Nurses [J]. The Journal of

Nursing Administration, 2005, 35 (6): 304-310.

[56] LYNN B E. Performance Evaluation in the New Economy: Bringing the Measurement and Evaluation of Intellectual Capital into the Management Planning and Control System [J]. International Journal of Technology Management, 1998, 16 (1-3): 162-176.

[57] MACCALLUM R C, BROWNE M W, SUGAWARA H M. Power Analysis and Determination of Sample Size for Covariance Structure Modeling [J]. Psychological Methods, 1996, 1 (2): 130-149

[58] MACKINNON D P, LOCKWOOD C M, HOFFMAN J M, et al. A Comparison of Methods to Test Mediation and Other Intervening Variable Effects [J]. Psychological Methods, 2002, 7 (1): 83-104.

[59] MACKINNON D P, WARSI G, DWYER J H. A Simulation Study of Mediated Effect Measures [J]. Multivariate Behavioral Research, 1995, 30 (1): 41-62.

[60] MALKO A. Big Five Personality Traits and Coping Styles Predict Subjective Well-Being: A Study with a Turkish Sample [J]. Procedia Social and Behavioral Sciences, 2011, 12 (2011): 577-581.

[61] MARSH H W, BALLA J R, MCDONALD R P. Goodness-Of-Fit Indexes in Confirmatory Factor Analysis: The Effect of Sample Size [J]. Psychological Bulletin, 1988, 103 (3): 391-410.

[62] MARSH H W, WEN Z, HAU K T. Structural Equation Models of Latent Interactions: Evaluation of Alternative Estimation Strategies and Indicator Construction [J]. Psychological Methods, 2004, 9 (3): 275-300.

[63] MASLACH C, JACKSON S E. The Measurement of Experienced Burnout [J]. Journal of Occupational Behavior, 1981, 2 (2): 99-113.

[64] MCDONALD R P, HO M R. Principles and Practice in Reporting Structural Equation Analyses [J]. Psychological Methods, 2002, 7 (1): 64-82.

[65] MCMURRAY A J, PIROLA-MERLO A, SARROS J C, et al. Leadership, Climate, Psychological Capital, Commitment, and Wellbeing in a Non-Profit Organization [J]. Leadership & Organization Development Journal, 2010, 31 (5): 436-457.

[66] MYERS D G. The Funds, Friends, and Faith of Happy People [J]. American Psychologist, 2000, 55 (1): 56-67.

[67] PABLOS P O. Evidence of Intellectual Capital Measurement from Asia, Europe and the Middle East [J]. Journal of Intellectual Capital, 2002, 3 (3):

287-302.

[68] PETERSON S J, Balthazard A, Waldman D A, et al. Neuroscientific Implications of Psychological Capital: Are the Brains of Optimistic, Hopeful, Confident, and Resilient Leaders Different? [J]. Organizational Dynamics, 2008, 37 (4): 342-353.

[69] PETTERSON S J, LUTHANS F, AVOLIO B J, et al. Psychological Capital and Employee Performance: A Latent Growth Modeling Approach [J]. Personnel Psychology, 2011, 64 (2): 427-450.

[70] PORTES A. Social Capital: Its Origins and Applications in Modern Sociology [J]. Annual Review of Sociology, 1998, 24: 1-24.

[71] ROBERTS C M. The Prevention of Depression in Children and Adolescents [J]. Australian Psychologist, 1999, 34 (1): 49-57.

[72] ROMER P M. Increasing Returns and Long-Run Growth [J]. Journal of Political Economy, 1986, 94 (5): 1002.

[73] SAINT-ONGE H. Tacit Knowledge the Key to the Strategic Alignment of Intellectual Capital [J]. Strategy & Leadership, 1996, 24 (2): 10-14.

[74] SCHULTZ T W. Capital Formation by Education [J]. Journal of Political Economy, 1960, 69 (6): 571-583.

[75] SELIGMAN M E P, CSIKSZENTMIHALYI M. Positive Psychology: An Introduction [J]. American Psychologist, 2000, 25 (2): 5-14.

[76] SHELDON K M, KING L. Why Positive Psychology is Necessary [J]. American Psychologist, 2001, 56 (3): 216-217.

[77] SHEK D. Chinese Cultural Beliefs about adversity: Its relationship to Psychological Well-Being, School Adjustment and Problem Behavior in Hong Kong Adolescents with and Without Economic Disadvantage [J]. Childhood, 2004, 11 (1): 63-80.

[78] STEWART T. A. Your Company's Most Valuable Asset: Intellectual Capital [J]. Fortune, 1994, 3 (10): 68-74.

[79] SWEETMAN D, LUTHANS F, AVEY J B, et al. Relationship between Positive Psychological Capital and Creative Performance [J]. Canadian Journal of Administrative Sciences, 2011, 28 (1): 4-13.

[80] TANG T N, OATLEY K, TONER B B. Impact of Life Events and Difficulties on the Mental Health of Chinese Immigrant Women [J]. Journal of Immigrant and

Minority Health, 2007, 9: 281-290.

［81］TOOR, S R, OFORI G. Positive Psychological Capital as a Source of Sustainable Competitive Advantage for Organizations ［J］. Journal of Construction Engineering & Management, 2010, 136 (3): 341-352.

［82］TUCKER L R, LEWIS C. A Reliability Coefficient for Maximum Likelihood Factor Analysis ［J］. Psychometrika, 1973, 38 (1): 1-10.

［83］ULRICH D. Intellectual Capital = Competence × Commitment ［J］. Sloan Management Review, 1998, 39 (2): 15-26.

［84］VICKERS K S, VOGELTANZ N D. Dispositional Optimism as a Predictor of Depressive Symptoms Over Time ［J］. Personality and Individual Differences, 2000, 28 (2): 259-272.

［85］WALUMBWA F O, LUTHANS F, AVEY J B. Authentically Leading Groups: The Mediating Role of Collective Psychological Capital and Trust ［J］. Journal of Organizational Behavior, 2011, 32 (1): 4-24.

［86］WALUMBWA F O, PETERSON S J, AVOLIO B J, et al. An Investigation of the Relationships among Leader and Follower Psychological Capital, Service Climate, and Job Performance ［J］. Personnel Psychology, 2010, 63 (4): 937-963.

［87］WANG H C, HE J, MAHONEY J T. Firm-Specific Knowledge Resources and Competitive Advantage: The Roles of Economic - And Relationship - Based Employee Governance Mechanisms ［J］. Strategic Management Journal, 2009, 30 (12): 1265-1286.

（三）其他

［1］JENSEN S M. Entrepreneurs as Leaders: Impact of Psychological Capital and Perceptions of Authenticity on Venture Performance ［D］. Lincoln: University of Nebraska-Lincoln, 2003.

［2］LARSON M D. Positive Psychological Capital: A Comparison with Human Capital and Social Capital and Analysis of a Training Intervention ［D］. Lincoln: University of Nebraska-Lincoln, 2004.

［3］COLE K. Well-Being, Psychological Capital, and Unemployment: An Integrated Theory ［R］. Paper Presented at the Joint Annual Conference of the International Association for Research in Economic Psychology (IAREP) and the Society for the Advancement of Behavioral Economics (SABE). Paris, France, 2006.

[4] LARSON M D, LUTHANS F. Beyond Human and Social Capital: The Additive Value of Psychological Capital on Employee Attitudes [R]. Working Paper, Gallup Leadership Institute, University of Nebraska-Lincoln, 2004.

[5] LETCHER L, NIEHOFF B. Psychological Capital and Wages: A Behavioral Economic Approach [R]. Paper Submitted to be Considered for Presentation at the Midwest Academy of Management. Minneapolis, MN, 2004.

[6] PAGE L F, DONOHUE R. Positive Psychological Capital: A Preliminary Exploration of the Construct [R]. Working Paper of Department of Management of Monash University, 2004.

[7] TETTEGAH S. Teachers, Identity, Psychological Capital and Electronically Mediated Representations of Cultural Consciousness [R]. In Proceedings of World Conference on Educational Multimedia, Hypermedia and Telecommunications, Chesapeake. VA: AACE, 2002.

[8] CAZA A, MCCARTER M W, HARGROVE D, et al. Third-Party Effects of Psychological Capital: Observer Attributions and Responses [A]. The Academy of Management Executive. Academy of Management, Birmingham, AL, USA, 2009.

[9] PHAN P, LEE S. Human Capital or Social Network: What Constrains CEO Dismissal? [A]. Academy of Management Journal, Special Volume/Issue: Best Papers Proceedings, Mississippi State, 1995.

[10] SOBEL M E. Asymptotic Confidence Intervals for Indirect Effects in Structural Equation Models [A]. Sociological Methodology 1982. Washington, D. C. : American Sociological Association, 1982.

[11] SOBEL M E. Direct and Indirect Effects in Linear Structural Equation Models [A]. Common Problems/Proper Solutions. Beverly Hills, CA: Sage, 1988.

后 记

在即将为这本《青少年积极心理资本研究》画上句号之时，我们心中涌起了无尽的感慨。这本专著承载了我们多年来在青少年积极心理资本领域的深入探索与研究，每一页都凝聚着我们的心血和努力。

回顾整个研究过程，我们深感其中的艰辛与挑战。为了深入洞察青少年的心理状态和需求，我们进行了大量的实地调查和数据分析。与青少年的交流和互动，让我们真切地感受到了他们在成长道路上所面临的重重压力和困惑。正是这些经历，让我们更加坚定了开展这项研究的决心。

在研究过程中，我们也收获了许多宝贵的经验和启示。我们深刻地认识到，青少年积极心理资本的培养不仅仅是个人的事情，更需要家庭、学校和社会的共同携手努力。家庭作为孩子成长的第一课堂，要为他们提供温暖、支持和鼓励；学校则应营造积极向上的教育环境，关注学生的心理健康；社会也应该为青少年创造更多的发展机会和平台。

本专著的出版，离不开众人的支持和帮助。首先，我们要感谢博士生导师叶一舵教授和诸多同事、朋友们。他们在我们的研究过程中给予了悉心的指导和宝贵的建议，使我们能够不断完善自己的研究思路和方法，使我们在学术道路上不断前行。其次，我们要感谢参与调查的青少年。他们的真诚和坦率，为我们的研究提供了丰富而真实的素材，使我们能够更深入地了解他们的内心世界。最后，我们要感谢我们的家人和朋友们。在漫长的写作过程中，他们始终给予我们无尽的支持与理解，是我们坚实的后盾。

通过本专著，我们希望能够为广大教育工作者、家长和青少年自身提供一些有益的参考和启示。

希望能助力教育工作者更好地理解青少年的心理需求，提供更具针对性的教育支持；帮助家长们关注孩子的心理健康，培养他们的积极心理资本；同时，也期望青少年能够从本书中汲取力量，树立自信、培养乐观的心态、增强希望感与坚韧力，以更加积极的姿态面对生活中的各种挑战，积极应对，茁壮成长。

　　然而，我们也清晰地意识到，本研究仍存在一些局限性。随着社会的发展和青少年群体的变化，积极心理资本的研究也需要不断深入和完善。我们将继续关注这一领域的最新研究成果，不断丰富和完善相关理论体系。

　　最后，我们由衷地希望本专著能够引发更多人对青少年积极心理资本的关注与思考，唤起社会各界对青少年健康成长的共同关注。让我们携手努力，为青少年创造更为积极、健康的成长环境，助力他们茁壮成长，成为社会的栋梁之材。